本教材出版受北京物资学院人力资源
北京市一流本科专业建设点项目资

劳动争议处理制度

王少波 ◎ 编著

首都经济贸易大学出版社
Capital University of Economics and Business Press
· 北 京 ·

图书在版编目(CIP)数据

劳动争议处理制度 / 王少波编著. -- 北京：首都经济贸易大学出版社，2023.7

ISBN 978-7-5638-3516-4

Ⅰ.①劳…　Ⅱ.①王…　Ⅲ.①劳动争议—处理—研究—中国　Ⅳ.①D922.591.4

中国国家版本馆 CIP 数据核字(2023)第 088607 号

劳动争议处理制度

LAODONG ZHENGYI CHULI ZHIDU

王少波　编著

责任编辑	潘　飞
封面设计	 砚祥志远·激光照排 TEL: 010-65976003
出版发行	首都经济贸易大学出版社
地　　址	北京市朝阳区红庙(邮编100026)
电　　话	(010)65976483　65065761　65071505(传真)
网　　址	http://www.sjmcb.com
E - mail	publish@cueb.edu.cn
经　　销	全国新华书店
照　　排	北京砚祥志远激光照排技术有限公司
印　　刷	人民日报印务有限责任公司
成品尺寸	170 毫米×240 毫米　1/16
字　　数	253 千字
印　　张	15
版　　次	2023 年 7 月第 1 版　2023 年 7 月第 1 次印刷
书　　号	ISBN 978-7-5638-3516-4
定　　价	45.00 元

/ 前 言 /

　　近年来,劳动争议案例的增多和案情的复杂化对劳动争议处理制度提出了更多、更高的要求。因应这一变化了的需求,本书首先介绍了我国劳动争议以及劳动争议处理制度的基本情况,其次重点介绍了劳动争议调解制度和劳动争议仲裁制度。在此基础上,本书第四章详细介绍和分析了我国社会转型过程中出现的一系列热点劳动争议案件,并梳理了这些案件所反映的现行劳动政策中的主要问题:有的案件无政策可依,有的案件因政策规定模糊而无法得到妥善处理,有的政策则与对案件的实际处理需要发生了矛盾,等等。对此,本书结合劳动争议处理制度相关理论,尝试性地提出了解决这些问题的措施和办法,同时对相应的劳动争议处理制度提出了修改建议。

目 录

第一章　劳动争议概况

　　劳动争议是现实中较为常见的一类劳动关系主体之间的纠纷。国家机关、企事业单位、社会团体等用人单位与职工建立劳动关系后，一般都能相互合作，认真履行劳动合同。但由于各种原因，双方之间产生争议和纠纷也是难以避免的。劳动争议既会表现为非对抗性矛盾，也会表现为对抗性矛盾，且两者在一定条件下还会相互转化。当然在一般情况下，劳动争议主要表现为非对抗性矛盾。劳动争议的发生不仅使正常的劳动关系无法得到有效维护，而且往往使劳动者的合法利益受到损害，并对社会和经济发展等产生不利影响。因此，应当正确把握劳动争议的特点，积极预防纠纷的发生。同时，对于已经发生的劳动争议，应采取必要程序和方法，及时、合法、到位地加以处理，从而将其有效化解。

　　在处理劳动争议方面，世界各国和地区所遵循的法律原则不外两种：一是自愿原则，二是强制原则。遵循不同的基本原则，就会形成不同的组织体制和办案体制。

　　根据自愿原则，调解或仲裁机构独立于政府的特征较强，由双方当事人协议决定是否调解或仲裁。此外，和解协议必须由双方自愿达成，仲裁人员也应由当事人来选择。这就形成了裁审自择、裁审分轨的双轨体制。

　　根据强制原则，调解或仲裁机构与政府的联系较多，政府常常从中起主要作用；劳动争议任何一方当事人或者政府方面均不必经过协商，即可依据法律规定将争议交付调解或仲裁机构解决，其中仲裁人员由仲裁机构指定。

在强制原则下，有的国家和地区规定仲裁裁决具有终局效力，有的国家和地区则规定当事人对裁决不服的可向法院起诉，从而形成"裁审衔接"的单轨体制。

我国的劳动争议处理制度采取的是调解自愿原则，对进入仲裁的则实行强制原则，并采用"裁审衔接"的单轨体制。

第一节　劳动争议的概念与特征

一、劳动争议的概念

所谓劳动争议，一般是指劳动关系主体双方因执行劳动法律、法规或履行劳动合同、集体合同中的劳动权利与义务发生分歧而引起的争议。其中有的属于既定权利的争议，即因适用劳动法和劳动合同、集体合同的既定内容而发生的争议；有的属于因要求新的权利而出现的争议，是因制定或变更劳动条件而发生的争议。

从单位的性质角度分析，有企业、个体经济组织、民办非企业单位同其劳动者之间的劳动争议，也有事业单位、社会团体、国家机关同其劳动者之间发生的劳动争议，还有其他类型的单位同其劳动者之间发生的劳动争议。本书所讲的劳动争议，主要是指企业、个体经济组织、民办非企业单位同其劳动者之间的劳动争议（依据《中华人民共和国劳动法》有关适用范围的规定）。除此之外，还包括国家机关、事业单位、社会团体同与其建立劳动关系的劳动者之间的劳动争议。

二、劳动争议的特征

和一般的民事争议不同，劳动争议有其独有的特征，主要表现在以下几个方面。

（一）劳动争议的内容是特定的——涉及劳动权利和劳动义务

劳动争议是为实现劳动关系而产生的争议，因而其内容必须涉及劳动权利和劳动义务。劳动关系是指劳动权利和劳动义务关系，如果劳动者与用人单位之间所发生的争议并非为了实现劳动权利和劳动义务，就不属于劳动争议的范畴。例如，用人单位因财务问题、营销问题以及员工的股份分红等问题而发生的争议就不属于劳动争议的范畴。劳动权利和劳动义务的内容非常广泛，包括就业、劳动合同和集体合同、工资、工时、劳动保护、劳动保险、劳动福利、职业培训、民主管理、奖励惩罚等。

（二）劳动争议的主体是特定的——限于劳动关系双方当事人

劳动争议的当事人必须是劳动关系的双方主体，即一方是用人单位管理者及其代表，另一方是劳动者及其代表。只有劳动者及其代表与用人单位管理者及其代表之间通过集体合同或劳动合同等方式建立了劳动关系，他们才有可能成为劳动争议的双方当事人。也就是说，只有发生在劳动关系双方主体之间的争议，才可能是劳动争议。如果争议不发生在劳动关系双方当事人之间，即使争议内容涉及劳动问题，也不构成劳动争议。例如，劳动者之间在劳动过程中发生的争议，用人单位之间因劳动力流动发生的争议，劳动者或用人单位与劳动行政部门在劳动行政管理中发生的争议，劳动者或用人单位与劳动服务主体在劳动服务过程中发生的争议等，都不属于劳动争议。

根据我国劳动法、企业劳动争议处理条例以及原劳动部《关于贯彻执行〈中华人民共和国劳动法〉若干问题的意见》等规定，下列主体之间发生的劳动争议不属于劳动法规中规定的劳动争议内容：①国家机关与其公务员之间的劳动争议；②事业单位、社会团体与其比照公务员管理的劳动者之间的劳动争议；③军队与其服现役的军人之间的劳动争议；④农业承包户与其劳动者之间的劳动争议；⑤家庭雇主与保姆之间的劳动争议；⑥在校学生因勤工助学、退休职工因返聘而形成的劳动争议。

（三）劳动争议的手段是特定的

所谓争议手段，是指争议双方当事人坚持自己主张和要求的外在表达方式。劳动争议的手段不仅包括劳动者的怠工、罢工、联合抵制、排工、解除劳动合同等，也包括劳动关系双方主体经常使用的抱怨、旷工、调整工作岗位、限制产量，乃至制造工业意外事故以及进行工业破坏活动等。这些构成了劳动争议中的特定手段。

（四）劳动争议的事实必须已经发生

认定劳动关系双方当事人已经形成劳动争议的主要标准，是引起劳动争议的事实已经发生，即劳动关系当事人已经采取了引起双方争议的行动。如果双方的争议还仅仅停留在语言、思想的层面，则不能就此认定双方发生了

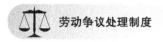

劳动争议。

三、劳动争议的种类

根据不同的划分标准，劳动争议主要分为以下几种类型。

（一）个人争议与集体争议

根据参与职工人数的多少，可将劳动争议划分为个人争议与集体争议。根据我国现行法律规定，发生劳动争议的职工一方当事人在 3 人以上，并有共同理由的，为集体争议；职工当事人不满 3 人的，则分别为个人争议。这里需要注意的是，集体争议与团体争议不同，团体争议是关于集体合同的争议，争议的主体是用人单位（或用人单位团体）与工会；而集体争议的主体仍然是用人单位与劳动者。划分个人争议与集体争议，其主要意义在于设定二者在争议处理中的不同程序。一般而言，个人争议的处理适用一般程序，集体争议则有特殊的要求。根据《中华人民共和国劳动争议调解仲裁法》（以下简称《调解仲裁法》）第 7 条之规定，发生劳动争议的劳动者一方在 10 人以上，并有共同请求的，可以推举代表参加调解、仲裁或者诉讼活动。

根据我国《劳动争议仲裁委员会办案规则》规定，职工一方在 30 人以上的集体劳动争议在劳动争议仲裁中适用特别程序。与普通程序相比，特别程序的特点表现在以下几个方面。

第一，劳动争议仲裁庭为特别合议仲裁庭，由 3 人以上的单数仲裁员组成。

第二，劳动者一方当事人应当推举代表参加仲裁活动，代表人数由劳动争议仲裁委员会确定。

第三，影响范围重大的集体劳动争议案件由省级劳动争议仲裁委员会管辖。

第四，集体劳动争议应自组成仲裁庭之日起 15 日内结束。需要延期的，所延长的期限不得超过 15 日。

第五，仲裁庭应按照就地、就近的原则进行处理，开庭场所可设在发生争议的企业或其他便于及时办案的地方。

第六，劳动争议仲裁委员会对受理的劳动争议及其处理结果应及时向当地政府汇报。

为了更好地说明集体劳动争议及其发生原因，本书搜集了近年来一些典型的集体劳动争议案例，具体如下。

第一类：烟草等系统因"减员增效"改制而引发的集体劳动争议。

自 20 世纪末至 21 世纪初，针对我国烟草、金融、石油等行业的大型国有企业存在的人员较多、效率低下等问题，为了适应市场经济的发展和变化，国务院出台了"减员增效"政策，允许这些行业的国有企业进行大规模裁员。例如，1998—2007 年，我国烟草行业进行了一轮以切实"减轻企业人员包袱"为目标的人事改革，即为了行业结构调整及提升烟草行业的竞争力而进行全国范围内的减员增效，由此产生了下岗买断工龄的职工近 3 万人，他们中的大多数成为无岗位、无职业、无收入的社会失业人员。

此次各地烟草单位大规模解除与职工劳动关系的公开理由是减员增效，实则是为减轻企业包袱。并且，减员增效并非是解除与职工劳动关系尤其是大规模与之解除劳动关系（如某些烟草单位在同一天内一次性解除劳动关系的职工人数达到全部职工人数的 80% 甚至更多）的法定事由，而是国家在企业走向市场经济的过程中所提出的一项就事论事的政策。关于这一点，湖北、湖南、河南、云南等地法院的相关判决意见中已经加以说明，即职工反映的这些问题是由政府指导下的改制造成的，应由政府协调解决。一般来说，这项政策的适用对象是国有企业，而国企减员增效的前提是企业存在经营困难的状况。但是，此次烟草行业并不存在这一状况。事实上，烟草行业作为国家垄断行业，不论是此次改革前还是改革后，都不存在经营困难的状况。相反，和其他行业相比，烟草行业的利润还相当可观。可见，其做法违反了劳动法及八部委 859 号文件①等规定。

此外，减员增效无疑是通过减员达到增加企业效益的目的。但在此次烟草单位的所谓"改制"过程中，被解除劳动关系的职工发现，他们离开单位后所空余出来的岗位不但没有被撤销，反而在短短的时间之内（一般不超过 6 个月）即被烟草单位新招聘的员工所占用，且新招人数与被解除劳动关系的员工数量相比有增无减，这一做法确实令人难以理解。

同时，各地烟草单位规定的时间很短，有些地方仅在 3 天之内就与数百名职工协议解除了劳动关系，且没有召开职工代表大会（以下简称"职代

---

① 原国家经贸委等八部委根据中共中央《关于进一步做好下岗失业人员再就业工作的通知》（中发〔2002〕12 号）精神，联合下发了《关于国有大中型企业主辅分离辅业改制分流安置富余人员的实施办法》（国经贸企改〔2002〕859 号），简称"八部委 859 号文件"。

会"）进行充分讨论和协商，即便召开职代会也只是走走形式，弄虚作假。例如，在湖北恩施某地的职代会上竟然有同一职工签了两次名，另有一地的职代会出席人数与签名人数竟然相差80多名。与此形成鲜明对照的是，当时湖北恩施鹤峰县烟草专卖局正式召开了职代会，让职工代表充分讨论了改革方案，最后由于大多数职工代表反对这一方案而没有采取买断工龄的做法。

正是在种种虚假宣传与违反程序的情况下，许多职工（包括夫妻双职工、工伤残疾重病职工、复员退伍安置职工、劳动模范等）不得不签署协议，含泪离开已工作多年的单位。

这些"被买断"的职工工作年限较长，他们中许多人都是在青春大好之时进入该行业的，把自己一生的"黄金工作时间"都贡献给了该行业。可是，当他们成为"4050"人员（即女性40岁以上，男性50岁以上）后，却不得不面临突然"被买断"的现实。

这些职工在所在行业的服务时间大都是在20世纪60年代到20世纪90年代。在这期间，由于我国尚未发展起成熟的市场经济等原因，他们的工资较低，而这与他们为所在行业所作出的贡献是不成比例的。

不仅如此，这些被买断工龄的职工长期从事所在行业，大多技能单一，"被买断"后很难甚至无法再找到其他工作。与此同时，他们还要缴纳逐年增长的社保费用。这种情况下，他们面临巨大的生活压力和家庭危机：有的身患重疾却无钱医治，有的因生活拮据、衣食无着而家庭破裂……

许多"被买断"的职工始终认为其劳动关系的解除并非自愿，多年来一直通过信访、请愿等各种方式维护自己的权益。然而，针对这些职工提出的要求，某些主管部门及企业认为，既然职工已经和企业解除了劳动关系，那么企业没有义务也无法解决他们的问题。

由此，有部分省份的"被买断"职工采取了诉讼的方式。以辽宁省丹东辽东烟草发展有限责任公司因买断职工工龄之劳动争议而引发的诉讼为例，根据辽宁省凤城市人民法院于2016年3月21日作出的（2015）凤民初字第02803号民事裁定书、辽宁省丹东市中级人民法院于2016年6月6日作出的（2016）辽06民终998号民事裁定书、辽宁省高级人民法院于2016年11月25日作出的（2016）辽民申4561号民事裁定书，三级人民法院经开庭审理后认定，此次开展的兼并重组、减员增效的经济体制改革是由国家烟草专卖局安排的一次自上而下的行政行为。国家烟草专卖局为此专门出台了《1998—

2000 年烟草行业经济体制改革工作实施意见》、《关于烟草行业卷烟工业企业组织结构调整的实施意见》（国烟法〔1998〕259 号文）、《关于国有烟草企业开展减员增效和实施再就业工程的意见》〔国烟人（1999）485 号文〕以及《国家烟草专卖局关于烟叶生产经营富余人员分流有偿安置的资金补贴方案》（国烟法〔2005〕313 号文），并且国家烟草专卖局在涉案烟草公司确定解除劳动关系的对象、补偿资金的支付、事后的验收等环节都予以批准。据此，辽宁省凤城市人民法院、丹东市中级人民法院以及辽宁省高级人民法院均认定此次改制是由国家烟草专卖局主导下的企业"非自主"改制。根据最高人民法院关于解决劳动争议的司法解释，非企业自主改制所引起的劳动争议不属于司法审查的范围。

第二类：集体劳动争议中出现的暴力现象。

2009 年 7 月 24 日，位于吉林省通化市的吉林通化钢铁集团股份有限公司（以下简称"通钢集团"）发生了一起改制引发的劳资冲突事件。通钢集团职工因不满总部位于北京的民营企业——北京建龙重工集团有限公司（以下简称"建龙集团"）对通钢集团的增资控股行动，当场将建龙集团派驻通钢集团的总经理陈××围殴致死。实际上，类似的暴力事件不久前在通钢集团已有发生。2008 年 12 月 27 日凌晨，通钢集团炼轧厂厂长宋×被该厂一名张姓炉前工锤杀。对此，劳动关系专家常凯认为，"这些事件已经发出了警示：由于劳资关系和劳资矛盾处理的不规范以及劳工政策的不完善，我国的劳资关系处理已经出现暴力化倾向"。

2009 年 8 月 11 日上午，河南省林州市也发生了一起劳资关系引发的激烈冲突。位于濮阳市的林州钢铁有限责任公司（以下简称"林钢"）的工人因对该企业改制过程中的做法存在诸多不满而将濮阳市国资委副主任董××软禁了约 90 小时，于 8 月 15 日上午才将其放出。事后，河南省委、省政府提出了尊重广大职工意愿、暂停改制工作等六条意见。

前些年，我国国有企业在改制过程中发生了多起类似的劳资冲突事件，最后走向暴力化并导致恶性后果的案例也时有发生。客观上讲，劳资之间存在矛盾确实是难以避免的，尤其是市场经济中的劳资关系是一种利益协调型的关系，在这种情况下更是如此。但是，解决这些矛盾的手段很多，不至于也不应该发生非理性的暴力事件，更不应该出现诸如致人死亡这样的恶性后果。尽管肇事者必将受到应有的法律制裁，但这些事件应该引起人们的深入思考：为什么劳资冲突会走向暴力化？应该采取什么手段和方法避免类似的不幸事件再次发生？

1. 国有企业改制过程中出现暴力现象的原因解析

在国有企业改制过程中出现暴力事件是一种不正常的现象，厘清其中的原因至关重要。具体可从以下几个方面加以分析。

（1）社会转型以及企业改制中人们观念上的差异。改革开放以来，我国社会发生了巨大变化，如由原来的计划经济体制向市场经济体制转变。随着市场经济体制的建立，企业的所有制结构也发生了很大的变化，原来"一大二公"背景下由国有企业主导的所有制体系逐渐被多种所有制取代，同时很多民营企业因在市场竞争的环境下"摸爬滚打"成长起来而显现出一些经营方面的独特优势。在这种情况下，一些民营企业入驻国有企业便成为企业改制和发展模式的一种选择，前述建龙集团对通钢集团的增资扩股行动就是一个典型例子。

早在2005年，吉林省国资委就是因为看到身为民营企业的建龙集团在并购重组方面所取得的不错业绩而选择其入股通钢集团的。2009年，在吉林省国资委的主导下，建龙集团不仅入股而且要控股通钢集团。就这样，建龙集团在增资扩股过程中也将其多年的经营理念及企业文化（尤其是效率至上的管理理念和竞争文化）带进了通钢集团这家吉林省最大的钢铁企业之中。

反观通钢集团，自1958年建厂以来就逐渐形成了典型的国有企业经营理念，职工（包括离退休职工）对企业的感情很深，彼此建立了利益一致型的劳动关系：职工以厂为家，端的是"铁饭碗"，是企业的主人翁，有的甚至全家人都是厂里的职工；当企业遇到困难的时候，职工会为企业着想，尽自己全部力量为企业排忧解难。与此同时，职工期待企业的管理人性化，自己的岗位和身份稳定。从这次事件的发展脉络也可以看出这一点：令职工群情激愤的就是建龙集团所推行的各种新措施。例如，满30年工龄的要办理内退，有的职工要下岗，要竞争上岗……尽管这些举措从提高企业效率等角度看有一定的合理性，却让通钢集团的许多职工产生了身份焦虑和岗位焦虑。他们认为自己被企业抛弃了，即便有工作、有岗位也不过是暂时的，朝不保夕。

当这两种迥然不同的管理理念和企业文化因为并购重组不期而遇时，必然会发生碰撞，甚至是剧烈的碰撞。这种剧烈的碰撞很容易导致劳资之间的不信任、不理解、不配合，产生各种误会甚至怨恨，如果中间再夹杂这样那样的诱因，冲突便不可避免。"通钢事件"和"林钢事件"正是这种由观念碰撞而引发激烈冲突的典型。

应当说，上述事件所反映的两种不同观念和文化的碰撞现象具有一定的普遍性，不论是国有企业兼并民营企业，还是民营企业通过改制入股控股国有企业，都会存在上述问题。现实中，为了实现企业盈利，推动经济发展，类似这种兼并、入股的做法还会继续，这就亟待有关各方认真对待，提出解决冲突、加强对话的有效方法和策略。否则，类似的矛盾还会发生，类似的恶性后果还会出现。

（2）用人单位管理手段简单、粗暴。不可否认，现实中一些企业的管理者存在管理手段简单、粗暴等情形。他们认为职工就是机器，服从是职工的第一要务，用人单位可以任意制定各种规章制度并强令职工遵守。他们认为只有这样，企业才能取得高效率，实现利润最大化。应当说，这种管理模式和手段在民营企业中更为普遍，"通钢事件"等冲突背后的一些管理者正是推行这种管理手段的"急先锋"。

然而，这种看似有效的管理手段实则已经过时了，并不能给管理者带来所期待的利润。此类严格管理的理念有许多都源自 20 世纪初的泰勒（其被西方管理界誉为"科学管理之父"）等人的古典管理理论。该理论强调以各项严格的制度和标准管理职工，用定额奖惩的办法，即"大棒"的办法来刺激工人提高劳动生产率，在当时的背景下也确实收到了一定的效果。但是，该理论的实质是把工人看作机器，从长远看这极大地挫伤了工人的劳动积极性。第一次世界大战结束后，西方国家中的广大职工进一步认识并反对这种所谓"科学"的管理方式，因而用罢工、怠工等各种形式来进行斗争。逐渐地，泰勒的所谓"科学管理"失灵了，甚至严重影响了劳动生产率的提高。

在这种情况下，许多西方管理学者在总结泰勒理论缺陷的基础上，把社会学和心理学等理论引入企业管理的研究领域，并提出"行为科学"等管理理论。该理论的提出者梅奥等人通过在霍桑工厂的实验了解到，职工并不是把金钱当作工作积极性唯一动力的"经济人"，而是在物质需求之外还有社会和心理需求的"社会人"。他们工作不是单纯为了追求金钱收入，还有社会、心理等方面的需求，即追求友情、安全感、归属感以及被尊重等。因此，必须从社会、心理等各个方面来鼓励职工提高劳动生产率。

通钢集团事件的结果也证明了建龙集团管理模式的失败。事实再一次证明，这种不顾及职工内心感受、一味迷信严格管理的做法绝不是"灵丹妙药"。

（3）政府部门工作过程中存在失误乃至不作为现象。例如，从多家媒体报道的内容来看，通钢事件的出现与吉林省有关部门的工作失误是分不开的。

失误之一：改制工作推进得太急、太快。2005年初，吉林省国资委批复了通钢集团"国有控股"的总体改革方案后，通钢集团的改制工作进入实质阶段。接下来，通钢集团与其职工劳动关系的基本改制工作开始进行。通钢集团职工的国企职工身份被置换为合同制职工，所有职工按岗位、职务等分成不同层次发放经济补偿金，经济补偿金也可以转成企业股权。与此同时，通钢集团找到了一位战略合作伙伴——河北德龙钢铁公司。这家民营企业计划以现金形式收购通钢集团30%的股份，双方也签订了协议。但到了2005年中，吉林省内有关部门要求通钢集团改变方向，进行整体改制并加快进行。2005年12月25日，通钢集团改制协议最终正式签署：由建龙集团出资14亿元（其中现金8亿元，并以吉林建龙钢铁有限责任公司的资产作价6亿元），拥有改制后通钢集团36.19%的股份，同时吉林省国资委拥有46.64%的股份，通钢集团管理层拥有的股份为2.57%，华融资产管理公司则拥有14.6%的股份。就这样，短短5个月内，改制完成。

然而，建龙集团入主后，并没有实现吉林省国资委当初的期望——两年内形成年产1 000万吨钢的规模。相反，随着当时国际金融危机的深化，从2008年6月开始，钢材价格暴跌，通钢集团陷入"生产越多就亏得越多"的怪圈。到2009年2月，通钢集团的亏损一度高达10亿元。同年3月，建龙集团宣布撤出通钢集团。听说这一消息，通钢集团的职工们都很高兴。但令他们没想到的是，同年7月，在吉林省国资委的支持下，建龙集团又杀了个"回马枪"，并且这次还要控股。从以上通钢集团的改制过程不难看出，吉林省国资委等有关部门的工作推进确实太快、太急了，结果是欲速则不达。

失误之二：完全由政府主导，没有按照有关程序积极听取原通钢集团管理层以及职代会的意见。此次通钢集团改制的过程完全是由吉林省国资委等有关部门积极推动、主导进行的。尽管地方政府的初衷是为了企业的发展，但也应该严格按照有关规定及程序进行，否则极易导致"好心办坏事"的结果。《中华人民共和国企业国有资产法》第37条、第41条明确规定，关于改制的重大决定应当听取企业工会的意见，并通过职工代表大会或者其他形式听取职工的意见和建议；涉及职工重新安置事项应当制定职工安置方案，并经职工代表大会或者职工大会审议通过。这些规定体现了改制过程中职工所应享有的权利，吉林省国资委等有关部门本应充分尊重职工的这些权利。毕竟，这些国有企业的老职工长期以来与企业形成了休戚与共的关系，为企业的成长与发展作出过极大的贡献，在改制过程中忽视他们的利益与情感必然会引起过激的反应。

此外，吉林省有关部门的不作为也是导致通钢事件走向暴力结果的重要因素。从有关报道来看，对于此次通钢集团改制过程中出现的问题，职工曾多次通过上访等方式表达不满，但并没有引起有关部门的重视并予以解决。其结果就是矛盾越来越尖锐，怨恨越积越深，最终失去了将问题解决于萌芽状态的机会，致使有关当事各方付出了极其惨重的代价。

（4）职工利益表达渠道不畅通。一般来讲，职工利益表达的渠道包括通过职代会或者工会反映问题、上访，以及游行示威、罢工等。但在我国，这些渠道对于职工来讲存在着形式化、门槛高、不可行等问题。于是，职工只得用自发的集体行动来表达自己的诉求，甚至在利益严重被侵害而又缺乏有效救济渠道的情况下铤而走险。通钢事件正是此类事件中的一个典型案例。

2. 对国有企业改制过程中暴力事件的预防措施

国有企业改制过程中出现的暴力事件必然导致多输的结局，对于社会稳定以及劳资和谐必然造成极大的破坏。那么，如何避免类似事件的再次发生呢？对此笔者提出如下几点建议。

（1）推进企业改制工作要遵循"依法、循序、平缓"的原则进行。为了企业以及地方经济的发展，进行改制是必要的，但推进企业改制工作要遵循"依法、循序、平缓"的原则进行。事实上，我国已经为企业改制制定了不少规范性文件，实践中要严格按照这些规定的内容和程序进行，不要"短斤缺两"。尤其是涉及职工利益的时候，要充分发挥职代会和工会的功能和作用，发布重大决定之前要让职工充分参与讨论，重要信息要保证职工知情，工作推进过程中要时时、处处收集和了解职工的反馈意见并及时予以处理和解决。

同时，推进改制工作不要急于求成，急躁冒进必然导致事倍功半甚至无功而返的后果。改制的过程也是不同管理理念和企业文化碰撞、融合的过程，而这些都是在长期的企业经营管理过程中形成的。即便一方拥有这样或那样的优势，也应当承认、尊重另一方的文化并尽量与之融合，而不是简单粗暴地将之打倒、抛弃。只有这样，假以时日改制方能顺利完成，最终形成多赢的局面。

（2）赋予工会组织职工采取集体行动的权利。从职工各种利益表达渠道的有效性上来看，工会无疑是其中具有重要、特殊作用的一种渠道。关键是要强化工会的作用，并应赋予其组织职工采取集体行动的权利。实践证明，职工有组织、有秩序地采取集体行动不会导致社会混乱，不是洪水猛兽；相反，各种矛盾和怨恨的积压才最可怕，这些矛盾和积怨才是导致劳资关系走向暴力冲突的罪魁祸首。因此，当劳资关系出现矛盾和冲突时，如果职工能在工会的有效组织下采取合理合法的集体行动来反映他们的正当利益诉求（实际上劳方往往也只有联合起来并采取集体行动，才能引起企业管理层的足够重视），并在政府的适时介入以及公众的广泛关注之下解决劳资关系问题，这样暴力冲突便成了无源之水。

（3）用人单位应改变不合理、不适宜的管理理念和管理手段。劳资关系中的种种冲突事件表明，职工的积怨和管理者苛刻、粗暴的管理理念、手段是劳资冲突走向暴力化的重要因素。正如煤矿事故大多是由煤尘的过量积累以及明火的引燃这两个因素所导致的，很多情况下，管理者一句苛刻、粗暴的语言就会引燃职工积压已久的情绪。因此，用人单位应改变以往那种不合理、不适宜甚至落后、过时的管理理念和管理手段，要充分尊重职工的合理意见和法律赋予其的各项权利。企业中的劳动关系主要是由劳方和资方这两个主体来共同主导的，资方的管理权是有边界的，不是一种无限的权利，其与劳方的劳动权在法律上是并行关系而不是主次关系。

总之，劳资冲突不是不可控的，暴力冲突也不是不可避免的。虽然我国在社会转型及企业改制中的劳动关系比较复杂，但只要采取有效的措施，加上全社会的共同努力，劳资矛盾和冲突一定能够得到妥善解决。

（二）权利争议与利益争议

根据劳动争议的性质，可将其划分为权利争议和利益争议。这其中的关键就是"权利"与"利益"的区别。一般而言，利益的范围大于权利，只有经过法律规定为权利的利益才属于法律上的权利。用人单位或其团体与劳动者或其团体，就执行劳动法律法规、集体合同、劳动合同和规章制度等设定的权利而发生的争议属于权利争议。权利争议是为实现既定权利而发生的争议，属于法律问题，故又称为法律争议。常见的权利争议有支付拖欠工资争议、支付经济补偿金争议、补缴社会保险费争议等。

用人单位或其团体与工会等就集体合同的订立与变更而发生的争议则属于利益争议。利益争议是为创设将来的合同、设定将来劳动条件而发生的争议，它涉及的不是法律问题，故又称经济争议。利益争议与集体争议也有不同。利益争议的主体是工会或者职工代表，争议的内容是将来的劳动条件，表现形式是集体合同的订立和变更；而集体争议是多数劳动者共同提起的争议，争议的内容是现有权利的确认与执行，其依据来自法律法规、劳动合同或者已经订立的集体合同等的。

此外，权利争议因涉及的是法律问题，一般通过仲裁或诉讼程序解决；利益争议的解决则没有可引用的实体依据，无法通过诉讼作出裁定，因而一般通过调解、调停等方式加以处理和解决。

（三）国内劳动争议与涉外劳动争议

按照当事人国籍的不同，劳动争议可分为国内劳动争议与涉外劳动争议。

所谓国内劳动争议，是指我国的用人单位与具有我国国籍的劳动者之间发生的劳动争议；涉外劳动争议则是指具有涉外因素的劳动争议，包括：①外国人直接受雇于我国外资企业的；②外国人受雇于外国企业后被派往其在我国的子公司或分支机构的；③外国人受雇于我国企业后被派往其在境外的子公司或分支机构的；④中国人受雇于我国企业后被派往其在境外的子公司或分支机构的；⑤中国人被境外的外国公司直接聘用的；⑥中国人被我国企业聘用后派往境外，为外方提供劳动服务的。

这种分类的主要意义在于两类争议案件的管辖权以及适用的法律不同。我国涉外劳动争议的管辖权是我国劳动争议仲裁机关、法院等受理、审判具有涉外因素的劳动争议案件的权限，该管辖权在我国民事诉讼中具有重要的意义。

首先，我国涉外劳动争议案件管辖权的存在是我国劳动争议仲裁机关、法院等受理并审理有关我国涉外劳动争议案件的前提。如果我国劳动争议仲裁机关、法院等对某一涉外劳动争议案件没有管辖权，就无权受理这一案件，也就不可能有效地向国外的有关当事人送达诉讼文书或非诉讼文书，并且不可能得到外国法院的司法协助，其判决也会因"不适当管辖"而无法得到有关国家法院的承认和执行。

其次，我国涉外劳动争议案件管辖权的确定往往关涉实体法的适用，从而直接对有关案件的审判结果造成影响。中外的冲突规范极不统一，即使是对同一条冲突规范，也可能在不同国家的法院审理体系中存在不相同的理解。因此，就某一特定的涉外劳动争议案件而言，不同的仲裁机关、法院往往会适用不同的准据法，从而造成不同的审判结果。

此外，我国涉外劳动争议案件管辖权的确定能直接影响诉讼当事人合法权益的取得和保护。现实中，有关当事人要想取得或保护其合法权益，就必须向在国际民事诉讼法中具有管辖权的国家的法院起诉。

（四）工资争议与其他争议

根据争议的标的不同，劳动争议可细分为工资争议、保险福利争议、劳动保护争议、培训争议以及劳动合同解除、终止争议等。在这里有必要说明的是，我们通常所说的劳动争议一般是指劳动者个人与用人单位之间所发生的争议。根据我国《调解仲裁法》第 2 条的规定，劳动争议可以分为：①因确认劳动关系发生的争议；②因订立、履行、变更、解除和终止劳动合同发生的争议；③因除名、辞退和辞职、离职发生的争议；④因工作时间、休息休假、社会保险、福利、培训以及劳动保护发生的争议；⑤因劳动报酬、工伤医疗费、经济补偿或者赔偿金等发生的争议；⑥法律、法规规定的其他劳动争议。

四、劳动争议产生的原因

引起劳动争议的原因很多，有社会方面的原因，有工作本身的原因，也有劳动关系双方当事人的原因。概括起来，主要包括以下几类。

（一）社会转型背景下劳动政策调整的因素

改革开放以来，我国社会发生了巨大的变化，尤其是在经济体制方面，由原来的计划经济体制向市场经济体制转变，这两种经济体制在运行模式、调整手段等方面存在着巨大的差异。在市场经济条件下，社会上出现了大量的私营企业、股份制企业以及外资企业。这些企业的所有者和股东以及管理者所追求的主要是利润最大化，但我国很多劳动政策沿用的还是管理国有企业的旧思路。此外，针对一些大型国有企业，为了帮助其适应市场经济的变化，国家出台相应的政策，允许它们进行"减员增效"改革，并通过下岗、买断工龄等手段裁减一些员工，但操作过程中存在的一些问题引发了许多劳动争议。

劳动争议与劳动政策的相关性主要体现在劳动政策对劳动争议的影响上，这可从两个方面进行分析。一方面，是指劳动政策的缺失或者存在缺陷而对劳动争议的发起及其解决造成的影响；另一方面，是指合理的劳动政策对劳动争议的预防和减少所产生的影响。当然，劳动争议与劳动政策的相关性也体现在劳动争议的发生对劳动政策之完善的促进方面。

就劳动政策的缺失对劳动争议的影响而言，主要包括以下几方面。

1. 劳动法规政策的缺失致使对劳动争议的处理无法可依

实行市场经济体制以来，我国制定了一系列的劳动法规和政策，这些政策对于保护劳动者的合法权益确实起到了很大作用。但也必须看到，劳动力市场的飞速发展大大超过了已有政策的解释和规范范围，致使有的用人单位在处理劳资关系时无所顾忌，随心所欲，进而导致劳资冲突。在这之中，就业歧视就是一类非常典型的情况。

劳动者享有的就业权是个别劳权中一项极其重要的权利，其核心内容就是就业时的平等性，尤其是用人单位不能基于求职者的某些先天性的与能力不相关的因素而作出任何的区别、排除、限制或优惠。然而，我国现行劳动法中禁止就业歧视的范围太窄。比如，根据该法第 12 条的规定，劳动者就业不因民族、种族、性别、宗教信仰不同而受歧视，这一禁止就业歧视的范围与现实情况相比，确实太窄了。此后出台的就业促进法，对禁止就业歧视范围的规定与劳动法完全一样。这导致大量就业歧视行为的发生，进而导致劳动者的不满，引发劳资冲突。其中，比较突出的一个案例就是发生在 2001 年的四川蒋韬案。该案中，四川大学的学生蒋韬因身高不符合招录条件而被招聘单位（中国人民银行成都分行）拒绝。但当蒋韬因此而寻求法律救济时，却遭遇了"身高歧视"这一问题"无法可依"的尴尬处境。

除了就业歧视问题缺乏相应法律的规定外，实践中还存在许多这样的案例：劳动者离开原用人单位（以下简称"原单位"）后，即被原单位列入工作"黑名单"之中，原单位利用其在本行业或本地域建立起来的各种商业和人脉关系，知会其他单位不要录用这些劳动者，致使他们在找寻新工作的过程中困难重重，甚至找不到工作。但是，对于这种用人单位的"不当劳动行为"[①] 引发的劳资冲突，却往往因缺乏相应法律的规定而使劳动者的正当权利

[①]　不当劳动行为，亦称"不公平劳动行为"或"不公正劳工措施"。

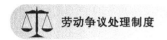

无法得到有效保护。

此外，劳动者的其他劳动权也存在着制度供应不足的问题。不仅如此，实践中还缺少被侵权劳动者的申诉救济这项机制。例如，当某些招聘单位明目张胆地拒绝聘用女性求职者的时候，当事人除了向有关妇联机构投诉外，没有太多法律途径可以进行申诉并寻求救济。

2. 现有劳动法规和政策无法适应和回应新形势下出现的劳动争议事件

随着我国市场经济体制转型的深化，一些产生于计划经济时代的劳动法规和政策在面对市场经济条件下的劳动争议时显得力不从心，主要表现在以下两个方面。

（1）劳动法规、政策规定的模糊性，造成对劳动争议的解决存在不同标准。我国现行劳动法规和政策中的一些规定比较模糊，致使在执行过程中存在许多不同的理解和处理方式，其中比较典型的就是工伤责任的承担方式和对带薪年休假制度的规定。

首先，是关于工伤责任的承担方式。在职工工作过程中第三人侵权所导致的工伤案件中，对于受害的职工能否同时享受工伤保险待遇和第三人的民事赔偿问题，由于我国的《工伤保险条例》对此没有作出明确的规定，于是各地对此存在不同的政策理解。一些地方认为，受害职工可以得到双份赔偿，因为这两种赔偿的性质不同。北京市的政策则规定，这两种赔偿的性质相同，因而对于受害人来讲属于权利竞合，只能享受其中一种待遇，即如果受害人已经从侵权人处获得民事赔偿，就不能再享受工伤保险待遇或者只能就两者的差额向社会保险机构或用人单位主张权利；如果受害人先接受了工伤保险赔付，则社会保险机构有权向第三人（即侵权人）进行追偿。北京市的这一政策剥夺了受害劳动者获得双份赔偿的权利，同时武断地认为，作为赔偿义务人的社会保险机构拥有高于另一赔偿义务人（即第三方侵权人）的地位，而这样的理解是缺乏依据的。

其次，我国的带薪年休假制度也存在类似的情况。关于这项制度，1995年1月1日起实施的《中华人民共和国劳动法》中就已经有了相应的规定。由于其后国务院一直没有出台相应的实施办法，因此根据原劳动部于1995年8月11日印发的《关于贯彻执行〈中华人民共和国劳动法〉若干问题的意见》之规定：实行新工时制度后，企业职工原有的年休假制度仍然实行。于是，一些企业就依据1991年6月15日发布的《中共中央、国务院关于职工休假问题的通知》（国发电〔1991〕2 号）安排职工休假。上述规定存在着两个明显的不足：一是内容很笼统，操作性不强；二是没有规定相应的法律责任。这样一来，很多企业就不愿给劳动者安排休假，有些企业即使安排了休假也标准不一，操作起来更是五花八门。由此，在很长一段时间里劳资之间因为带薪年休假的有无以及多少等问题存在着众多的争议和冲突。

随着《职工带薪年休假条例》（以下简称《年休假条例》）于 2008 年 1 月 1 日实施，人们期盼着这一法规能解决上述的问题。为了实施该条例，人力资源和社会保障部又于 2008 年 9 月 18 日发布了第 1 号令《企业职工带薪年休假实施办法》（以下简称《年休假实施办法》），该实施办法进一步明确和细化了《年休假条例》中的若干内容，从而为《年休假条例》的落实提供了标准和保障。当然，尽管《年休假条例》和《年休假实施办法》在一定程度上弥补了此前法律、法规等方面的缺陷，但也并非尽善尽美。

（2）实践中对劳动争议事件的处理往往会遭遇不合理的劳动政策。

首先，我国的劳动争议处理制度在某些方面存在一定的不合理性。劳资冲突发生后，及时、公正地解决冲突尤为重要，对于劳动者而言更是如此。当劳动者的工资、加班费、工伤医疗费以及各项福利被拖欠的时候，他们迫切需要相应法规和政策来维护自身权益，但现实中解决这些问题所适用的处理程序过于冗长。根据现行法律规定，劳动争议处理制度包括劳动仲裁和法律诉讼两大程序，结合最高人民法院的有关解释，劳动仲裁是法律诉讼的前置程序，而法律诉讼的程序又包括两审终审。这样一来，如果用人单位采取故意拖延的战术，那么其完全可以利用这样一套漫长的程序来达到这一目的。事实也确实如此，在实践中，如果要将这类案件的必要程序全部走完一般需要 1 年到 2 年。甚至当有的案件终结时，用人单位已不存在或相关责任人已不知去向，从而造成执行难的后果。因此，这就成为很多职工尤其是农民工不愿意选择法律途径解决问题的重要原因。例如，由新华社记者开展的一项专门针对拖欠农民工工资的调查结果显示：在北京、浙江、安徽等地随机抽查的 80 位农民工中，有 72.5% 的人表示他们的工资曾不同程度地遭到过拖欠。令人深思的是，当他们的血汗钱被拖欠甚至被侵吞后，有 60% 的农民工选择反复找老板来讨工资；有 10% 的农民工表示，只能通过"吓唬"等手段给老板制造一点压力；还有 15% 的农民工则辛酸地表示，要不到钱就只能认命了……其中只有一名农民工选择通过法律途径来解决问题。这说明，在农民工的心目中，还没有一个有效的、可信赖的劳资纠纷协调机制，以至于大多数农民工只能采取法律途径之外、成本高昂、接近违法（甚至就是违法）的手段来维护自己的合法权益。

其次，我国现有的工会制度也存在不利于协调解决劳资冲突的规定。工会制度的这种明显不足，导致其在出现劳资冲突事件时的作用不能有效发挥。长期以来，我国工会制度的一系列相关内容是在计划经济体制下形成的，这些制度内容在市场经济体制下已表现出诸多不适应和不合理之处，主要包括以下几个方面。

第一，工会的基本职能因受到其他职能的拖累而被削弱。根据《中国工会章程》的规定，中国工会的主要社会职能包括以下四项：①维护职工的合法利益和民主权利；②动员和组织职工积极参加建设和改革，完成经济和社会发展任务；③代表和组织职工参与国家和社会事务管理，参与企业、事业和机关的民主管理；④教育职工不断提高思想道德素质和科学文化素质，建设有理想、有道德、有文化、有纪律的职工队伍。这四项职能又被称为维权职能、生产建设职能、民主管理职能和教育职能。此外，我国工会法中关于工会的职能这一点也有类似的内容。

工会承担这么多的职能，在计划经济条件下或许有其合理性和可行性，因为这些职能之间产生矛盾的可能性不大，即使产生了矛盾，也可以通过行政系统加以协调和解决。然而，在当前市场经济条件下，上述工会的多重职能很难不会在现实中发生矛盾和冲突。例如，维权职能和生产建设职能就可能发生矛盾，因为前者要求工会维护职工的利益，追求公平；后者则要求工会教育职工扩大生产，实现利润，追求效率。虽然我国工会法第 6 条规定"维护职工合法权益是工会的基本职责"，但由于基层工会在人财物等方面对用人单位的严重依赖，当发生上述职能之间的矛盾时，工会往往会偏袒用人单位。

第二，工会组织体系的行政化。工会这种长期以来形成的科层制、行政化的特点，其主要表现是运行模式的行政化和工作方式的机关化。这种特点的弊端是严重影响了工会作为一种社会组织的功能的有效发挥。我国工会法明确强调，"工会是职工自愿结合的工人阶级的群众组织"。既然工会是一类群众组织，那么代表和维护职工的权益应当成为其最本质的要求，工作方式应当是密切联系职工群众，全心全意为职工群众服务，而这与一般意义上的科层制组织是极为不同的。德国社会学家韦伯曾概括了现代科层制组织的六大基本特征：专门化、等级制、规则化、非人性化、技术化和公私分明化。工会的行政化转变，导致其不断呈现科层制组织的上述特征。这使得工会出现脱离广大职工群众，不了解他们的合理要求的情况。加之其所承担的多重职能，导致其在现实层面较难实现为职工维权的职能。

第三，工会维权手段因过于疲软而不能有效发挥效用。现实中，工会在行使维权职能的时候必然面临用人单位的抵制或逃避，此时工会只有采取相应的法律手段才能对用人单位加以反制。然而，工会缺乏有效制约用人单位的手段，导致其在维权行动中因不能给用人单位施加足够的压力而令自己经常处于被动之中，最终无法实现目的。

再次，我国的职业病诊断和鉴定制度同样存在不利于劳动者维护自身合法权益的问题。一般而言，根据我国职业病防治法以及《职业病诊断与鉴定管理办法》的规定，职业病的诊断和鉴定实行属地化管理，也就是说当职工怀疑自己患上职业病时也只能向当地的职业病诊断部门（通常是由省级卫生行政部门批准的卫生医疗机构）申请诊断。如职工对该职业病诊断有异议，可以向作出诊断的医疗卫生机构所在地的地方人民政府卫生行政部门申请鉴定，再由后者根据该职工的申请，组织职业病诊断鉴定委员会进行鉴定。如该职工对鉴定结论不服，可以向省（自治区、直辖市）人民政府卫生行政部门申请再鉴定，这一鉴定即为最终鉴定。在上述职业病诊断和鉴定过程中，用人单位应予以配合，即应当提供职业史、既往史，职业健康监护档案复印件，职业健康检查结果，工作场所历年职业病危害因素检测、评价资料以及诊断机构要求提供的其他有关材料。该办法同时规定，如职工在申请鉴定时没有职业病危害接触史或者在健康检查中没有发现异常，诊断机构可以不予受理。

事实上，上述规定在"张海超开胸验肺事件"中已体现出其极大的缺陷。河南省新密市刘寨镇农民张海超曾是郑州振东耐磨材料有限公司的一名职工，其在该公司打工期间（2004 年 8 月至 2007 年 10 月）历经杂工、破碎、压力机三个工种，据他自己表示这三个工种都会接触到粉尘。2007 年 8 月，张海超感觉身体不适，伴有咳嗽、胸闷症状，随后一直当作感冒治疗。后来，张海超来到郑州市第六人民医院拍胸片检查，检查结果显示双肺有阴影，但不能确诊病情。意识到病情严重的张海超此后到河南省人民医院、郑州大学第一附属医院、河南胸科医院等各大医院就诊，几家医院均告知他患上了尘肺病，并建议其到职业病医院进一步诊治。这时，张海超怀疑自己是在郑州振东耐磨材料有限公司患上的职业病。

为了确诊，2009 年 1 月，张海超先后到北京多家医院就诊，结论也是尘肺病。但由于张海超就诊的各大医院都不是法定的职业病诊断机构，这些医院在出具的诊断结论中只能用"疑似尘肺"和"不排除尘肺"等表述。根据职业病防治法的上述规定，职业病的诊断要由当地依法承担职业病诊断的医疗机构进行，职业病检查需要用人单位出具职业史证明书、职业健康监护档案、职业健康检查结果、工作场所历年职业病危害因素检测评价资料等多种证明。当张海超去申请职业病诊断时，他曾经工作过的郑州振东耐磨材料有限公司却不愿出具有关证明手续，理由之一是张海超并没有长期稳定地在该企业工作，理由之二是张海超离开该企业后又曾到中岳塑化公司上过班。

在张海超多次上访甚至同郑州振东耐磨材料有限公司发生冲突后，在新密市有关部门的协调下，该公司才不得已提供了相关证明。张海超也终于得以于 2009 年 5 月 12 日前往郑州市职业病防治所接受诊断。然而，同年 5 月 25 日，郑州市职业病防治所对其诊断为"无尘肺 0+期医学观察合并肺结核"。拿到这个结果后，张海超不予认可。他把多家医院的诊断结果拿给郑州市职业病防治所的医生看，但没有得到认可。按照现行法规，只有郑州市职业病防治所的诊断才是具有效力的，而负责协调此事的新密市信访局和原用人单位（郑州振东耐磨材料有限公司）也只认同郑州市职业病防治所的诊断结果，因此张海超索赔无门。无奈之下，张海超再次来到郑州大学第一附属医院，要求做手术开胸检查。尽管该手术比较危险，但为了验证自己所患的是职业病，在张海超的强烈要求下，医院最终为他做了手术，术后的肺检结果为"肺组织内大量组织细胞聚集伴炭木沉积并多灶性纤维化"。2009 年 7 月 1 日，张海超因为支付不起医疗费而不得不出院，郑州大学第一附属医院开具的出院记录上清楚地写着"尘肺合并感染"的诊断。

尽管张海超的这一"悲壮"举动在媒体的关注下最终得到了相对合理的解决，但这个案件却对职业病诊断和鉴定程序以及有关规定提出了几个值得思考并亟待改变的问题。

第一，职业病诊断工作由省级卫生部门指定一家或几家机构的垄断做法是不合理的。虽然卫生部门在指定这些医疗机构从事职业病诊断工作时也很慎重并进行了严格的审查，但并不能保证其诊断能力足以对职业病或其他疾病作出准确的判断，这在张海超的案例中已经有了充分的表现：尽管郑州和北京的一些大医院都一致认定张海超所患的是尘肺病，郑州大学第一附属医院甚至还出具了"开胸验肺"手术后的诊断证明，然而郑州市职业病防治所仍固执地认为，其他医院没有认定资格，张海超就是肺结核而不是职业病。直至在媒体以及原卫生部的压力下，郑州市职业病防治所才在有关专家的指导下重新对张海超进行了诊断，结论是：张海超患上的是职业病——尘肺病三期。可想而知，如果没有媒体以及上级的压力，张海超恐怕很难被认定为职业病。这一个案极具典型性，全国每年有太多像张海超这样的职业病患者被垄断的职业病诊断机构误断为非职业病。

由于实行严格的属地化管理，如果当地的职业病诊断机构认定不是职业病，其他医疗机构（包括外地的职业病诊断机构）即使认定为职业病也是无效的。

第二，职业病诊断和鉴定时让用人单位提供有关资料以"自证其罪"是不现实的。为了准确认定是否为职业病，让用人单位提供相关的职业史、病历史、健康档案等资料是必要的。但是，用人单位为了自身利益（尤其当其通过某种渠道获悉职工可能或者已经患上了职业病时），以种种理由拒绝提供这些资料的情况也是极有可能发生的（正如张海超一案中郑州振东耐磨材料有限公司所做的那样）。

第三，职业病的鉴定程序不完善。尽管根据现行法律的规定，张海超如对郑州市职业病防治所的诊断结论不服，还可以向当地的市级以及省级卫生行政部门申请鉴定以及再鉴定，由卫生行政部门组织职业病诊断鉴定委员会进行鉴定。但实际上，职业病诊断机构（如郑州市职业病防治所）就是由省级或以上卫生行政部门审批并指定的。因而，现实中的所谓鉴定多数情况下不过是走走形式，最终大都会维持职业病诊断机构的认定结论。以张海超一案为例，实际上他在下决心做"开胸验肺"手术之前先去申请了鉴定。2009年6月9日上午，张海超带着向别人借的鉴定费用六七千块钱和申请材料，去郑州市职业病鉴定委员会申请鉴定。到后他发现，该职业病鉴定委员会和郑州市职业病防治所在一个办公楼上班。见面后，郑州市职业病鉴定委员会的工作人员劝他说，（郑州市）职业病防治所不可能误诊，让鉴定机构推翻它的诊断结论是不好办的，就好像用自己的手打自己的脸……听到这样的劝说后，张海超对鉴定一事失去了信心，于是直接去了郑州大学第一附属医院，要求做"开胸验肺"手术。

最后，我国的退休政策因进行过调整而出现前后衔接不畅等问题，造成职工利益受损。例如，笔者曾经代理过一起关于职工被办两次退休的劳动争议案件①。该案中的职工是一位有事业编制的老工人，1951 年出生，1967 年参加工作。其所在单位是一家宾馆，上级单位是原国家安全生产监督管理总局，性质是自收自支的国有事业单位。2000 年，该职工年满 49 岁，工龄33 年，该宾馆根据当时国有单位可以采取措施减员增效这一国家政策，在征得职工本人同意的情况下，依据当时的退休政策，向其上级单位申请了该职工的退休审批手续。经批准后，该职工于 2000 年 12 月正式退休。2003 年，根据国家的要求，该宾馆加入地方社会保险。此时，地方劳动保障部门认为该职工不符合退休年龄，不具备退休资格，因此拒绝认定该职工为退休职工，拒绝向其支付养老金，并要求宾馆和该职工继续缴纳养老保险费。就这样，直到 2007 年 12 月地方劳动保障部门才认为该职工具备了退休资格，才"再次"为其办理了退休手续，同意向其支付养老金。为此，该职工认为后一次退休才是正式退休，因而其工龄应计算到 2007 年 12 月份。但该宾馆认为2000 年的退休手续是合理合法的，因而该职工的工龄只能计算到 2000 年12 月份，双方为此发生了劳动争议。

该案例反映了我国的退休政策在调整过程中存在前后衔接不畅的问题。此前的养老保险制度实行的是行业管理，职工的退休由行业主管部门进行审批；后来实行了养老保险的地方社会化管理，职工的退休由地方劳动行政部门进行审批。由于审批机关适用不同的政策标准，便出现了不同的认定结果，从而导致劳动争议。

除了上述因劳动法规政策不完善而引发的劳动争议外，现实中还存在其他的问题。限于篇幅，此处不再一一赘述。

（二）劳动关系多样化

劳动制度的改革、企业经营机制的转换，特别是劳动合同制的普遍推广使得劳动关系也发生了很大变化。作为劳动关系主体一方的劳动组织，已从过去单一的公有制经济组织扩展为不同所有制的多种经济组织；劳动关系主

---

① 笔者是一名兼职律师（执业证号：1101199920577953），参与和代理过一些劳动争议案件。

体之间的关系也因劳动合同制的推广，逐渐转变为一种平等的民事关系；由劳动时间、劳动保护条件、劳动纪律、劳动报酬等产生的劳资之间的权利义务关系也因企业经营自主权的不断扩大而发生了较大变化。

（三）劳动法规不完善

1995 年 1 月 1 日起实施的《中华人民共和国劳动法》规定：在我国，劳动者享有平等就业、选择职业、取得劳动报酬、休假休息、获得劳动安全卫生保护及享受社会保险和福利等广泛的权利。现实中，随着经济的不断发展，劳动者享有的权利内容不断增加，劳动报酬及各种保险、福利待遇的水平也不断提高，这就决定了劳动者所享有的各项权利内容很难在法律中逐条加以规定。

因此，目前劳动者所享有的大部分权利和对这些权利的调整，仍以劳动行政部门文件的形式加以具体规定。然而，劳动行政部门的文件不具有法律、法规的公示性，且在实践中其下发范围一般限于用人单位的劳动职能部门，劳动者本人往往很难直接获取。这种情况下，用人单位有时会根据自己的需要封锁这些文件，劳动者了解和主张自己权利的机会受到了很大限制，因而造成大量的原本可以避免的劳动纠纷。

从国家层面来看，这方面现存的问题主要有以下几方面。

第一，劳动立法庞杂，权责不清。目前，涉及劳动关系的国家立法众多，包括劳动法、劳动合同法以及各项条例等。看似把方方面面的问题都考虑到了，实则发生劳动争议时，存在既适用这项法规又适用那项条例等问题，致使权责不清。

第二，法律覆盖面窄，立法层次低。例如，关于劳动派遣这一方面的立法目前尚不完善，存在发生劳动争议时无法可依的现实问题。

第三，旧法新法重叠，企业无所适从。随着越来越多法律条文的出台，旧的法条和新的法条相互重叠，缺少法条的系统化整理。企业忙于学习各个零散的法条，却苦于不能提纲挈领，纲举目张，因而常常有无所适从之感。

（四）劳动关系双方法律意识不高

近年来，通过普法教育和各种法治宣传活动的开展，包括企业在内的社会组织和广大公众，法律意识有了较大程度的提高，但仅限于对最基本法律常识的了解，而对一些专业法律知识的认识仍然非常有限，尤其对劳动法规政策等更是知之甚少。显然，如果劳动关系双方对相关法规不甚了解，则要想妥善解决劳动争议问题、减少劳动纠纷的发生也是很难办到的。

一方面，企业在追求利益最大化的过程中法律意识和管理意识不强，缺乏有效的劳动关系调节机制。随着市场化进程的加快，劳动力已成为重要的市场资源，其配置也已主要由国家分配转变为市场化竞争性配置。这表明，劳动力资源已成为企业的一项重要资源，劳动力成本也成为企业成本的重要组成部分。实践中，一些企业为了实现利益最大化而不断追求资源利用的最大化，由此不断压缩劳动力成本，从而导致劳动争议频发。

与此同时，有的企业法律意识和管理意识不强，在劳动合同的签订和履行过程中没有认真遵守国家相关法律和政策的规定，企业内部的人力资源部门也没有做好劳动关系的维护和管理工作。例如，有些企业以试用期不必签订劳动合同或员工流动性大等为由，对签订劳动合同一事敷衍推诿，消极拖延；有的随意拖欠或扣发职工工资甚至无正当理由辞退、开除职工。对此，一些劳动者为了维持生计，明知合法权益受到侵害也只得忍辱负重。由此，导致大量不公和违法的事实劳动关系的存在，成为劳动争议的重大隐患。现实中，劳资双方的关系问题随着企业用工自主权不断扩大和市场上劳动力供大于求的矛盾而进一步突出。

另一方面，一些职工也存在无视劳动合同之法律约束力的问题。这些职工不认真履行合同，擅自离职、违约跳槽，特别是那些技术骨干违约跳槽时往往会带走客户或技术等商业秘密，给原单位造成了各种损失。面对这些不守法职工的做法，一些企业无奈之下只得用收押金或扣证件、档案等不合法手段来控制职工的随意流动。

（五）相关部门监督管理不力

我国劳动法第 85 条规定：县级以上各级人民政府劳动行政部门依法对用人单位遵守劳动法律、法规的情况进行监督检查，对违反劳动法律、法规的行为有权制止，并责令改正。但是，现实中劳动行政部门的执法权相对薄弱，强制性手段有限，加之其在执法过程中与其他行政部门的配合不够协调，往往造成对企业的惩处力度不够有力。此外，劳动行政部门自身在经费、设备和人员方面的不足也削弱了其执法力量，从而使其失去对违规企业的有效监督。

与此同时，一些地方政府因担心严格开展劳动执法管理会影响当地的投资环境和经济发展，往往会过多干预，致使劳动行政部门的执法查处力度大打折扣，对企业起不到必要的威慑力度，导致企业违法现象屡禁不止。此外，个别劳动行政执法单位存在消极作为甚至不作为的情况，致使一些违反劳动法律、法规和政策的问题得不到及时纠正和查处，造成大量纠纷走向仲裁与诉讼。

第二节　劳动争议处理制度

一、劳动争议处理制度的原则

所谓劳动争议处理制度，是通过劳动立法的形式将劳动争议处理的机构、原则、程序、受理范围等确定下来，用以处理劳动争议的一项法律制度。该项制度的基本原则包括以下几个方面。

（一）依法处理原则

在处理劳动争议过程中，劳动争议处理机构和劳动争议当事人必须在查清事实的基础上依法协商、依法解决劳动争议。要查清事实，一是当事人应积极就自己的主张和请求提出证据；二是劳动争议处理机构应及时调查取证。二者有机结合，才能达到查清事实的目的。依法处理争议，就应依据法律规定的程序要求和权利、义务要求去解决争议，同时要掌握好依法的顺序，即有法律依法律，没有法律依法规，没有法规依规章，没有规章依政策。此外，处理劳动争议时还可以依据依法签订的集体合同、劳动合同，以及依法制定并经职代会或职工大会讨论通过的企业规章等。

（二）当事人适用法律时一律平等原则

劳动争议双方当事人尽管在其劳动关系中存在隶属关系，但其法律地位是平等的。也就是说，不论用人单位的级别和地位，也不论劳动者这一方的职位高低，双方在法律面前是平等的，适用法律时不能因人而异，不能因为某单位是重点企业或者是创利创汇大户而对其侵害职工劳动权益的行为进行袒护。

（三）着重调解劳动争议原则

处理劳动争议，应当重视调解方式。调解既是一道专门程序，也是仲裁与审判程序中的重要方法与环节。着重调解原则，一是有利于增进当事人之间的相互理解，使其在今后的工作中能够相互支持和配合；二是尽可能简化程序，以利于及时、彻底地处理劳动争议。

实行着重调解的原则时应注意：一是必须遵守自愿原则。一方当事人向企业劳动争议调解委员会（以下简称"调解委员会"）申请调解的，必须经争议双方当事人同意，否则调解委员会不予受理；劳动争议处理机构进行调解时，必须由当事人真正自愿和解并自愿达成调解协议，劳动争议处理机构不得强行对争议案件进行调解，也不得采取强迫或变相强迫的方式进行调解。二是必须坚持合法、公正原则。调解应建立在查明事实、分清责任的基础上，通过说服教育，使当事人在法律许可的范围内达成和解协议，而不是无原则地进行。三是必须同及时裁决或及时判决结合起来。对于当事人不愿调解或调解不成的，不应久调不决，以免因拖延时日而有损于当事人的合法权益，造成不良后果。

（四）及时处理劳动争议的原则

首先，劳动争议发生后，当事人应当及时协商或及时申请调解以至申请仲裁，避免因超过仲裁申请时效而丧失申请仲裁的权利。

其次，劳动争议处理机构在受理案件后，应当在法定结案期限内尽快处理完毕。劳动争议往往涉及当事人尤其是劳动者一方的切身利益，如果不及时加以处理，势必会损害劳动者的合法权益，甚至导致矛盾激化。因此有关劳动争议法规对争议处理有着严格的时间限制，以避免"案无定日"、久拖不决的情况发生。

最后，对于处理结果，当事人不履行协议或决定的，要及时采取申请强制执行等措施，以保证案件的顺利处理和处理结果的最终落实。

二、劳动争议处理制度的程序

从法学分类上来说，劳动争议处理制度属于程序法。就其内容而言，它包括劳动争议处理方面的原则、程序等规定；就其任务和作用来看，劳动争议处理制度为贯彻相关实体法提供了法律保障。

接下来，先对中华人民共和国成立以来劳动争议处理制度发展史上的一些重要制度进行必要介绍。在劳动争议处理制度建立时期的重要制度有两个，即1950年6月由劳动部发布的《市劳动争议仲裁委员会组织及工作规则》，以及同年10月经政务院批准，由劳动部发布的《关于劳动争议解决程序的规定》。这两个制度的出台标志着新中国劳动争议处理制度的正式确立。遗憾的是，此后这两个制度由于"文革"的影响而被废止。

改革开放后，劳动争议处理制度得以恢复。这一时期相继出台了 3 项比较有代表性的制度，即国务院于 1987 年 7 月 31 日发布的《国营企业劳动争议处理暂行规定》（以下简称《企业劳动争议处理暂行规定》）和 1993 年 7 月 6 日发布的《中华人民共和国企业劳动争议处理条例》（以下简称《企业劳动争议处理条例》），以及全国人大常委会于 1994 年 7 月 5 日发布的劳动法。其中，《企业劳动争议处理暂行规定》标志着我国劳动争议处理制度的正式恢复，《企业劳动争议处理条例》表明我国劳动争议处理制度进入一个新的发展时期，劳动法则使我国劳动争议的处理提高到了法律的层次，标志着我国劳动争议处理法律体系的初步形成，有力地推动了劳动争议处理制度向前发展。

2007 年 12 月 29 日，全国人大常委会通过并公布了《调解仲裁法》。该法自 2008 年 5 月 1 日起正式施行，是目前我国劳动争议处理制度领域最权威的法律文件。

劳动争议是社会生活中经常发生的一类纠纷。那么，发生劳动争议后如何选择解决争议的方式呢？我国劳动法第 77 条规定："用人单位与劳动者发生劳动争议，当事人可以依法申请调解、仲裁、提起诉讼，也可以协商解决。调解原则适用于仲裁和诉讼程序。"《调解仲裁法》第 5 条规定："发生劳动争议，当事人不愿协商、协商不成或者达成和解协议后不履行的，可以向调解组织申请调解；不愿调解、调解不成或者达成调解协议后不履行的，可以向劳动争议仲裁委员会申请仲裁；对仲裁裁决不服的，除本法另有规定的外，可以向人民法院提起诉讼。"根据上述规定，劳动者与用人单位可以选择下列程序解决劳动争议。

（一）协商程序

协商是指劳动者与用人单位就争议的问题直接进行协商，寻找纠纷解决的具体方案。与其他纠纷不同的是，劳动争议的当事人一方为单位，另一方为单位职工，双方因已经存在一定的劳动关系而对彼此有所了解。一般来说，发生纠纷后双方最好先协商，通过自愿达成协议来解决争议。当然，协商程序不是处理劳动争议的必经程序。双方可以协商，也可以不协商，完全出于自愿，任何人都不能强迫。

（二）调解程序

调解是指劳动争议的一方当事人就已经发生的纠纷向劳动争议调解委员

会申请调解。根据我国劳动法的规定：在用人单位内，可以设立劳动争议调解委员会负责调解本单位的劳动争议。调解委员会委员由单位代表、职工代表和工会代表组成，他们具备相应的法律知识、政策水平和实际工作能力，对本单位的具体情况也比较了解，有利于解决纠纷。《调解仲裁法》在这一基础上又增加了两类调解组织：一是依法设立的基层人民调解组织；二是在乡镇、街道设立的具有劳动争议调解职能的组织。除因签订、履行集体劳动合同发生的争议外，其他劳动争议均可由本企业劳动争议调解委员会进行调解。当然，与协商程序一样，调解程序也由当事人自愿选择，且调解协议也不具有强制执行力，如果任何一方反悔，同样可以向仲裁机构申请仲裁。

（三）仲裁程序

仲裁程序是指劳动争议的一方当事人将争议提交劳动争议仲裁委员会进行处理的程序。该程序既具有调解劳动争议灵活、快捷的特点，又具有强制执行的效力，是解决劳动纠纷的重要手段。劳动争议仲裁委员会是国家授权、依法独立处理劳动争议案件的专门机构。申请劳动仲裁是解决劳动争议的选择程序之一，也是提起诉讼的前置程序。也就是说，如果想提起诉讼打劳动官司，必须先经过仲裁程序，而不能直接向人民法院起诉。

（四）诉讼程序

我国劳动法第83条规定："劳动争议当事人对仲裁裁决不服的，可以自收到仲裁裁决书之日起15日内向人民法院提起诉讼。一方当事人在法定期限内不起诉，又不履行仲裁裁决的，另一方当事人可以申请人民法院强制执行。"诉讼程序是由不服劳动争议仲裁委员会裁决的一方当事人向人民法院提起诉讼后启动的程序，具有较强的法律性、程序性，法院经过诉讼程序而作出的判决也具有强制执行力。

习惯上，人们将上述劳动争议处理制度概括为"一调一裁两审终审制"。

第三节　劳动争议案例分析

一般来说，分析劳动争议案例时应先选择一些合适的角度（或要点），这些角度是厘清劳动争议案件的重要因素，有利于尽快得出案件的矛盾焦点及是非曲直。通常而言，可以从以下两个角度进行分析。

一、从劳动争议案件本身的角度进行分析

（一）了解劳动争议的标的

标的是合同当事人双方之权利和义务所共同指向的对象。它是合同成立的必要条件，是一切合同的必备条款。劳动争议的标的就是劳动关系双方当事人的行为，包括提供劳动的行为、支付劳动报酬的行为等。

了解劳动争议的标的，就是了解了劳资双方产生争议的具体角度和内容，这样就抓住了双方产生争议的焦点和重点，既为下一步分析案件奠定了基础、指明了方向，也为最终如何解决劳动争议作出了初步的判断。

（二）分析双方当事人的行为特征

要分析劳动争议案件，就要了解劳动者和用人单位的行为特征；而要分析行为特征，就要分析双方当事人的意思表示。意思表示作为行为的核心要素，意义重大。所谓意思表示，即向外部表明意欲发生一定效果的意思的行为。意思表示由客观要件与主观要件构成。客观要件是指在客观上可认识行为人在表示某种效果意思；主观要件是指行为人内心的意思，并可进一步细分为行为意思、表示意思与效果意思。如果行为人仅仅停留在思想层面而不去追求某种效果，则可以认定这种行为没有发生，且不会产生一定的后果。

（三）将争议的内容与相关的法律、劳动合同、集体合同以及规章制度等进行比较

分析双方当事人的行为特征之后，就要根据其行为及所产生的后果，结合相关的法律规定、劳动合同和集体合同的约定、规章制度的要求等，评判双方行为及其后果的正确与否，从而得出相应的结论。

二、从承担法律责任要件的角度进行分析

劳动争议案件最终的结果或者解决方案，一定是当事人一方或者双方必须承担相应的法律后果或法律责任。

要承担法律责任，必须具备以下四个要件：

第一，行为人的行为违反法律或者劳动合同以及集体合同的约定，包括直接违反法律的禁止性规定，违反社会公德、国家政策，损害公共利益的行为等；

第二，该行为给受害人造成了损害，包括财产损害和人身损害等；

第三，行为人的违法行为与损害之间存在因果关系；

第四，行为人主观上有过错，即行为人对其行为及由此引起的损害结果抱有主观上的故意或过失。

第二章　劳动争议调解制度

　　所谓劳动争议调解，是指调解组织受理争议案件后，按照相关法律法规，以中间人的身份进行斡旋，促使争议当事人双方相互谅解，达成合意的一种争议解决方式。劳动争议调解制度作为我国预防和解决劳动争议的第一道防线，对于预防矛盾激化、减少诉讼发生、维护和发展和谐稳定的劳动关系具有重要意义。随着我国改革开放的不断深化，劳动制度也发生了重大的变化，劳动争议的数量呈不断上升的趋势。特别是在我国加入世界贸易组织之后，国内市场不断与国际市场接轨，国有企业改制重组的步伐随之加快，非公有制经济快速发展，跨国之间的劳务、用工情况不断增加……在这样的背景下，劳动争议产生的原因以及争议的内容、形式也日益复杂。这些都对劳动争议调解制度提出了更大的挑战。

第一节　劳动争议调解制度的概念及历史发展

一、劳动争议调解制度

（一）劳动争议调解制度的概念

　　劳动争议调解制度是劳动争议调解组织依照法律法规，其目的是通过沟通和协商，促使劳动争议双方当事人互谅互让、自愿达成协议，从而解决纠纷，是劳动争议处理的第一道防线。

劳动争议调解不同于仲裁调解和法院调解。所谓仲裁调解，即仲裁机构对受理的仲裁案件进行的调解，调解不成即行裁决，仲裁调解属于诉讼外调解。法院调解属于诉讼内调解，是法院对受理的民事案件、经济纠纷案件和轻微刑事案件进行的调解。需要说明的是，在我国劳动争议调解不是必经程序，法院调解则贯穿整个诉讼过程①，且法院调解书与判决书有同等效力②。

此外，劳动争议调解也不同于人民调解和行政调解，尽管三者都属于诉讼外调解。所谓人民调解，是人民调解委员会对民间纠纷的调解。行政调解分为两种：一是基层人民政府，即乡、镇人民政府对一般民间纠纷的调解；二是国家行政机关依照法律规定对某些特定民事纠纷或经济纠纷等进行的调解。

（二）劳动争议调解制度的价值

调解与协商相比，具有一定的规范性和第三方（调解者）介入性；调解与仲裁和诉讼相比，则具有一定的灵活性和非对抗性，从而使争议双方当事人易于接受。

法律制度根植于文化背景之中，劳动争议调解制度的文化内涵深受中华传统文化的滋养和熏陶。历史上，为实现礼制和维护社会秩序，儒家、道家、墨家等都适时提出了各自的理念，如儒家的"和为贵""天时不如地利，地利不如人和"，道家的"上善若水，水善利万物而不争"，墨家的"兼爱、非攻"等。自汉代"罢黜百家，独尊儒术"以来，占据统治地位的儒家思想为调解制度的形成和发展作了强有力的文化支撑。

美国学者罗兹曼认为，中国在传统社会中形成了这样一种理念：不大的纠纷基本上寻求法律以外的途径来解决。这种特点很契合社会实际，不仅花费低廉，而且行之有效。这些非法律化的社会手段在维护社会价值、消弭冲突的同时，也为乡村社会提供了践行社会价值的行为准则。

从历史的角度看，调解制度延续了中华传统文化的和谐理念，劳动争议调解制度也是建立在这一文化理念基础之上的。调解制度的成本低，效果好；仲裁和诉讼则有严格的程序要求，费时费力甚至费钱，对于用人单位来说增加了可变成本，对于劳动者来说增加了维权成本。因此，劳动争议调解制度

---

① 如在我国的婚姻案件中，法院的诉讼内调解是必经程序。
② 目前，多数国家的法院调解实行"调审分离"原则，调解只在判决前进行。

不失为化解劳动争议的一种经济有效的方法。

此外，法谚道："迟来的正义非正义。"就这一点而言，劳动争议调解制度还具有及时、快速的特点。争议双方当事人可以选择调解者，可以选择调解的时间、地点，可以更细致地向调解者诉说案件原委，最大限度地还原案件。不仅如此，在相对融洽的调解氛围中，用人单位和劳动者不必剑拔弩张，而是可以心平气和地寻求利益平衡的支点，且不必经过严格、漫长的仲裁或诉讼程序方可获得最终的裁判。现实中，劳动争议调解通常在劳动争议发生初期即介入，矛盾焦点明确，辐射范围狭小，易于促成双方友好沟通，从而更容易达成协议。

不论何种性质和特点的社会，都希望采用使其成员和平共处的措施，都希望建立旨在增进社会内部和谐的制度。在我国，相比其他纠纷解决方式，劳动争议调解更具舒缓性、长期性、根本性、稳定性。正如大禹治水，"不围不堵，挖渠疏道，导之以流，使小入于大，大通于海"。实践证明，劳动争议调解制度柔化了冲突的尖锐性，润滑了纠纷的摩擦性，给争议双方营造了一个友好和谐的调整空间。劳动争议调解制度旨在阻断令双方关系僵化的诱因，把矛盾解决在基层，减少争议的负面影响，为劳动关系的延续创造可能性。

二、我国劳动争议调解制度的发展及评价

（一）我国劳动争议调解制度的发展

中华人民共和国成立初期，为了解决私营工商企业中存在的劳动争议，中华全国总工会于 1949 年 11 月 22 日公布了《关于劳资关系暂行处理办法》。1950 年 11 月，经政务院批准，劳动部发布了《关于劳动争议解决程序的规定》，标志着我国劳动争议处理制度的初步建立。

2007 年 12 月 29 日通过的《调解仲裁法》扩大了调解组织的范围，进一步强调了着重调解的原则。接下来，全国总工会于 2008 年 7 月 8 日发布《关于进一步加强工会劳动争议处理工作的意见》，提出建立基层调解、仲裁调解、诉讼调解和人民调解相衔接的制度，努力构建社会化"大调解"格局。2009 年 7 月 4 日，最高人民法院出台《关于建立健全诉讼与非诉讼相衔接的矛盾纠纷解决机制的若干意见》，规定了调解协议的效力。

2009 年 10 月 30 日，人力资源和社会保障部、司法部、中华全国总工会、

中国企业联合会（中国企业家协会）联合发布《关于加强劳动人事争议调解工作的意见》，提出应多采用调解方法，把矛盾化解在基层，解决在萌芽状态，贯彻"预防为主、基层为主、调解为主"的工作方针。

（二）对我国劳动争议调解制度的评价

1. 劳动争议调解制度的进步性

第一，劳动争议调解组织多元化。《调解仲裁法》出台前，我国的基层劳动争议调解组织主要只有设在企业内部的劳动争议调解委员会，并且其不具有强制性，实施力度自然也较弱。《调解仲裁法》的出台增加了劳动争议调解组织的类型，进一步健全了调解网络，从而有利于将劳动者的调解选择权落到实处。

第二，支付令的引入。《调解仲裁法》第16条规定：对于达成支付拖欠劳动报酬、工伤医疗费、经济补偿或者赔偿金事项的调解协议，用人单位不履行的，劳动者可向人民法院申请支付令。支付令制度有利于保护劳动者基本生活，毕竟"劳动者人权，首先是劳动者的生存权"。

2. 劳动争议调解制度的局限性

第一，劳动争议调解适用范围存在一定偏差。《调解仲裁法》没有将团体争议（集体合同的订立、履行引发的争议）纳入调解的范围。因此，当发生团体争议时难以从法律上寻求解决的依据。

第二，劳动争议调解组织的统一协调性差。从现有的管理体制看，企业劳动争议调解委员会由工会部门管理，依法设立的基层人民调解组织由司法行政部门管理，在乡镇、街道设立的具有劳动争议调解职能的组织则由劳动保障部门管理。由于缺少一个统一协调的机构，各部门权属重叠，效率不高，公信力也受影响。

第三，企业劳动争议调解委员会的三方性无法体现。虽然《调解仲裁法》规定工会一方以职工代表身份与企业代表进行商谈，解决了长期困扰调解制度运行的逻辑冲突，但因为缺乏实质性的第三方，调解的公正性和客观性难以得到切实保障。

第四，劳动争议调解协议的效力不强。尽管《调解仲裁法》规定，生效的调解协议书对双方当事人具有约束力，当事人应当履行，但并未规定相应的法律后果。此外，该法引入支付令，旨在快速解决某些劳动争议。然而，根据我国民事诉讼法第194条的规定，只要债务人向人民法院提出异议，不论异议是否成立，支付令都自行失效。这样一来，支付令在劳动调解中的优越性也难以发挥。

第五，劳动争议调解员的专业素质有待提高。实践中，劳动争议调解员专业素质的高低直接影响甚至决定着劳动争议解决的成败。《调解仲裁法》等劳动争议调解制度的设置，对新增的两类调解组织（即依法设立的基层人民调解组织和在乡镇、街道设立的调解组织）的人员专业素质要求较高。然而，现实中由于缺乏劳动争议调解经验和专业培训，许多调解员实际上难以胜任复杂细致的劳动争议调解工作。

第二节　劳动争议调解制度的特点及调解程序

一、劳动争议调解制度的特点

（一）自治性

所谓劳动争议调解制度的自治性，是指调解委员会的性质是民间组织，尤其是企业调解委员会由企业职工组成，不具有官方色彩。

（二）非强制性

非强制性是劳动争议调解制度最明显的特点和优点，主要表现为调解委员会在主持调解时要充分尊重双方当事人的意见。劳动关系作为一种基础性社会关系，是社会长治久安的重要维系手段。同时，劳动关系不同于其他普通的民事关系，劳动者通常要在用人单位提供的工作场所劳动，接受用人单位管理，双方关系密切，保持良好的合作关系至关重要。因此，在市场化劳动用工制度下，尽管劳动关系具有流动性，但劳动关系的稳定性与长期性仍然是法律设计的首选目标。

此外，尽管劳动关系的隶属性决定了劳资双方利益的差别性与冲突的必然性，但劳资双方又具有共同利益与合作的基础。很多情况下，劳动争议双方仍然希望在劳动争议解决后能够继续合作，维持劳动关系。因此，一个完备有效的劳动争议调解制度，通过其非强制性的手段，既能够使劳资双方矛盾或纠纷得到及时化解，又能够继续保持劳资双方的合作。可以说，这是设计劳动争议调解制度的基本出发点和目的。

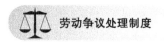

二、劳动争议调解制度的原则

（一）自愿原则

劳动争议调解组织在调解劳动争议时应当遵循当事人自愿的原则，具体体现在以下三个方面。

首先，双方自愿选择是否向调解组织申请调解。当事人是否向调解组织申请调解，由争议双方自愿选择。

其次，在调解的过程中始终贯彻自愿协商的原则。双方自愿，可以经协商达成一致意见，形成调解协议；也可以不达成调解协议，寻求其他解决方式。

最后，自愿执行调解协议。调解协议没有强制执行的法律效力，不执行的可视为反悔；调解组织不得强制当事人执行调解协议，但法律有规定的可以申请支付令。

（二）尊重当事人申请仲裁和诉讼的原则

尊重当事人申请仲裁和诉讼的原则同前述的自愿原则是相互呼应的。其含义就是，在调解过程中调解委员会要尊重当事人的意愿，如果一方或双方不愿意继续调解程序，意图申请劳动争议仲裁或者走相关诉讼程序时，则调解委员会应终结调解程序。

（三）合法、合情、合理原则

所谓合法原则，是指劳动争议调解机构在处理劳动争议过程中必须坚持以事实为依据，以法律为准绳，依法处理劳动争议案件，要求对双方当事人在适用法律上一律平等，不能因人而异。合法原则是处理劳动争议的重要原则。

所谓合情、合理原则，即以事实为依据，以社会道德、社会惯例及人们的心理承受能力为标准，在无法可依或法律只作出原则性规定的条件下，根据合情、合理的原则公正调解，以维护劳动争议当事人的正当利益。

随着我国劳动力市场机制的培育、发展和企业新机制的形成，全方位受理劳动争议的趋势日益加强。实践中，某些特定劳动争议所涉及的主要事实和争议焦点（如集体谈判结果的公平性、企业内部分配制度的公平度等问题）可能缺少明确的法律依据。因此，合情、合理原则的使用成为完善劳动争议调解制度的必要补充。当然，合情、合理原则的内涵和外延不能因人因事而确定，它要求调解员具有相当高的素质和专业水平，并及时总结经验，使合情、合理原则的适用具有一定之规。

一般来说，合法原则与合情、合理原则是一致的，但有时也会发生某些冲突。例如，某一法条的具体规定和社会惯例或者社会大众的情感心理发生了矛盾，如果按照法条的规定进行处理，其结果会对人们的情感体验产生负面的影响，甚至会引起社会舆论的激烈争论。对这种情况的处理方式，宜运用法律原则予以解决，而不宜生硬地套用法条规定。

（四）处理简便、及时、不收费原则

同劳动争议仲裁以及劳动争议诉讼程序相比，劳动争议调解程序更简单，对于调解的地点、时间、发言的先后、公开与否、调解文书资料的送达以及调解模式等没有太严格的要求，主要本着方便双方当事人的原则灵活处理。

及时处理原则要求劳动争议当事人、调解委员会、劳动争议仲裁委员会及人民法院在劳动争议案件的处理过程中，必须按照法律规定及时行使权利，履行职责。一方面，当事人应及时申请调解，超过法定时间将不予受理。当事人应及时参加调解活动，否则调解无法进行。另一方面，调解委员会调解争议要及时。根据《调解仲裁法》第 14 条的规定，自劳动争议调解组织收到调解申请之日起 15 日内未达成调解协议的，当事人可以依法申请仲裁。也就是说，调解的期限不能超过 15 天。及时处理的原则有助于及时维护双方当事人的合法权益，及时稳定劳动关系，促使劳动者生活秩序与用人单位生产秩序正常化，促进社会秩序稳定。

劳动争议调解制度的另一原则或者优点是不收费，这有利于减轻当事人的经济负担，尤其对于劳动者一方具有积极意义。

（五）双方不得采取过激行为

当事人的和平义务包括以下两个方面。

第一，发生劳动争议尤其是团体劳动争议时，当事人应当进行平等协商。

第二，在申请和调解处理期间，劳动者不得采取过激行为，用人单位也不得解除与职工或者职工代表的劳动关系。

（六）回避原则

主持调解的调解员有下列情形之一者，当事人有权以口头或书面形式提出申请，要求其回避。

第一，调解员是劳动争议当事人或者当事人近亲属的。

第二，调解员与劳动争议有利害关系的。

第三，调解员与劳动争议当事人有其他关系，可能影响公正调解的。

调解委员会对回避申请应及时作出决定，并以口头或书面形式通知当事人。其中，调解委员的回避由调解委员会主任决定，调解委员会主任的回避由调解委员会集体研究决定。

三、劳动争议调解制度的调解机构

如前所述，劳动争议调解是调解组织受理争议案件后，按照相关法律法规，以中间人身份进行斡旋，促使争议双方当事人相互谅解，达成合意的一种争议解决方式。根据我国劳动法和企业劳动争议处理条例等规定，劳动争议的调解仅指由设在用人单位内部的劳动争议调解委员会进行的调解。2007年12月29日通过的《调解仲裁法》扩大了调解组织的范围，该法第10条规定，企业劳动争议调解委员会，依法设立的基层人民调解组织，在乡镇、街道设立的具有劳动争议调解职能的组织，都可以作为处理劳动争议的机构。其中，由基层人民调解组织和乡镇、街道设立的劳动争议调解组织进行的劳动争议调解被学术界称为"劳动争议调解的社会化"。但是从法律条文的规定来看，对此类社会化调解组织的设立并没有强制性的规定。可见，即使劳动者希望通过此类组织申请调解，也可能因为其不存在而无法实现。因此，在《调解仲裁法》实施后，企业中的调解委员会仍是劳动争议调解的主要组织。

通常来说，调解委员会由职工代表、用人单位代表和工会代表组成。但实践证明，这样一种劳动争议调解组织的设置在现实中面临着一些问题，致使调解没能发挥其应有的作用。

第一，立法定位偏低。我国劳动法第80条规定，"在用人单位内，可以设立劳动争议调解委员会"。这是一种典型的任意性规范，是否设立调解委员会完全由用人单位自主决定。不少企业（特别是中小企业）出于经济及人力资源成本等考虑，一般不会设立调解委员会，从而造成调解委员会在劳动争议解决之制度建设方面发挥作用的空间有限。有的企业即使设立了调解委员会，其人员配置、制度规范等也都很不完善，并且调解人员素质难以保证，有时不但无法有效发挥调解功能，还可能导致矛盾激化。

第二，调解委员会设于企业内部的现状使其地位尴尬。实际上，调解委员会真正发挥作用的前提是必须具备一定的独立性。虽然相关法律法规始终强调调解委员会在企业中具有相对独立的地位，不隶属于任何一个机构和组织，尤其是独立于劳资双方之外，然而在我国，调解委员会大都设立于企业内部，其活动经费、办公场所、人员配备等都是由企业提供的。由于调解委员会在经济、人事等方面往往受制于企业，其相对独立性地位也常常只停留在表面上。在这种情况下，调解委员会的工作难免带有"替企业说话之嫌"，从而难以赢得劳动者一方的信任。由此，要通过职工代表、企业代表和工会三方架构来公正解决劳动争议，无疑也只是"看上去很美"。

第三，调解协议不具有法律强制性。成功的调解包括两个方面：一是争议双方能够达成真实、自愿的调解协议；二是调解协议能够得到有效履行。调解委员会作为企业内部机构，在其主持下达成的协议只能靠当事人自觉遵守而不具有强制执行的效力。虽然我国《调解仲裁法》针对因拖欠劳动报酬、工伤医疗费、经济补偿或者赔偿事项而达成的调解协议赋予劳动者申请支付令的权利，但这毕竟只是调解协议中的一部分，如果不能制定有效措施保障调解协议的全面有效履行，则调解将流于形式，很难达到预期效果。

四、劳动争议调解制度中的调解程序

调解委员会接受调解申请，决定受理后即进入调解阶段。原劳动部《企业劳动争议调解委员会组织及工作规则》对调解委员会调解程序作了具体规定，具体如下。

第一步，及时指派调解委员对争议事项进行全面调查核实，调查应作笔录，并由调查人签名或盖章。

第二步，由调解委员会主任主持召开有争议双方当事人参加的调解会议，有关单位和个人可以参加调解会议协助调解。对于较为简单的争议，可由调解委员会指定 1 至 2 名调解委员进行调解。

第三步，调解委员会应听取双方当事人对争议事实和理由的陈述，在查明事实、分清是非的基础上，依照有关劳动法律、法规以及依照法律、法规规定的企业规章和劳动合同，公正调解。

第四步，经调解达成协议的，制作调解协议书，双方当事人应自觉履行。协议书应写明争议双方当事人的姓名（如单位、法定代表人等）、职务、争议事项、调解结果及其他应说明的事项，由调解委员会主任①以及双方当事人签名或盖章，并加盖调解委员会印章，调解协议书一式三份（争议双方当事人、调解委员会各一份）。

第五步，调解不成的，应作记录，并在调解意见书上说明情况，由调解委员会主任签名、盖章，并加盖调解委员会印章，调解意见书一式三份（争议双方当事人、调解委员会各一份）。

五、国外劳动争议调解制度及启示

由于调解具有灵活、及时、经济等优点，在各国劳动争议处理体制中，调解制度始终是不可或缺的。为了充分有效地借鉴国外劳动争议调解制度，有必要对其调解制度的模式、调解机构的设立、基本原则及具体规定等进行比较研究，相信这对我国劳动争议调解制度的改革与完善有所裨益。

（一）国外劳动争议调解制度概述

国外劳动争议调解制度大致可以分为以下四种模式。一是独立调解机构模式，以美国为代表，其调解机构是联邦调解调停局，是美国联邦政府的一个独立机构，其主要调解对象是集体劳动关系。二是行政调解模式，以北欧国家为代表，其调解机构具有一定的行政权力，如挪威的调解官制度。挪威将劳动争议分为权利争议和利益争议，其中利益争议由民间性质的调解官处理。调解官既是一种职位，又是一种机构。根据挪威相关法律规定，由调解官安排一个谈判场所，以中立为原则和立场，采取封闭式调解的方式。调解官的主要作用是提供一个框架性的建议方案，并促成和谈。也就是说，调解官并不拥有议会、政府和法官那种"硬权力"，而是靠公正、爱心和智慧，靠自身的亲和力和影响力来实现调解。实践证明，挪威的调解官制度是极其有效的，这一制度对我们也非常有启发和借鉴意义。三是劳动法院调解模式，以德国为代表，该模式以劳动法院为调解机构，主要针对个别劳动关系中的权利争议进行调解。四是三方机制调解模式，以日本为代表。该模式以劳动委员会为调解机构，由劳方、资方和公益方三方代表组成，其职能和权限主要是劳动争议的斡旋、调停、仲裁和不当劳动行为的审查救济等。

---

① 对于简单争议，可由调解委员签名或盖章。

国外的劳动争议调解机构主要分为企业内和企业外两种形式。企业内的劳动争议调解机构由雇主、职工代表（一般是工会）和企业外的中立人士组成，劳资双方代表在调解机构中享有同等的席位和权限，由中立人士担任调解委员会的主席。例如在德国，雇主与企业委员会如果因某一问题达不成协议而发生纠纷，一般由雇主和企业委员会自行协商解决，协商的结果具有企业协议的性质；或在企业委员会内组成调解委员会，对纠纷进行调解。调解委员会由相同数目的雇主代表和企业委员会代表组成，并由一名外请的中立人士任调解委员会主任。企业外的劳动争议调解机构主要分为三类：由政府劳动部门设立的调解机构、由政府设立的不隶属劳动部门的专门调解机构、独立于政府的民间调解机构。

实践中，国外的劳动争议调解制度大都将自愿作为其重要的原则之一，并以此设计劳资双方的自愿调解机制。所谓劳资双方自愿调解机制，是指劳资双方在协商达成某种共识的基础上，就争议调解达成一致性程序并按此程序来调解、处理彼此间出现的分歧。这种一致性程序经常体现在签订集体合同的过程中。此外，劳资双方自愿调解机制还表现为争议双方能够根据自己的意愿而非政府的指派，来选择他们所信任的人士作为争议调解的第三者，以有效地解决争议。

当然，各国对调解自愿原则的具体规定不尽相同，主要表现在调解意见是否具有强制性和调解程序是否具有可选性这两个方面。其中，绝大多数国家都规定，劳动争议当事人对是否接受调解机构的调解意见享有选择的自由。此外，有些国家对调解程序的可选性进行了必要限制，如澳大利亚、法国、丹麦、新加坡等。

（二）对我国现行劳动争议调解制度的启示

第一，确保调解组织的独立性。调解组织的独立性是劳动争议调解制度得以充分实施的组织基础，也是获得劳动争议当事人信任的心理基础，即劳动争议调解机构能否取得当事人的充分信任。当事人对劳动争议调解机构的信任程度决定了其是否愿意选择调解并履行调解协议。因此，各国在成立劳动争议调解机构时，都特别强调其独立性，如英国的咨询、调解、仲裁服务中心（ACAS），美国的联邦调解局（FMCS），日本的劳动委员会，澳大利亚的产业关系委员会等，它们或是由政府出资成立但独立于政府的社会性机构，或以政府行政部门的身份出现，总之都与雇主组织或工会组织没有任何依附或隶属关系，目的是保持自身的独立性。在我国，如前所述，设立于企业中的劳动争议调解委员会事实上对企业具有很强的依附性，致使调解组织难以取得劳方的信任，从而不利于调解工作的有效开展。

第二，遵循组织构成的三方性。三方原则是国际劳工组织积极倡导的协调劳动关系的重要原则。它是指在劳动立法、调整劳动关系和处理劳动争议时，由政府、雇主和劳工代表三方共同参与决定，并就有关问题进行协商，取得共识，共同协调劳动关系。实践中，各国在成立劳动争议调解组织时均强调严格遵守三方原则，调解组织的成员既有劳动者代表和用人单位的代表，也有地位独立的第三方代表，并且第三方代表既可以由政府机构担任，又可以由政府之外的社会团体、权威人士担任。在调解程序中坚持三方原则，是由"第三方主持或协助下的私法自治"这一调解的性质决定的，第三方必须中立、公正，由与争议双方没有利益关系的且双方都认可的人员担任。

在我国，企业劳动争议调解委员会主要规定由工会代表作为第三方主持调解。然而，工会在人、财、物等方面均不同程度地依附于用人单位，在很大程度上无法适应这一角色。因此，建议在改革与完善劳动争议调解制度时，应当确定独立的第三方，以公正地主持调解。

（三）完善我国现行劳动争议调解制度

"他山之玉，可以攻石"。对我国现行劳动争议调解制度的改革与完善，既要充分借鉴和吸收国外的成功经验，又要紧密联系我国的具体国情。对此笔者认为对于劳动争议调解制度的改革，一方面，应强化政府在劳动争议调解制度中的作用，使调解制度在劳动争议处理中更为积极有效；另一方面，应整合现有的组织、资源，充分发挥工会作为劳动者代表的维权职能。

1. 重构调解制度——建立政府主导调解模式

发挥政府的主导作用，由劳动和社会保障部门负责，组建独立、专门的政府调解机构。之所以提出如此设想，基于以下几点理由。

第一，协调劳动关系，保持劳动关系的和谐、持续、健康发展，是政府的职责。劳动关系的和谐与稳定不仅仅关系到劳动者与用人单位双方的利益，也影响甚至决定整个社会的稳定和发展，因此政府必须在劳动关系的处理中发挥主导性的协调作用。

第二，由真正具有社会公信力的第三方主持，方能彰显调解的优势。由具有足够影响力和社会公信力的政府机构承担调解职能，才能最大限度地引导当事人加入纠纷调解解决机制。

第三，政府主导模式可以使调解机构不再受限于企业，而具有实质上的独立性和公正性。同时，此举可以减少企业设立调解委员会的费用支出，且能使调解员的整体素质得到提高，从而有利于争议的公平、合理解决，最终将矛盾化解于萌芽状态。

2007 年 6 月 29 日通过的《中华人民共和国劳动合同法》第 5 条规定："县级以上人民政府劳动行政部门会同工会和企业方面代表，建立健全协调劳动关系三方机制，共同研究解决有关劳动关系的重大问题。"因此，应由劳动行政部门代表、工会代表和用人单位代表三方共同参与劳动争议的协调和组建劳动争议调解组织。这种结构方式是市场经济国家普遍采用的模式，符合劳动争议处理的本质属性，可以较好地避免争议调解机构沦为某些方面的附属物。为此，在具体实施过程中，一定要强调三方代表平等的法律地位，一定要保证该调解组织相对独立于劳动行政部门的法律地位。

2. 充分发挥工会的作用

在劳动争议中，职工一方通常处于弱势地位，因此必须联合起来，以团体的力量与用人单位相抗衡，使双方能够在地位上真正平等起来。工会在劳动争议调解工作中具有重要的地位和作用，作为职工合法权益的代表者和维护者，积极参与劳动争议的调解工作是其义不容辞的责任。

第一，做好劳动争议的预防工作。重视劳动争议的预防工作，把问题解决在萌芽状态，是解决劳动争议最根本、最有效的途径。为此，工会应通过各种渠道，对职工进行普法教育，使之熟悉并掌握有关法律法规。同时，工会应该设立咨询服务台，随时向职工提供劳动政策咨询，使职工对自己的合法权益有清醒的认识和了解，从而减少劳动争议的发生。

第二，适应市场经济发展，推进自身改革完善。以企业工会为例，其作为职工代表，能够忠实代表职工利益的前提是必须具有独立的地位。因此，工会必须逐步消除在人事制度和活动方式等方面的行政化色彩，以及在经费管理方面对企业的依附性。此外，可以借鉴国际上的一些做法，通过法律形式建立工会约束监督机制。工会在维护其所代表的职工利益过程中，应接受职工的监督，这有助于增强工会维权的责任感。同时，工会应不断提高其人员的法律素质，增强业务水平，更好地为职工维权服务。

第三章 劳动争议仲裁制度

随着我国社会主义市场经济体制的逐步建立和完善以及加入世界贸易组织，大量的资金、技术从国际市场流入国内市场，国外劳动力也随之大批涌入，涉外劳动争议主体的数量不断增多。在此背景下，劳动法律关系日益复杂，劳动争议也更趋复杂，新型争议不断出现。这表现在以下五个方面：一是非公有制企业劳动争议案件呈上升趋势，二是事实劳动关系主体间的劳动争议增多，三是集体劳动争议大量出现，四是涉外劳动关系主体间的劳动争议增多，五是互联网平台企业出现了新型（非典型性）劳动争议。种种这些，都凸显了劳动争议仲裁制度在处理此类劳动争议案件方面的重要性，并对劳动争议仲裁处理提出了更多、更高的要求。

第一节 劳动争议仲裁制度的概念与特征

一、劳动争议仲裁制度的概念

仲裁亦称"公断"，是指争议双方在某一问题上无法取得一致时，由无利害关系的第三者居中调解、审理，作出裁决。所谓劳动争议仲裁，是指以第三者身份出现的劳动争议仲裁委员会，对当事双方争议的事项，根据劳动法律、法规的规定，依照一定的法律程序作出裁决，从而解决劳动争议的一项劳动法律制度。

世界各国和地区对劳动争议的处理虽因各国国情的不同而有所区别，但以仲裁方式来解决劳动争议为世界范围内所普遍采用。

二、劳动争议仲裁的特征

(一) 仲裁主体的特定性

所谓仲裁主体，是指参加劳动争议仲裁活动的双方当事人，其特定性主要表现为劳动争议仅发生在作为自然人的劳动者和用人单位之间，以及工会与用人单位之间。也就是说，如果争议发生在两个自然人之间或者两个单位之间，即使争议的内容与劳动或劳务有关，也不属于劳动争议仲裁的范围。

(二) 仲裁对象的特定性

所谓仲裁对象，是指发生劳动争议的具体内容，通常表现为劳动争议案件的受理范围，其特定性体现在仅限于仲裁主体之间发生的与劳动有关的争议事项。根据我国劳动法和企业劳动争议处理条例的相关规定，劳动争议仲裁的受案范围是中国境内的企业和职工的下列劳动争议。

第一，因开除、除名、辞退职工和职工辞职、自动离职等而发生的争议。

第二，因执行国家有关工资、保险、福利、培训、劳动保护的规定而发生的争议。

第三，因履行劳动合同而发生的争议。

第四，法律、法规规定应当依照本条例处理的其他劳动争议。此外，国家机关、事业单位、社会团体与本单位职工之间，个体工商户与帮工、学徒之间发生的劳动争议参照本条例执行。

最高人民法院于 2001 年 4 月 30 日公布的《关于审理劳动争议案件适用法律若干问题的解释》（以下简称《劳动争议解释》），适当扩大了人民法院受理劳动争议案件的范围。劳动者与用人单位之间发生的下列纠纷，属于劳动法第 2 条规定的劳动争议，当事人不服劳动争议仲裁委员会作出的裁决，依法向人民法院起诉的，人民法院应当受理。

第一，劳动者与用人单位在履行劳动合同过程中发生的纠纷。

第二，劳动者与用人单位之间没有订立书面劳动合同，但已形成事实劳动关系后发生的纠纷。在这种情况下，双方履行了劳动权利和义务，劳动者事实上已成为企业、个体经济组织的成员，为用人单位工作，提供有偿劳动，并获得了劳动报酬、劳动保护等权利，同时接受用人单位的管理，遵守用人

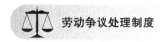

单位的内部劳动规章制度。

第三，劳动者退休后，与尚未参加社会保险统筹的原用人单位因追索养老金、医疗费、工伤保险待遇和其他社会保险费而发生的纠纷。结合实际情况，对劳动者退休后与尚未参加社会统筹的原用人单位因上述追索养老金等问题而发生的争议，明确规定人民法院应当受理。这主要是考虑劳动者退休后与原用人单位已不存在劳动关系，但他们所享有的养老金、医疗费、工伤保险待遇和其他社会保险费是以过去在劳动岗位上所履行的劳动义务为前提的，因此，由此发生的争议被视为劳动争议。

至于将原用人单位限定为尚未参加社会保险统筹的，是因为根据1999年1月21日国务院发布的《社会保险费征缴暂行条例》第2、第3、第5、第6、第7条，以及劳动法第72条、第100等规定，缴费单位和个人是国有企业、城镇集体企业、外商投资企业、城镇私营企业和其他城镇企业等单位及其职工的，由税务机构和劳动保障行政部门设立的社会保险经办机构征收。也就是说，如果原用人单位参加了社会保险统筹而与劳动者发生争议，属于行政管理行为，由此发生的争议可以由劳动行政机关处理；如果争议是在企业或劳动者与社会保险征收机构之间发生的，则应通过提起行政诉讼解决，不属于我国劳动法规定的劳动争议范围。但是，由于目前我国尚有少数地区和单位未参加社会统筹保险，所以因追索社会保险费而发生争议的当事人仍是用人单位和劳动者，属于履行劳动合同关系中发生的劳动争议。由此，将社会保险费发生的争议主体限定为尚未参加社会保险统筹的企业和劳动者。

对此，可以前述笔者曾经代理的那起"职工被办两次退休"的劳动争议案件加以说明。该案件中的职工与其原用人单位（某宾馆）之间是退休引起的争议，由于两次退休都涉及相应行政机关（一为该职工所在宾馆的上级单位，二为地方劳动保障部门）的审批，因此，这种争议不属于劳动争议，而属于行政争议。

（三）仲裁的强制性

在各国和地区的仲裁立法中，劳动争议仲裁与民商事仲裁大都是截然分立、自成体系的。与一般民商事仲裁相比，劳动争议仲裁在立法原则、适用范围、仲裁机构以及仲裁程序上都有自己显著的特点，因而在立法体例上，各国和地区一般将其规定于劳动法典中，或者制定单行的仲裁条例。

综观各国和地区的劳动争议仲裁制度，尽管其内容迥异，但立法原则一般只有两种：或采用任意主义，或采用强制主义。所谓任意主义，是指争议双方当事人能自由地决定是否将争议交付仲裁，并自由选择仲裁员，任意协商仲裁机构。因此，采用任意主义的劳动争议仲裁被称为任意仲裁。从上述任意仲裁的特点来看，似乎其与民商事仲裁毫无二致，实则不然，其区别主要在于仲裁裁决的效力。现代民商事仲裁，无论是国内仲裁或是涉外仲裁，都强调仲裁裁决的终局效力，这一点已成为立法界和法学界的共识。然而，就任意的劳动争议仲裁而言，仲裁裁决一般不具有终局效力，除非当事人之间另有约定。

所谓强制主义，是指当事人在是否愿意接受仲裁和是否服从仲裁裁决等方面，并无选择的自由，而由国家法律强制规定。因此，采用强制主义的劳动争议仲裁被称为强制仲裁。强制仲裁可分为两种：一为交付强制，即对于发生的劳动争议，国家认为有必要时，强制地交付仲裁机构仲裁，但对于仲裁裁决，当事人可以不服从。二为交付与裁决俱为强制，这是严格意义上的强制仲裁，即不仅要将争议强制交付仲裁，而且对于仲裁裁决，当事人也有服从的义务。新西兰、澳大利亚、加拿大等国采用此立法原则。

从劳动争议仲裁的历史发展过程来看，任意仲裁制度先于强制仲裁产生。18世纪欧洲产业革命后出现了现代意义的劳动法。为解决日趋紧张的劳资关系，1863年奥地利颁布了工业裁判所法，1872年英国颁布了雇佣人及劳动者仲裁法，此为任意仲裁制度的雏形。接下来，其他一些国家也相继制定了任意仲裁制度。任意仲裁的一个突出特点是强调私人自治，这是与资本主义上升时期的社会背景相一致的。

但是，随着社会意识的觉醒，人们逐渐认识到，社会是依共同利害关系所结合起来的有机体，各人、各阶级的个别利益一般应当为社会的共同利益让步。在这种意识下，强制仲裁制度产生了。1890年新西兰率先实行劳资纠纷的强制仲裁制度。接着，澳大利亚、加拿大也采取了强制仲裁制度。与此同时，英国、德国等采用任意主义立法的国家在关于公益事业的争议上也不得不作出例外规定，即采用强制主义。我国台湾地区的劳动争议处理法对劳动争议仲裁的立法原则进行了三次修改，第一次规定为强制仲裁，第二次改为任意仲裁，第三次又恢复为强制仲裁。总体而言，在世界范围内，劳动争议仲裁存在着由任意仲裁向强制仲裁发展的趋势。

我国的劳动争议仲裁始于1987年，一开始就顺应了世界发展的趋势，1994年通过的劳动法进一步确立了强制主义的立法原则。我国劳动法第79条规定，劳动争议发生后，当事人在无法达成调解协议时，"可以向劳动争议仲裁委员会申请仲裁""当事人也可以直接向劳动争议仲裁委员会申请仲裁。对仲裁裁决不服的，可以向人民法院提起诉讼"。其后实施的《调解仲裁法》也接受了这一原则。由此可见，我国劳动争议仲裁主要采取的是强制主义。

除此之外，我国劳动争议仲裁的强制性还体现在审理程序中，整个劳动争议仲裁程序中的立案、审理、裁决等环节都是由劳动争议仲裁庭主导的。例如，《调解仲裁法》第36条规定，仲裁庭提前通知双方当事人开庭的时间和地点后，如果申请人收到书面通知，无正当理由拒不到庭或者未经仲裁庭同意中途退庭的，可以视为撤回仲裁申请。被申请人收到书面通知，无正当理由拒不到庭或者未经仲裁庭同意中途退庭的，可以缺席裁决。由此可见，这一规定要求双方当事人必须按照仲裁庭的安排参加庭审活动，否则要承担对己不利的后果。

我国劳动争议仲裁的强制性还体现在其裁决的法律效力上。根据《调解仲裁法》第51条的规定，当事人对发生法律效力的调解书、裁决书等，应当依照规定的期限履行。一方当事人逾期不履行的，另一方当事人可以依照民事诉讼法的有关规定向人民法院申请执行。受理申请的人民法院应当依法执行。上述规定表明，仲裁调解书一旦送达双方当事人即具有法律效力；裁决书送达后，只要双方当事人没有在法定的期限内到法院起诉，则发生法律效力，双方必须遵守。

第二节　劳动争议仲裁机构及仲裁原则

一、劳动争议仲裁机构

（一）劳动争议仲裁机构及其"三方性"原则

我国的劳动争议仲裁机构是劳动争议仲裁委员会，按照《调解仲裁法》的规定，劳动争议仲裁委员会按照统筹规划、合理布局和适应实际需要的原则设立。同时，劳动争议仲裁委员会不按行政区划层层设立。具体而言，省、自治区人民政府可以决定在市、县设立劳动争议仲裁委员会；直辖市人民政府可以决定在区、县设立劳动争议仲裁委员会。直辖市、设区的市也可以设立一个或者若干个劳动争议仲裁委员会。

根据《调解仲裁法》第19条规定，劳动争议仲裁委员会由劳动行政部门代表、工会代表和企业方面代表组成。劳动争议仲裁委员会组成人员数量应当是单数。这一规定体现了劳动关系领域的"三方性"原则。三方性原则是市场经济国家的通行做法，即由政府、雇主组织和工会组织通过一定的协调机制共同处理劳动关系方面的重大问题的原则。劳动争议仲裁机构也基本上按照这一原则来构建。随着我国社会主义市场经济的发展，劳动关系发生了深刻的变化，国家、企业、劳动者三方利益格局日益明晰。为了顺应形势的发展和协调劳动关系，我国通过立法逐步建立、完善三方机制。这其中既包括劳动关系三方协调之"大三方机制"，也包括劳动争议仲裁之"小三方机制"。前者立足宏观层面，研究解决劳动关系方面的重大问题；后者则着眼于微观层面，解决具体劳动争议案件。在劳动法有关规定的基础上，《调解仲裁法》重申了这一原则，规定了协调劳动关系三方机制解决劳动争议重大问题的职能，对劳动争议仲裁三方组成也作了明确规定。

就劳动争议仲裁委员会的组成来看，工会代表的参与使之具有群众性、社会性的特征。工会是基于国家授权参与仲裁并行使仲裁权的，因此其参与并不改变仲裁委员会作为国家仲裁机构的性质。就仲裁程序的非选择性及仲裁裁决的可强制执行而言，仲裁具有国家强制性，即其属于国家仲裁，仲裁委员会为国家仲裁机构。由此可见，劳动争议仲裁委员会是国家授权依法成立的并以国家强制力保证其生效裁决实施的，处理劳动争议的三方联合的、准司法性的国家仲裁机构。

（二）劳动争议仲裁机构的职责

根据《调解仲裁法》的规定，劳动争议仲裁委员会依法履行以下职责：①聘任、解聘专职或者兼职仲裁员；②受理劳动争议案件；③讨论重大或者疑难的劳动争议案件；④对仲裁活动进行监督。

劳动争议仲裁委员会下设办事机构，负责开展该委员会的日常工作。

二、劳动争议管辖制度

所谓劳动争议仲裁管辖，也就是指劳动争议的仲裁受理权。在我国，劳动争议仲裁管辖有地域管辖、级别管辖、移送管辖和指定管辖等。其中，地域管辖是最为基本的管辖。

（一）地域管辖

地域管辖又称横向管辖，是指同级劳动争议仲裁机构受理劳动争议案件在职权范围上的具体分工。通常来说，劳动争议仲裁机构对劳动争议案件进

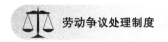

行受理和处理的权限，即为劳动争议仲裁管辖权。

《调解仲裁法》第21条规定，由劳动争议仲裁委员会管辖本区域内发生的劳动争议，由劳动合同履行地或者用人单位所在地的劳动争议仲裁委员会管辖。其中，双方当事人分别向劳动合同履行地和用人单位所在地的劳动争议仲裁委员会申请仲裁的，由劳动合同履行地的劳动争议仲裁委员会管辖。

(二) 级别管辖

级别管辖又称纵向管辖，是指各级劳动争议仲裁委员会受理劳动争议的分工和权限。级别管辖一般分为：区 (县) 一级劳动争议仲裁委员会管辖本区内普通劳动争议，市一级劳动争议仲裁委员会管辖外商投资企业或本市重大劳动争议。以北京市为例，其规定由市劳动争议仲裁委员会管辖下列劳动争议案件：

第一，用人单位注册地及劳动合同履行地位于东城区、西城区、海淀区、丰台区、朝阳区和石景山区等地，注册资金在1 000万美元以上 (或者相当于1 000万美元以上) 的中央、市属单位与外商合资、合作企业和外商独资企业 (含港澳台合资、合作和独资企业) 的劳动争议案件。

第二，在全市有重大影响的劳动争议案件。

第三，市劳动争议仲裁委员会认为应当受理的劳动争议案件。

(三) 移送管辖

所谓移送管辖，是指劳动争议仲裁委员会将其受理的无管辖权或不便管辖的劳动争议案件，移送至有权或便于审理的劳动争议仲裁委员会。例如，《劳动争议仲裁委员会办案规则》规定，区 (县) 级劳动争议仲裁委员会认为有必要的，可以将集体劳动争议案件报送上一级劳动争议仲裁委员会处理。

(四) 指定管辖

所谓指定管辖，是指当两个劳动争议仲裁委员会对案件的管辖发生争议时，先由双方协商，协商不成的报送其共同的上级劳动行政主管部门，由上级部门指定管辖。

三、劳动争议仲裁原则

(一) 一次裁决原则

所谓一次裁决原则，即劳动争议仲裁实行一个裁级一次裁决制度，一个劳动争议案件只能经过一个劳动争议仲裁委员会审理、裁决。也就是说，当事人如不服仲裁裁决，则应依法向人民法院起诉，不得向上一级劳动争议仲裁委员会申请复议或要求重新裁决。

（二）合议原则

仲裁庭裁决劳动争议案件时，除独任庭外，一般由 3 位或以上的单数仲裁员组成的合议庭进行，在审理过程及作出裁决结论时实行少数服从多数的原则。合议原则是民主集中制在仲裁工作中的体现，其目的是保证仲裁裁决的公正性。

（三）强制原则

劳动争议仲裁实行强制原则，主要表现为：当事人申请仲裁时无须双方达成一致协议，只要一方申请，劳动争议仲裁委员会即可受理；在仲裁庭对争议调解不成时，无须得到当事人的同意，即可直接行使裁决权；对发生法律效力的仲裁文书，可申请人民法院强制执行。

（四）回避原则

为保证仲裁的公正性，法律规定仲裁庭的组成人员要遵守回避原则。根据《调解仲裁法》第 33 条的规定，仲裁员有下列情形之一的，应当回避，当事人也有权以口头或者书面方式提出回避申请：

第一，仲裁员是本案当事人或者当事人、代理人的近亲属的。

第二，仲裁员与本案有利害关系的。

第三，仲裁员与本案当事人、代理人有其他关系，可能影响公正裁决的。

第四，仲裁员私自会见当事人、代理人，或者接受当事人、代理人的请客送礼的。

劳动争议仲裁委员会对回避申请应当及时作出决定，并以口头或者书面方式通知当事人。

第三节　劳动争议仲裁时效与证据制度

一、劳动争议仲裁时效制度

（一）仲裁时效概述

1. 仲裁时效的定义

所谓劳动争议仲裁时效，是指当事人因劳动争议纠纷的发生而向有管辖权的劳动争议仲裁委员会提出劳动仲裁申请，要求保护其合法权益的法定期间。一旦超过了劳动仲裁时效的时间限制，权利人的胜诉权就归于消灭，即丧失了请求劳动争议仲裁委员会保护其实体权利的可能性。

2. 仲裁时效的意义

（1）有利于稳定劳动关系，避免影响正常的生产经营秩序和劳动者合法权益。也就是说，时效制度的作用在于使事实状态与法律状态相一致，从而结束当事人之间权利义务的不稳定状态，使之在法律上重新固定下来，从而维护劳动关系的稳定。

（2）促使权利人及时行使权利——法律不保护权利的"睡眠者"。仲裁时效完成后，权利人即丧失请求劳动争议仲裁机构保护其权利的机会，因而仲裁时效就起到了督促权利人及时行使请求权的权利。权利人及时行使权利，有利于劳动争议的尽快解决。

（3）有利于仲裁机构准确、及时查清事实真相，避免由于时间过长而难以收集证据。时效制度的存在，可促使权利人及时提起仲裁申请。因争议发生的时间较短，所以易于调查取证，便于正确处理，防止年代久远、证据不全或难以辨认而导致错误裁决。

（4）节约仲裁资源、减少仲裁成本。由于时效制度的存在，劳动争议仲裁委员会可依法驳回那些超过时效的案件，从而有效节约仲裁资源。

（二）我国有关法律规定的仲裁时效

我国的有关法律都规定了劳动争议仲裁时效，其中：劳动法规定的时效是 60 日，企业劳动争议处理条例规定的时效是 6 个月。此外，《调解仲裁法》规定的劳动争议仲裁时效是 1 年，并且该法特别规定：劳动关系存续期间因拖欠劳动报酬发生争议的，劳动者申请仲裁不受 1 年仲裁时效期间的限制，但劳动关系终止的，应当自劳动关系终止之日起 1 年内提出。

依据适用法律"从新"原则，对于 2008 年 5 月 1 日以后发生的劳动争议案件，须执行《调解仲裁法》的规定。《调解仲裁法》之所以将劳动法规定的仲裁时效由 60 日大幅增加至 1 年，是因为在实际执行中，有些劳动争议案件的情况很复杂，劳动者事实上难以在 60 日内申请仲裁，许多劳动争议因为超过了仲裁时效而得不到法律保护。尤其是在劳动力供大于求的形势下，一些劳动者如刚毕业的大学生、农民工等明知权利被侵害，但为了与用人单位维持劳动关系，保住"饭碗"，因而不会一发生劳动争议就去申请仲裁，往往到最后迫不得已才去主张自己的权利，这时候常常已经过了60日的仲裁时效。有鉴于此，各个方面认为劳动法中规定的60日时效期间过短，不利于保护劳动者的合法权益。最终，《调解仲裁法》参照了民法通则关于特殊民事权利的诉讼时效规定，将申请劳动争议仲裁的时效期间规定为1年。

（三）仲裁时效的起算点

根据我国劳动法规定，劳动争议仲裁时效的起算点是"劳动争议发生之日"。对此，原劳动部《关于贯彻执行〈中华人民共和国劳动法〉若干问题的意见》的解释为，"劳动争议发生之日"是指当事人知道或者应当知道其权利被侵害之日。

所谓"知道"，是指有证据证明权利人知道自己的权利被侵害的日期；所谓"应当知道"，是指根据一般人的认知水准与常规常识，推定权利人知道自己的权利被侵害的日期。

（四）仲裁时效的中断与中止

1. 时效的中断

所谓时效的中断，是指在仲裁时效进行期间发生一定的法定事由，使已经经过的时效期间统归无效，待时效中断的事由消除后，诉讼时效期间重新计算。根据《调解仲裁法》的规定，此处的法定事由包括：

（1）一方当事人向对方当事人主张权利。

（2）当事人向有关部门请求权利救济。

（3）对方当事人同意履行义务。

2. 时效的中止

所谓时效的中止，是指在仲裁时效进行期间，因发生法定事由阻碍权利人行使请求权，时效依法暂时停止进行，并在法定事由消失之日起继续进行的情况，又称为时效的暂停。根据《调解仲裁法》的规定，这里所指的法定事由包括：

（1）不可抗力。对于不可抗力的概念，在我国民事法律中是指"不能预见、不能避免和不能克服的客观情况"。不可抗力可以是自然原因造成的，如地震、水灾、旱灾等；也可以是人为、社会等因素引起的，如战争、政府禁令、罢工等。

（2）其他正当理由。根据最高人民法院《关于贯彻执行〈民法通则〉若干问题的意见》① 第 172 条规定及通说，下列事由可视为"其他正当理由"：①权利人死亡，尚未确定继承人的；②利益人为无民事行为能力人或限制民事行为能力人而又无法定代理人的；③法定代理人死亡、丧失代理权或丧失民事行为能力的；④当事人因受暴力、威胁或其他非法人身限制而不能主张权利的。

实践中，时效的中断和中止在事实上起到了延长时效的效果。

二、劳动争议仲裁证据制度

（一）证据的"三性"

第一，客观真实性。所谓证据的客观真实性，是指诉讼证据必须是能证明案件真实的、不依赖于主观意识而存在的客观事实。诉讼证据可能是当时作用于他人感官而被看到、听到或感受到的，留在人的记忆中的，或作用于周围的环境、物品引起物件的变化而留下的痕迹物品，也可能通过文字或者某种符号记载下来，如成为视听资料等。客观性是诉讼证据的最基本的特征。

第二，证据的关联性。所谓证据的关联性，是指作为证据的事实不仅是一种客观存在，而且必须与案件所要查明的事实存在逻辑上的联系，能够说明案件事实。正因为如此，它才能以其自身的存在单独或与其他证据一道证明案件真实的存在或不存在。如果作为证据的事实与要证明的事实没有联系，那么即使它是真实的，也不能作为证明争议事实的证据。

第三，证据的合法性。所谓证据的合法性，是指证据必须由当事人按照法定程序提供，或由法定机关、法定人员按照法定的程序调查、收集和审查。也就是说，不论是当事人提供的还是人民法院主动调查、收集的证据，都要符合法律规定的程序，不按照法定程序提供、调查、收集的证据不能作为认定案件事实的根据。此外，证据的合法性还包括证据必须具备法律规定的形式。对某些法律行为的成立，法律规定了特定的形式；如果不具备法律所要求的形式，该项法律行为就不能成立。

（二）证据的种类

根据我国民事诉讼法的规定，证据可分为下列七种类型。

---

① 该意见于 1988 年 1 月 26 日经最高人民法院审判委员会讨论通过。

1. 书证

所谓书证，是指以其内容来证明待证事实有关情况的文字材料。凡是以文字来记载人的思想和行为以及采用各种符号、图案来表达人的思想，其内容对待证事实具有证明作用的物品都是书证。从形式上来讲，书证应采用书面形式；从内容上而言，书证所记载或表达的思想内涵与案情具有关联性，因此能够作为认定案件事实的根据。书证的价值在于：有些书证可以直接证明案件的性质、作案动机和目的，有些书证可以鉴别其他证据的真伪，有些书证可以印证或揭露当事人的陈述。

从概念上而言，书证具有广义与狭义的双重属性。狭义概念中的书证主要是指文书，即以书面文字材料为本质特征的证明文书；广义概念中的书证则包括文书在内，可通过其客观载体来体现特定思想内容的一切物质材料。在一般证据法的意义上，书证是采用广义的理解来对其概念加以界定的。

由于书证所体现的实体具有明确的思想内容，因此容易为常人所理解。

书证不仅内容明确，且形式上也相对固定，稳定性较强，一般不受时间的影响，易于长期保存。

书证具有物质性，这是基于书证所表达的思想内容必须以一定的物质材料作为其存在的客观载体。

书证具有思想性、客观性、真实性以及与案件有关联性等特点。

具体而言，书证有以下几种分类。

（1）以书证的内容来划分，书证包括：①文字书证，即以文字记载的内容来证明案件有关事实的书证。②图形书证，即以图形表现的内容来证明有关案件情形的书证。③符号书证，即以符号为内容来证明有关案件情形的书证。

（2）以制作书证的主体来划分，书证包括：①公文书证，即国家机关、企业事业单位、人民团体在法定权限范围内所制作的文书，以此证明案件有关情况。②私文书证，即指公文书证以外的书证。

（3）以书证是否发生法律后果来划分，书证包括：①处分性书证，即书证中所记载或表述的内容以发生一定的法律后果为目的。②报道性书证，即书证中所记载或表述的内容反映的只是制作人的见闻、感想、体会等。

2. 物证

物证是以物品、痕迹等客观物质实体的外形、性状、质地、规格等证明案件事实的证据，如劳动工具、现场遗留物、血迹、脚印等。

按照不同的标准，物证可以分为以下几类。

（1）按照与争议标的物的关系，物证可分为争议标的物的物证和非争议标的物的物证。所谓争议标的物的物证，是指诉讼中当事人的民事权利义务关系所指向的对象，如双方当事人所争议的不动产（房屋、土地）和动产（珠宝、古董）等。所谓非争议标的物的物证，是指其并非当事人民事权利义务关系所指向的对象，而是案件所涉及的作为物证的物品，如侵权行为所使用的工具等。

（2）按照物证是否便于保存，物证可分为易保存的物证和不易保存的物证。所谓易保存的物证，是指在常规条件下不易改变其原有特性的物证，如彩电、冰箱等。所谓不易保存的物证，是指在常规条件下其原有特性容易改变的物证，如药品、水产品和食品等。

（3）依物证所起的证明作用不同，物证可以分为实物物证、痕迹物证、微量物证和气味物证等。所谓实物物证，是指物体本身起证明作用的物证，如房屋、汽车等。所谓痕迹物证，是指物体相互作用遗留的遗迹起证明作用的物证，如指纹、印记等。所谓微量物证，是指存在少量物质起证明作用的物证，如灰尘、粉末等。所谓气味物证，是指某种物质散发的气味起证明作用的物证，如废气等。

（4）依物证的出处为标准，物证可分为原始物证和复制物证。所谓原始物证，是指证明内容直接来源于原始物品，如劣质产品等。所谓复制物证，是指证明的内容来自原始物证的复制品，如有瑕疵产品的复制件等。

由此可见，物证和书证在形式上都表现为物体，但在本质上却有以下几点不同：

第一，书证是记载和反映具有某种思想或者行为内容的物体；物证是以其外部特征、形状、大小、规格、质量等证明案件的物体，并不具有思想内容。

第二，对于特定形式的书证，法律要求其必须具备一定的法定形式和完成一定的法定手续才具有效力，而物证则没有这样的特殊要求。

第三，书证一般都有制作主体，能反映制作人的思想或者主观动因，而作为物证的物体并不具有这种特征。在特定情况下，同一物品既可以用作书证，又可以用作物证，即其以书写的内容证明待证事实的情况下是书证，以外部特征来证明待证事实的情况下又是物证。

3. 证人证言

所谓证人证言，是指直接或者间接了解案件情况的证人向仲裁庭所作的用以证明案件事实的陈述。一般情况下，证人应当出庭陈述证言，但如确有困难不能出庭，经仲裁庭许可，可以提交书面证言。此外，精神病人、未成年人作证的，应与其心理健康程度、心智成熟程度相适应。证人证言主要有以下几个特点：

（1）证人是了解案件情况的人，只能就其亲眼所见到、亲耳所听到的事实进行作证。

（2）任何人都有作证的义务，不适用回避；但不能正确表达意志的人不能作证。

（3）证人具有不可替代性和不可选择性。

（4）证人证言具有主观性、不稳定性以及易变性。

4. 鉴定结论

所谓鉴定结论，是指具有专业技术特长的鉴定人利用专门的仪器、设备，就与案件有关的专门问题所作的技术性结论。根据鉴定对象的不同，鉴定结论可分为医学鉴定、文书鉴定、技术鉴定、会计鉴定、化学鉴定、物理鉴定等。

5. 当事人陈述

所谓当事人陈述，是指本案当事人在仲裁中就案件事实向仲裁庭所作的陈述和承认。

6. 视听资料

所谓视听资料，是指以录音、录像、扫描等技术手段，将声音、图像及数据等转化为各种记录载体上的物理信号，从而证明案件事实的证据，如音像磁带、电子数据等信息。此处的电子数据，是指基于计算机应用、通信和现代管理技术等电子化技术手段形成的包括文字、图形符号、数字、字母等在内的客观资料。

7. 勘验笔录

所谓勘验笔录，是指仲裁工作人员对与劳动争议案件有关的现场或者物品进行勘察、检验、测量、绘图、拍照等之时所作的记录。

（三）举证责任

所谓举证责任，是指当事人对其提出的主张有收集或提供证据的义务，并有运用该证据证明其主张的案件事实成立或有利于其主张的责任，否则将承担其主张不能成立的风险。劳动争议仲裁活动中的举证原则包括以下几点。

1. 谁主张，谁举证

谁主张，谁举证这一原则的含义，是指发生劳动争议时当事人对自己提出的主张有责任提供证据。这一原则是民法上举证责任分配的一般原则，也是劳动争议仲裁活动中的主要举证原则。

2. 谁决定，谁举证（亦称举证责任倒置）

需要指出的是，劳动争议仲裁中的举证责任并不完全依照民法上的"谁主张，谁举证"原则，而是规定了一部分举证责任必须由用人单位来承担。我国《调解仲裁法》第6条规定：发生劳动争议，当事人对自己提出的主张，有责任提供证据。但是，与争议事项有关的证据属于用人单位掌握管理的，则用人单位应当提供；用人单位不提供的，应当承担不利后果。此外，《最高人民法院关于审理劳动争议案件适用法律若干问题的解释》第13条规定：因用人单位作出的开除、除名、辞退、解除劳动合同、减少劳动报酬、计算劳动者工作年限等决定而发生的劳动争议，用人单位负举证责任。

第四节　劳动争议仲裁参加人

实践中，劳动争议仲裁的参加人主要包括以下四类。

一、劳动争议仲裁中的仲裁员及书记员

劳动争议仲裁活动由仲裁庭进行主持和主导，仲裁庭由仲裁员和书记员组成，仲裁员与书记员的人数取决于仲裁庭的形式。如果是合议庭（主要审理较复杂案件以及重大集体或团体案件），则由三名以上单数仲裁员组成，其中一名为首席仲裁员，主持庭审活动，另有一名书记员；如果是独任庭（主要审理较简单案件），则由一名仲裁员和一名书记员组成。

我国《调解仲裁法》规定了仲裁员的条件，除去公道正派之外，还需要符合下列条件之一：①曾任审判员的；②从事法律研究、教学工作并具有中级以上职称的；③具有法律知识，从事人力资源管理或者工会等专业工作满五年的；④律师执业满三年的。

二、劳动争议仲裁中的当事人——申请人和被申请人

劳动争议仲裁活动的第二类重要参加人是仲裁当事人，包括申请人和被申请人。

（一）仲裁当事人的特征

第一，以自己的名义参加仲裁活动。

第二，与案件有直接利害关系。

第三，受到劳动争议仲裁委员会仲裁结果的约束。

（二）仲裁当事人的权利和义务

1. 权利

（1）申请、变更与撤销仲裁申请权（申请人享有）。

（2）仲裁答辩权（被申请人享有）。

（3）反诉权（被申请人享有）。

（4）委托代理权（申请人与被申请人二者都享有）。

（5）享受劳动争议仲裁委员会为其指定代理人权（申请人与被申请人二者都享有）。

（6）申请回避权（申请人与被申请人二者都享有）。

（7）参加开庭审理权（申请人与被申请人二者都享有）。

（8）自行和解权（申请人与被申请人二者都享有）。

（9）要求或拒绝调解及达成调解协议的权利（申请人与被申请人二者都享有）。

（10）提供证据，要求调查、勘验和鉴定的权利（申请人与被申请人二者都享有）。

（11）要求延期审理权（申请人与被申请人二者都享有）。

（12）不服未生效裁决时向人民法院起诉的权利（申请人与被申请人二者都享有）。

（13）对已生效的调解书和裁决书有向人民法院申请强制执行权（申请人与被申请人二者都享有）。

2. 义务

（1）依法申请仲裁。

（2）服从仲裁机构的指挥。

（3）严格遵守法定的仲裁程序。

（4）履行已经生效的仲裁裁决书和调解书。

（5）不得对仲裁员和其他人员进行言语侮辱、人身攻击。

三、劳动争议仲裁中的第三人

（一）概念

所谓劳动争议仲裁中的第三人（以下简称"第三人"），是指与劳动争议案件的处理结果有利害关系，因而参加他人已经进行的仲裁活动的人。一般来说，劳动争议必须有两方当事人，即申请人和被申请人。但在个别情况下，也可能出现第三人参加劳动争议仲裁活动。例如，劳动者在执行职务过程中受到第三方侵害致伤或者死亡的，侵权第三方与其案件的处理具有法律上的利害关系，因涉及如何区分劳动者所在单位与侵权第三方的法律责任承担问题。又如，借用职工在借用单位发生工伤事故致残或者死亡的，涉及原工作单位和借用单位对职工工伤待遇的给付问题等。此外，还有工伤争议中涉及未成年子女的抚养问题等。上述情况中的侵权第三方、借用单位、未成年子女等与案件的处理结果具有法律上的利害关系，应作为第三人参加仲裁活动。第三人参加仲裁活动对查明事实、及时公正处理案件有利。根据我国现行劳动合同法第91条的规定，用人单位招用与其他用人单位尚未解除或者终止劳动合同的劳动者，给其他用人单位造成损失的，应当承担连带赔偿责任。在这种情形下，原用人单位与劳动者因发生劳动争议而申请劳动争议仲裁的，可以将新用人单位列为第三人。

（二）特征

第一，在参加时间上，第三人参加的是他人已经开始且尚未结束的劳动争议仲裁活动。

第二，在参加仲裁的方式上，第三人是自己主动申请或者由劳动争议仲裁委员会通知其参加。

第三，第三人参加仲裁的原因是其与劳动争议案件的处理结果有利害关系。

第四，第三人参加仲裁的目的是保护自己的合法权益。

（三）权利义务

1. 权利

（1）第三人有权了解原申请人申请和被申请人答辩的事实和理由，并向劳动争议仲裁庭递送陈述意见书，陈述自己对该争议的意见。

（2）第三人有权参加劳动争议仲裁审理活动。

（3）第三人有权就劳动争议仲裁庭所出具仲裁裁决书中确定由其承担的义务提出起诉。

2. 义务

第三人参加劳动争议仲裁活动时应履行遵守规则，执行已经生效的仲裁调解书及仲裁裁决书的义务。

四、仲裁代理人

（一）概念

所谓劳动争议仲裁代理，是指代理当事人一方用被代理的当事人的名义，在法律规定的当事人授予的权限范围内为被代理的劳动争议当事人行使劳动争议仲裁活动中的权利，承担劳动争议仲裁活动中的义务，进行劳动争议仲裁活动的行为。实施这种行为的权利被称为劳动争议仲裁代理权，行使这种代理权的人即为劳动争议仲裁代理人（以下简称"仲裁代理人"）。

（二）特征

第一，仲裁代理人只能以被代理人的名义从事仲裁活动。

第二，仲裁代理人在代理权限内所做的代理行为及法律后果均由被代理人承担。

第三，同一仲裁代理人在同一劳动争议仲裁案件中不能同时为双方当事人做代理人。

（三）仲裁代理人的种类及其特征

1. 法定代理人

（1）概念。所谓法定代理人，是指由法律直接规定的代理人，该代理权的产生不是基于当事人本人的意思表示，而是为了保护无民事行为能力人、限制民事行为能力人以及社会公共利益而由法律规定的。该代理权的产生是以一定的身份关系或监护关系为基础的。

（2）特征。法定代理人的特征主要包括：①法定代理人的代理权由法律直接规定，如《调解仲裁法》第25条规定：丧失或者部分丧失民事行为能力的劳动者，由其法定代理人代为参加仲裁活动。②法定代理人不需要办理代

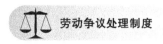

理手续。③法定代理人与争议当事人具有相同的仲裁地位。

2. 指定代理人

丧失或者部分丧失民事行为能力的劳动者，无法定代理人的，由劳动争议仲裁委员会为其指定代理人。

3. 委托代理人

（1）概念。委托代理人是指根据当事人、法定代理人、法定代表人的授权委托而代为进行仲裁活动的人员。委托代理人只能在代理权限范围内从事代理活动，其代理行为所产生的法律后果由被代理人承担。根据委托授权的不同，可以将委托代理分为一般委托代理和特别委托代理。所谓一般委托代理，是指代理人只能为被代理人代理一般仲裁行为的代理。所谓特别委托代理，是指代理人不仅可以为被代理人代理一般仲裁行为，而且还可以根据被代理人的特别授权，代为承认、放弃、变更仲裁请求，并进行和解、调解等仲裁行为的代理。

（2）特征。委托代理人的特征包括以下几个方面：①委托代理人的资格因委托人的委托而产生。②委托代理人必须提交委托人出具的授权委托书。③委托代理人的人数由法律规定，一般不得超过两人。④委托代理人的出庭人数由委托人在法律规定的范围内自行决定。

第五节　劳动争议仲裁庭审

一、劳动争议仲裁庭审程序

（一）申诉书的格式

劳动争议仲裁申诉书包括首部、正文、尾部三部分。

首部应写明以下内容：①标题：劳动争议仲裁申诉书。②争议当事人：申诉人与被诉人，其中个人应写明姓名、性别、年龄、民族或国籍、用工性质、工作单位、住址、通信地址等，单位应写明名称、单位性质、地址、法定代表人姓名、职务等，有委托代理人的应写明代理人的姓名、工作单位等情况。

正文应包括：①请求事项：指申诉要达到的目的和要求，请求事项应具体明确。②事实和理由：应简要说明双方建立劳动关系的时间、方式以及劳动合同的主要内容；双方争议的形成过程和争议的焦点，主要证据（应说明证人姓名、住址，以及物证、书证的来源等），提出请求事项的主要法律依据。

尾部应包括：申诉书提送的仲裁机构名称、申诉人姓名或名称（签章）、申请时间（年、月、日）。同时写明提交的副本份数（按被申诉人人数提交），以及物证、书证件数等。

劳动争议仲裁申诉书（样本）

申诉人：（写明姓名、性别、年龄、籍贯、现住址等）

委托代理人：（写明姓名、性别、年龄、单位、职务等）

被诉人：

地址：

法定代表人（或主要负责人）：（写明姓名、性别、年龄、职务）

请求事项：1.

　　　　　　2.

事实和理由：（包括证据和证据来源、证人姓名和住址等情况）

此致

×××劳动争议仲裁委员会

申诉人：＿＿＿＿＿　（签名或盖章）

年　　月　　日

附：1. 副本＿＿＿＿＿＿＿份；

　　2. 物证＿＿＿＿＿＿＿件；

　　3. 书证＿＿＿＿＿＿＿件。

（二）立案审查的事项

第一，申诉人是否与本案有利害关系。

第二，申请仲裁的争议是否属于劳动争议。

第三，争议是否属于劳动争议仲裁委员会的受理内容。

第四，争议是否属于本劳动争议仲裁委员会管辖。

第五，申请书及有关材料是否齐备并符合要求。

第六，申请时间是否符合申请仲裁的时效规定。

（三）开庭程序

第一，确立案由。

第二，正式开庭前的准备工作：①通知仲裁参加人开庭的具体时间、地点等；②确定庭审提纲；③查明双方当事人、代理人是否到庭；如申请人收到书面通知，无正当理由拒不到庭或者未经仲裁庭同意中途退庭的，可以视为撤回仲裁申请，如被申请人收到书面通知，无正当理由拒不到庭或者未经仲裁庭同意中途退庭的，可以缺席裁决；④书记员宣布仲裁庭纪律；⑤首席仲裁员宣布开庭，宣布仲裁员、书记员名单，询问当事人是否申请回避，并告知当事人在仲裁活动中的权利义务等。

第三，事实调查。双方出示证据，相互质证。

第四，辩论。双方就事实和法律规定阐明己方观点，反击对方观点。

第五，调解。调解原则为：必须调解；查明事实，分清是非；当事人自愿；调解协议内容合法。

（四）裁决及部分裁决

1. 裁决

裁决应自受理之日起 45 日内作出，特殊情况经批准可在此基础上延长 15 日。可以中止审理的情况：请示待批，工伤鉴定，当事人因故不能参加仲裁活动，以及有其他妨碍办案的客观情况发生。

2. 部分裁决

所谓部分裁决，是指仲裁庭裁决劳动争议案件时，如果其中一部分事实已经清楚，可以就该部分先行裁决。

部分裁决仅适用于以下范围：①企业无故拖欠、扣罚或停发工资超过三个月，致使职工生活无基本保障的；②职工因工负伤，企业不支付急需的医疗费的；③职工患病，在规定的医疗期间内，企业不支付急需的医疗费的。

（五）先予执行

第一，仲裁庭对追索劳动报酬、工伤医疗费、经济补偿或者赔偿金的案件，根据当事人的申请，可以裁决先予执行，并移送人民法院执行。

第二，仲裁庭裁决先予执行的，应当符合下列条件：①当事人之间权利义务关系明确；②不先予执行将严重影响申请人的生活。

第三，劳动者申请先予执行的，可以不提供担保。

（六）劳动争议案件结案的方式

第一，申诉人申请撤诉。

第二，对申诉人按撤诉处理。

第三，出具调解书。

第四，出具裁决书。

（七）仲裁文书的送达

根据我国民事诉讼法的规定，劳动争议仲裁委员会在把有关法律文书送达给当事人时，可以采取下列送达方式。

1. 直接送达

直接送达又称交付送达，是指劳动争议仲裁委员会派专人将仲裁文书直接交付给受送达人签收的送达方式。直接送达是送达方式中最基本的方式，即凡是能够直接送达的，就应当直接送达，以防止拖延仲裁，保证仲裁程序的顺利进行。一般情况下，受送达人是公民的，由该公民直接签收，该公民不在时可交由与其同住的成年家属签收；受送达人是法人的，交由其法定代表人或者该法人负责收件的人签收；受送达人是其他组织的，交由其主要负责人或者该组织负责收件的人签收；受送达人有诉讼代理人的，可以交由其签收；受送达人已向人民法院指定代收人的，由代收人签收。

但是，调解书应当直接送交本人，不得由别人代收。因为调解书一经接受，即发生法律效力，所以如果当事人不接受，即视为调解未能成立。

2. 留置送达

留置送达是指受送达人无理拒收诉讼文书时，送达人依法将诉讼文书放置在受送达人的住所并产生送达的法律效力的送达方式。我国民事诉讼法第79条规定：受送达人或者其同住成年家属拒绝接受诉讼文书的，送达人应当邀请有关基层组织或者所在单位的代表到场，说明情况，在送达回证上记明拒收事由和日期，由送达人、见证人签名或者盖章，把诉讼文书留在受送达人的住所，即视为送达。根据相关规定，有关基层组织或所在单位的代表及其他见证人不愿在送达回证上签字或盖章的，由送达人在送达回证上记明情况，把送达文书留在受送达人住所，即视为送达。

但是，调解书应当直接送达当事人本人，不适用留置送达。

3. 委托送达

委托送达是指负责审理该劳动争议案件的劳动争议仲裁委员会直接送达诉讼文书有困难时，依法委托其他劳动争议仲裁委员会代为送达。委托送达与直接送达具有同等法律效力。负责审理该劳动争议案件的劳动争议仲裁委员会被称为委托人，接受送达任务的劳动争议仲裁委员会被称为受托人。委托送达应当出具委托函，并附相关的仲裁文书和送达回证。受送达人在送达回证上签收的日期为送达日期。

4. 邮寄送达

所谓邮寄送达，是指劳动争议仲裁委员会将所送达的文书通过邮局并用挂号信寄给受送达人的方式。实践中，劳动争议仲裁委员会之所以采用邮寄送达，通常是因为受送达人住地离劳动争议仲裁委员会路途较远，直接送达有困难。邮寄送达应当附有送达回证，挂号信回执上注明的收件日期与送达回证上注明的收件日期不一致的，或者送达回证没有寄回的，以挂号信回执上注明的收件日期为送达日期。

5. 转交送达

转交送达是指劳动争议仲裁委员会将诉讼文书送交受送达人所在单位代收，然后转交给受送达人的送达方式。转交送达有以下三种情况：①受送人是军人的，通过其所在部队团以上单位的政治机关转交；②受送达人被监禁的，通过其所在监所和劳动改造单位转交；③受送达人正在接受劳动教养的，通过其劳动教养单位转交。代为转交的机关、单位收到仲裁文书后，必须立即交受送达人签收，并以其在送达回证上签收的时间为送达日期。

6. 公告送达

公告送达是指劳动争议仲裁委员会以张贴公告、登报等办法将仲裁文书公之于众，经过一定时间，法律上即视为送达的送达方式①。根据我国民事诉讼法的规定，采用公告送达必须在受送达人下落不明或者通过前述几种方式无法送达时才能适用。

---

① 自发出公告之日起，经过 30 日，即为公告期满，视为送达。

二、劳动争议仲裁委员会法律文书送达后的法律效力

对于调解书，双方当事人一旦签收则立即生效。对于裁决书，则分为下列两种情况。

（一）一裁终局

下列劳动争议的仲裁裁决为终局裁决，裁决书自作出之日起发生法律效力：

第一，追索劳动报酬、工伤医疗费、经济补偿或者赔偿金，不超过当地月最低工资标准12个月金额的争议。

第二，因执行国家的劳动标准在工作时间、休息休假、社会保险等方面发生的争议。

当事人不服一裁终局的救济渠道是：①劳动者对上述仲裁裁决不服的，可以自收到仲裁裁决书之日起15日内向人民法院提起诉讼；②用人单位有证据证明上述仲裁裁决有法定事由的，可以自收到仲裁裁决书之日起30日内向劳动争议仲裁委员会所在地的中级人民法院申请撤销裁决。此外，仲裁裁决被人民法院裁定撤销的，当事人可以自收到裁定书之日起15日内就该劳动争议事项向人民法院提起诉讼。

（二）非一裁终局

当事人对一裁终局以外其他劳动争议案件的仲裁裁决不服的，可以自收到仲裁裁决书之日起15日内向人民法院提起诉讼；期满不起诉的，裁决书发生法律效力。

需要强调的是，《调解仲裁法》将一裁终局制度引入劳动争议处理机制，突破了现行劳动争议案件"一裁二审"的固定模式。该法对一裁终局的规定主要集中在第47条、48条和49条。其中，第47条规定了一裁终局的适用范围，即追索劳动报酬、工伤医疗费、经济补偿或者赔偿金，不超过当地月最低工资标准12个月金额的争议，以及因执行国家的劳动标准而在工作时间、休息休假、社会保险等方面发生的争议。第48条规定的是劳动者对于一裁终局裁决不服的救济途径，即可以自收到仲裁裁决书之日起15日内向人民法院提起诉讼。第49条规定的是用人单位不服一裁终局的救济途径，即用人单位有证据证明终局裁决有下列情形之一，可以自收到仲裁裁决书之日起30日内向劳动争议仲裁委员会所在地的中级人民法院申请撤销裁决：存在适用法律、

法规确有错误；劳动争议仲裁委员会无管辖权；违反法定程序；裁决所根据的证据是伪造的；对方当事人隐瞒了足以影响公正裁决的证据；仲裁员在仲裁该案时有索贿受贿、徇私舞弊、枉法裁决行为的。人民法院经组成合议庭审查核实裁决有前款规定情形之一的，应当裁定撤销。此外，第 49 条还规定了对于法院撤销终局裁决的，双方当事人均可以提起诉讼，不再区别对待。

然而，由于立法中的一些不足，一裁终局在司法实践中存在这样那样的问题。下文结合这些问题，针对该法第 47 条规定的一裁终局的理解与适用作梳理，以期最大限度地探求立法意图，正确适用一裁终局。

引导案例：申请人于××，男，河南省××县××乡人，于 2000 年 1 月被××市建筑材料公司（私营企业）招收为临时工，从事建筑材料的运送工作，双方未签订劳动合同，公司也未为于××缴纳各项社会保险。2008 年 1 月，双方签订了一份劳动合同，期限至 2008 年 12 月 31 日。2008 年 8 月，于××在一次强台风期间运送建材，途中三轮车不慎翻入路边的水沟，造成肋骨骨折。公司为其支付了医疗费及住院期间的工资后，于 2008 年 12 月终止与其的劳动合同，但未支付相关工伤待遇。之后，于××向劳动行政部门申请工伤认定，并要求进行伤残等级鉴定，劳动能力鉴定委员会鉴定其伤残程度为九级。于××遂提请仲裁，要求公司：①补缴 2000 年至 2008 年的养老保险；②支付一次性伤残补助金 13 800 元；③支付伤残就业补助金和工伤医疗补助金 19 840 元；④支付终止劳动合同的经济补偿金 2 300 元；⑤支付因用人单位未参加失业保险给个人造成的损失 9 800 元。

争议焦点：①认定争议案件是否属于终局裁决案件的标准是什么，以案件为标准还是以请求事项为标准？②如分项进行裁决，在涉及经济标的时，判断是否终局裁决的标准是什么，是请求标的还是裁决金额？③如当事人申请事项分别包含终局裁决和非终局裁决，劳动争议仲裁委员会是作出两份裁决还是在一份裁决书中分别表述？④社会保险案件作为终局裁决事项时，其申请时效如何认定？

评析：①是否一裁终局应就不同申请事项分别进行判断？②如涉及经济标的的，应以申请金额为准，而非裁决金额；③一个案件分别涉及终局裁决和非终局裁决事项的，应在一份裁决书中分别进行表述，不必作出两份不同的裁决；④补缴社会保险（主要是养老保险）属于终局裁决案件的范畴，但对于申请仲裁时效，各地有不同的理解，从保护劳动者利益的角度出发，笔者倾向于将其作为连续侵权行为加以认定。

第一个问题：对"不超过当地月最低工资标准 12 个月金额"的判断，是以当事人仲裁请求数额为依据还是以仲裁机构最终裁决数额为依据？

《调解仲裁法》第 47 条第一项只将"不超过当地月最低工资标准 12 个月金额"作为认定一裁终局标准的限制条件，但并没有明确判断依据是劳动者仲裁请求数额还是仲裁机构最终裁决数额，因而司法实践认识不一。有的地方以劳动者仲裁请求数额为判断依据，有的地方则以劳动争议仲裁委员会最终裁决的数额为判断依据。

笔者认为，无论以哪种方式为判断依据，对案件处理的仲裁程序都是一样的，因而判断依据不会对仲裁程序产生任何实质性的影响。考虑到立法者此举是为了将小额标的纳入一裁终局，以便快速处理的立法目的，笔者倾向于将劳动者提出仲裁申请时的数额作为判断是否属于一裁终局的依据。这样既有利于防止劳动者漫天要价、滥用诉权，也便于仲裁机构进行准确判断，并且符合普通群众的直观理解。如果以仲裁裁决数额为准，则无法解决劳动争议仲裁委员会因计算错误而作出错误裁决的情况，容易剥夺当事人特别是用人单位的诉权。

对于劳动者故意在仲裁过程中增加请求数额的情况，应向劳动者释明：如果增加数额后，劳动者的请求数额已超过当地月最低工资标准 12 个月金额，则本案不属于一裁终局案件；如果劳动者坚持适用一裁终局程序结案，则应当告知劳动者主动放弃超出部分或就超出部分另行主张，否则案件不适用一裁终局程序，只能按非一裁终局案件处理。

第二个问题："不超过当地月最低工资标准 12 个月金额"是以数项之和还是分项计算数额为判断依据？

《调解仲裁法》第 47 条第 1 项规定，劳动者追索劳动报酬、工伤医疗费、经济补偿或者赔偿金这四种纠纷属于一裁终局。因此，如果劳动者仅申请上述金额中的一项，则很容易判断，直接以该项请求数额来判断是否"不超过当地月最低工资标准 12 个月金额"即可。但是，如果劳动者申请的是其中的数项，则应当以数项之和为依据进行判断还是以分项计算数额为依据进行判断，《调解仲裁法》对此没有加以明确，因而实践中容易产生分歧。有的地方把劳动者请求数项的总金额即数项之和作为判断"不超过当地月最低工资标准 12 个月金额"的依据；有的地方则把劳动者请求之数项中的每一项金额，即以分项计算作为判断"不超过当地月最低工资标准 12 个月金额"的依据。例如，我国《劳动人事争议仲裁办案规则》（由人力资源和社会保障部制定并于 2017 年 7 月 1 日起实施）第 50 条规定：仲裁庭裁决案件时，申请人根据《调解仲裁法》第 47 条第一项规定，追索劳动报酬、工伤医疗费、经济补偿或者赔偿金，如果仲裁裁决涉及数项，对单项裁决数额不超过当地月最低工资标准 12 个月金额的事项，应当适用终局裁决。

笔者认为，应当以各项之和来判断是否"不超过当地月最低工资标准 12 个月金额"，这样更符合一裁终局适用小额标的的立法本意。也就是说，无论劳动者请求的是一项还是数额，只要所请求的总金额不超过当地月最低工资标准 12 个月金额，即可认定该案属于一裁终局。

第三个问题：在同一仲裁中，当事人请求既有终局事项又有非终局事项的，应如何认定仲裁裁决的性质？

现实中，劳动者的仲裁请求事项常常既有《调解仲裁法》第 47 条规定的属于终局裁决的事项，也有该法第 50 条规定的其他非终局裁决事项，如确认劳动关系等。如何认定该仲裁裁决的性质并处理该案，涉及当事人不同的救济途径和权利。然而，《调解仲裁法》对此问题显然没有作出明确规定，造成实践中存在多种处理方案，且有相互矛盾之处。例如，有的地方认为，在同一仲裁中，如果劳动者的请求既有终局事项又有非终局事项，则该裁决一般不适用《调解仲裁法》第 47 至第 49 条关于一裁终局的规定，当事人双方不服裁决内容的，均可在法定期限内依法提起诉讼；有的地方则认为，劳动争议仲裁委员会应当分别就仲裁终局裁决与非终局裁决事项作出裁决。事实上，实践中对于"分别就仲裁终局裁决与非终局裁决事项作出裁决"这一点仍存在分歧。例如，有的地方将该两种情况放在同一份裁决法律文书中，但在裁决书主文中将终局裁决事项与非终局裁决事项分项加以表述，分别注明属性，并告知当事人与之相对应的诉权及行使该诉权的期限；有的地方则由劳动争议仲裁委员会分别制作两份裁决书，一份关于终局事项，另一份关于非终局事项。我国《劳动人事争议仲裁办案规则》第 50 条规定，"仲裁庭裁决案件时，裁决内容同时涉及终局裁决和非终局裁决的，应当分别制作裁决书，并告知当事人相应的救济权利"。

笔者认为，本着简便实用的处理原则，对于在同一仲裁中劳动者的请求既有终局事项又有非终局事项的，宜按照非一裁终局的原则处理，不宜在同一仲裁案件中分别处理，理由如下。

其一，《调解仲裁法》对一裁终局的适用是有严格限制条件的，只有符合第 47 条规定的事项才属于一裁终局的适用范围，即无论是一项还是数项请求，均应符合第 47 条所规定的事项，而不能含有其他事项，否则就不能适用一裁终局。立法者故意回避该问题，本身就说明在同一仲裁案件中，除单纯的第 47 条规定的事项外，其他均不适用一裁终局处理程序。试想，即使是属于一裁终局的事项（如经济补偿），如果超出了当地最低工资标准计算 12 个月的金额，也不属于一裁终局，更何况还有其他非一裁终局事项的请求。

其二，如果就一裁终局事项与非一裁终局事项分别作出处理，则面临诸多无法调和的矛盾。

首先，就一裁终局事项与非一裁终局事项分别作出裁决，究竟是指在同一仲裁案件中进行分项裁决还是分项表述？实践中对此仍存在分歧。如果是分项表述，则势必得在同一仲裁裁决中分别注明其属性，并告知当事人与之相对应的诉权及行使该诉权的期限。例如，对于一裁终局事项，表述为：本裁决第×项（指一裁终局事项）为终局裁决，自作出之日起发生法律效力。申请人如不服该项裁决，可自收到本裁决书之日起 15 日内向人民法院起诉；被申请人如不服该项裁决，可自收到本裁决书之日起 30 日内向×××中级人民法院申请撤销该项裁决。对于非一裁终局事项，可表述为：不服本裁决第××项（指非终局裁决事项），当事人可自收到本裁决书之日起 15 日内向人民法院起诉；期满不起诉的，该项裁决即发生法律效力。显然，此处出现了一个矛盾，因为分项表述也是在同一仲裁裁决书中体现的，并非两个裁决，只不过是同一仲裁裁决的两项裁决内容而已。如果当事人不服非终局事项的裁决内容而向法院起诉，则根据最高人民法院《关于审理劳动争议案件适用法律若干问题的解释》（法释〔2001〕14 号）第 17 条规定，"劳动争议仲裁委员会作出仲裁裁决后，当事人对裁决中的部分事项不服，依法向人民法院起诉的，劳动争议仲裁裁决不发生法律效力"。这里的"不发生法律效力"，不仅指非终局事项的裁决不发生法律效力，而且指终局事项的裁决也不会发生法律效力；然而，假如用人单位没有就终局事项裁决申请撤销，则该终局事项裁决又应自作出之日起即发生法律效力，二者的矛盾显而易见。

其次，如果对同一仲裁案件进行分项裁决，则势必要作出两个仲裁裁决，即一裁终局事项的裁决和非一裁终局事项的裁决，并分别在裁决书中告知当事人与之相对应的诉权及行使该诉权的期限。这样虽然避免了前文中所述矛盾的出现，但随之而来的却是难以解决的制作仲裁裁决书时的技术操作问题。例如，两份裁决书如何列案号？同一仲裁案件分列两个案号是否合适？对于两个裁决中当事人的请求如何表述？两个裁决是分开列请求还是列为同一个请求？如果当事人均不服，都向法院起诉或申请撤销裁决，如何应诉？等等。

最后，劳动者请求既有终局事项又有非终局事项的，其完全可以通过就终局事项和非终局事项同时、分别申诉的方式来保护自己的权益，即同时向仲裁庭提起对两个案子的申诉，一个是关于终局事项的，另一个是关于非终局事项的。加之现在劳动争议仲裁已不收费，此举不存在加重当事人经济负担的问题。

综上，笔者认为，对于在同一仲裁中劳动者的请求既有终局事项又有非终局事项的，可一律按照非一裁终局的原则处理。裁决书中告知当事人的诉权及行使该诉权的期限也可相应表述为："如不服本裁决，当事人可自收到本裁决书之日起 15 日内向人民法院起诉；期满不起诉的，本裁决即发生法律效力。"

第四个问题：当最低工资标准有调整时，如何计算"12 个月金额"？

根据我国《最低工资规定》，最低工资标准至少每两年调整一次。因此，劳动者在申请仲裁时如遇到最低工资标准调整，该如何计算"12 个月金额"呢？是以新的最低工资标准还是以新旧工资标准结合来计算十二个月的总金额呢？对此实践中存在不同认识。有的地方以调整前（即所谓旧的最低工资标准）的标准来计算 12 个月的总金额，有的地方以调整后（即所谓新的最低工资标准）的标准来计算，有的地方则以新旧最低工资标准结合来计算。

笔者认为，按照《调解仲裁法》第 47 条的立法本意，应当以最低工资标准发生调整时为准，因此对 12 个月总金额的计算也应自最低工资标准公布之日起相应加以调整，如仲裁实践中增加请求数额的做法便是这样进行的。此外，最低工资标准调整后受理的案件应当以调整后的标准计算。当然，如果按照前文提到的将劳动者申请仲裁时确定的数额作为认定一裁终局的标准，则此类问题就不会发生。

三、劳动争议案件的执行

在有关法律文书生效后，如败诉当事人不履行自己的义务，则胜诉当事人可以申请人民法院强制执行。

第六节 劳动争议裁审衔接制度

劳动争议诉讼，是指劳动争议当事人对仲裁机构的裁决不服，持劳动争议裁决书依法向人民法院进行诉讼，要求保护其合法权益的一种劳动争议处理方式。这种诉讼形式是解决劳动争议的最后一个程序，也是对劳动争议的最终处理。劳动争议诉讼制度先要解决的是人民法院受理劳动争议案件的范围，以及各级人民法院之间审理劳动争议案件的分工和权限问题，即人民法院对劳动争议案件的主管和管辖问题。劳动争议的受案范围也称劳动争议的主管制度，是指确定人民法院与其他机构处理劳动争议的分工和权限，即人民法院可以受理哪些劳动争议案件。

我国目前对劳动争议的处理实行的是"一裁二审"制，即劳动争议当事人必须先向劳动仲裁机构申请仲裁；对劳动仲裁机构的仲裁不服的，可以向人民法院起诉；对一审法院的判决不服的，可以向上一级人民法院上诉；二审法院的判决是劳动争议的最终判决。

一、我国法律法规对人民法院受理劳动争议民事诉讼案件范围的规定

在我国，人民法院受理的应是已经过劳动仲裁程序的劳动争议案件。一般认为，劳动争议仲裁是劳动争议诉讼的前置程序，人民法院受理的劳动争议案件必须是经过仲裁裁决后的案件。《企业劳动争议处理条例》第 30 条规定："当事人对仲裁裁决不服的，自收到裁决书之日起 15 日内，可以向人民法院起诉……"我国《调解仲裁法》第 43 条规定："仲裁庭裁决劳动争议案件，应当自劳动争议仲裁委员会受理仲裁申请之日起 45 日内结束。案情复杂需要延期的，经劳动争议仲裁委员会主任批准，可以延期并书面通知当事人，但是延长期限不得超过 15 日。逾期未作出仲裁裁决的，当事人可以就该劳动争议事项向人民法院提起诉讼。"可见，劳动争议诉讼当事人向人民法院提起

的诉讼，必须是不服劳动争议仲裁机构裁决，或者仲裁机构逾期未作出裁决的；没有经过劳动争议仲裁机构裁决或未经仲裁机构仲裁程序的劳动争议案件，人民法院一般不予受理。

二、审查劳动争议案件受案范围时的注意事项

第一，争议的主体必须适格。我国劳动法第 2 条规定，劳动争议的主体应是我国境内的企业、个体经济组织（一般指雇工在 7 人以下的个体工商户）、国家机关、事业组织、社会团体和与之形成劳动关系或建立劳动合同关系的劳动者。我国《企业劳动争议处理条例》第 3 条规定，"企业与职工为劳动争议案件的当事人"；原劳动部《关于贯彻执行〈中华人民共和国劳动法〉若干问题的意见》规定，"公务员和比照实行公务员制度的事业组织和社会团体的工作人员，以及农村劳动者（乡镇企业职工和进城务工、经商的农民除外）、现役军人和家庭保姆等不适用劳动法"。

第二，争议的主体之间虽然没有劳动合同或者双方未订立书面劳动合同，但意思表达明确，有口头约定或其他形式表现的。即双方履行了劳动权利和义务，劳动者事实上已成为企业、个体经济组织等的成员，为用人单位工作，提供有偿劳动，获得了劳动报酬、劳动保护等权利，同时接受用人单位的管理，遵守用人单位的内部劳动规章制度。

第三，争议的内容和事实必须在劳动法调整的范围内。

三、受理劳动争议案件的程序

人民法院受理劳动争议案件，应以劳动仲裁为前置程序，即当事人不服劳动争议仲裁委员会作出的裁决，依法向人民法院起诉或者仲裁机构逾期未作出裁决的，人民法院才予以受理。这不仅要求人民法院在受理劳动争议案件时执行以劳动仲裁为诉讼前置程序的规定，而且此类案件还要符合我国民事诉讼法第 108 条规定的四个起诉条件：①原告是与本案有直接利害关系的公民、法人和其他组织；②有明确的被告；③有具体的诉讼请求和事实、理由；④属于人民法院受理的范围和受诉人民法院管辖。

四、关于劳动争议案件的管辖

（一）一般规定

根据《最高人民法院关于审理劳动争议案件适用法律若干问题的解释》

第 8 条规定：劳动争议案件由用人单位所在地或合同履行地的基层人民法院管辖，劳动合同履行地不明确的，由用人单位所在地的基层人民法院管辖。可见，那种认为"当事人对劳动争议仲裁委员会所作出的仲裁不服，依法向人民法院起诉的，由该劳动争议仲裁委员会所在地的人民法院受理"的观点是不够准确的。

首先，劳动争议的当事人为用人单位和劳动者，而不是劳动争议仲裁委员会，因此不能把劳动争议仲裁委员会所在地作为确定人民法院地域管辖的依据。依据我国民事诉讼法关于地域管辖所确立的"原告就被告"的规定，应由劳动争议的一方当事人住所地的人民法院管辖；又因劳动争议双方当事人之间所具有的特殊劳动关系，用人单位的地址相对固定，且《企业劳动争议处理条例》第 18 条有"发生劳动争议的企业与职工不在同一个劳动争议仲裁委员会管辖地居住的，由职工当事人工资关系所在地的劳动争议仲裁委员会处理"的规定，因此，由用人单位所在地的人民法院来管辖是较为合适的。

其次，劳动争议仲裁委员会的组织设置不统一，与法院的设置不同。许多市辖区一级尚未设立劳动争议仲裁委员会，甚至在某些直辖市也只有一个市级劳动争议仲裁委员会，却有两个以上中级人民法院。因此，如果规定由劳动争议仲裁委员会所在地确定案件管辖，将会导致案件过度集中于劳动争议仲裁委员会所在地的中级人民法院，大大增加其工作负担。与此同时，劳动争议仲裁委员会所在地之外的中级人民法院却无权管辖此类劳动争议，这对人民法院的工作极为不利。鉴于上述原因，笔者认为劳动争议案件由用人单位所在地的基层人民法院管辖是比较妥当的。

（二）特殊情况下的规定

此外，在审判实践中，有的用人单位与履行劳动合同地不在同一地，如用人单位在郑州，而劳动合同履行地却在南京。此时，若仅以用人单位所在地来确定管辖，这对当事人诉讼是极不方便的。因此，为了便于当事人诉讼和案件事实的查证，前述最高人民法院的司法解释又规定此种情况由劳动合同履行地的基层人民法院管辖，而这也符合《民事诉讼法》第 24 条"因合同纠纷提起的诉讼，由合同履行地人民法院管辖"的规定。

五、几类特殊的劳动争议案件是否属于人民法院受理范围的问题

（一）社会保险费及住房公积金的缴纳是否属于人民法院受理范围的问题

按《企业劳动争议处理条例》的规定，企业与职工之间因执行国家有关保险、福利的规定发生的争议属于劳动争议。此规定意味着人民法院对劳动者要求用人单位为其缴纳社会保险费（如社会养老保险费、社会医疗保险费、失业保险费、工伤保险费、生育保险费等）的请求应当进行审理。实际上，在审判实践中一直也是这样做的。当法院在审理中查明用人单位未为劳动者缴纳社会保险费时，都会在判决主文中专列一项判决：由用人单位为劳动者补缴社会保险费。

强制性（法定性）、福利性是社会保险的重要特点。《社会保险费征缴暂行条例》第26条明确规定：缴费单位逾期拒不缴纳社会保险费、滞纳金的，由劳动保障行政部门或者税务机关责令其限期缴纳。由上述规定可知，用人单位欠缴职工社会保险费的，只要职工向有关劳动保障行政部门投诉，有关部门即应责令用人单位补缴或依法申请人民法院强制征缴，这是有关行政部门的职责，职工根本不必通过民事诉讼途径来解决此方面的纠纷。并且，用人单位为职工缴纳的社会保险费部分对职工个人而言数额是不明确的。例如，我国《失业保险条例》规定，城镇企业事业单位按照本单位工资总额的2%缴纳失业保险费。可见，具体到职工个人要求企业为其缴纳多少社会保险，法院是无法确定具体数额的，最终还得靠社会保险经办机构来核定。因此，法院判决用人单位为职工补缴社会保险费并没有什么实质意义，也不存在可执行性。同样，在缴纳住房公积金等方面所发生的争议也存在这一问题。

综上，关于人民法院是否受理因社会保险费、住房公积金等的缴纳而发生的争议这一点，亟待与有关行政管理部门协商明确并作出司法解释。笔者认为，此类案件法院应不予受理。

（二）民办教师的养老保险纠纷是否属于人民法院受理范围的问题

关于被辞退的民办教师的养老保险如何解决的问题，以及解决此类纠纷是否应由人民法院主管等问题，一直存在争议。

对此，一种观点认为此类纠纷不应由人民法院受理。其理由是，我国

《企业劳动争议处理条例》第2条规定，本条例适用于中华人民共和国境内的企业与职工之间的劳动争议。学校属事业单位，民办教师所享受的待遇是行政事业单位的拨款，学校与民办教师之间所发生的争议不属于劳动争议。即便学校应为劳动者购买养老保险，二者之间的争议也应由行政部门处理，法院不能受理此类案件①。

另一种观点则认为，该类纠纷属于人民法院主管，应予受理。其理由是，虽然学校属于由政府拨款的事业单位，但民办教师的性质具有双重性，既是农民（在家分有责任田、山等），又是教师。同时，民办教师不同于公办教师（其工资由地方政府负担），其工资的主要来源，一是国家补贴，二是教育附加费，三是集资，这决定了学校与民办教师之间是一种聘用劳动用工关系。根据我国劳动法第2条之规定，国家机关、事业组织、社会团体和与之建立劳动合同关系的劳动者，依照本法执行。因此，民办教师与学校之间所发生的争议，应属劳动争议，人民法院应予受理。

本书同意上述第二种观点。以往，退休的民办教师都享有生活补贴。取消民办教师的政策执行以后，对于在教育战线上工作多年，但因不符合转、退条件而被辞退的民办教师来说，如果不为他们购买养老保险，则无疑将对其今后的生活造成很大的影响。这些民办教师将自己的青春都奉献给了农村教育事业，如果不采取必要措施保护其合法权益，于情于理都是说不通的。

（三）乡镇企业与职工发生的争议是否属于人民法院受理范围的问题

根据国务院颁布的《中华人民共和国乡村集体企业条例》（以下简称《乡村集体企业条例》）第28条，以及原劳动部《关于乡村集体企业劳动争议受理问题的复函》（劳办力字〔1992〕33号）等文件的规定，企业招用职工应当依法签订劳动合同。《乡村集体企业条例》第31条规定，企业发生劳动争议时，可以参照《企业劳动争议处理暂行规定》处理。据此，乡村集体企业与职工因履行劳动合同而发生的争议，劳动争议仲裁委员会可以参照《企业劳动争议处理暂行规定》进行处理。

（四）关于履行企业内部承包责任合同的争议是否属于人民法院受理范围的问题

根据原劳动部《关于履行企业内部承包责任合同的争议是否受理的复函》

---

① 参见：1999年1月国务院颁布的《社会保险费征缴条例》，以及1995年10月湖北省人民政府颁布的《湖北省机关事业单位社会保险制度改革方案》（鄂政发〔1995〕138号）等。

（劳办发〔1993〕224号），企业实行内部责任制后与职工签订的承包合同与劳动合同有很大的差别，即其一般不属于劳动合同，因此在工作中应防止以承包合同代替劳动合同的倾向。当然，如果承包合同中包括工资福利等应在劳动合同中规定的劳动权利和义务等方面的内容，则该合同带有劳动合同的某些属性。因此，职工与企业因执行承包合同中有关劳动权利义务等方面的规定而发生的争议，属于劳动争议范畴，当地仲裁委员会可根据《企业劳动争议处理条例》规定的受案范围予以受理。当事人对劳动争议仲裁委员会的处理不服的，可以向人民法院起诉，人民法院应予受理。

（五）企业改制过程中发生的劳动争议是否属于人民法院受理范围的问题

由于企业改制是依据国家相关改制政策进行的，在改制中会发生这样那样的问题，也不可避免地会引起某些劳动争议。对于此类争议，人民法院一般不应受理，而应通过双方协商或由组织企业改制的有关政府部门协调解决。但笔者认为，对于改制结束的企业，其职工与用人单位发生劳动争议的，人民法院应当受理。

（六）对劳动者退休后与尚未参加社会统筹的原用人单位因追索养老金、医疗费、工伤保险待遇和其他社会保险费而发生的争议，人民法院是否应当受理的问题

尽管劳动者退休后与原用人单位已不存在劳动关系，但他们所享有的养老金、医疗费、工伤保险待遇等各类社会保险是以其此前在劳动岗位上所履行的劳动义务为前提的，因此，由此发生的争议应当被视为劳动争议。

当然，人民法院受理此类争议的前提是原用人单位必须尚未参加社会保险统筹。作出这种限定的原因是：根据1999年1月21日国务院发布的《社会保险费征缴暂行条例》第2条、第3条、第5条、第6条、第7条和我国劳动法第72条、第100条等规定，社会保险费的缴费单位和个人是国有企业、城镇集体企业、外资投资企业、城镇私营企业和其他城镇企业等单位及其职工，并由税务机构和劳动保障行政部门设立的社会保险经办机构征收，这属于行政管理行为，由此发生的争议应走行政诉讼，争议双方是企业或劳动者与社会保险征收机构，不属于我国劳动法规定的劳动争议范围。但必须看到，目前我国尚有少数地区和单位未参加社会统筹保险，因追索社会保险费而发生争议的当事人仍是用人单位和劳动者，这属于履行劳动合同关系中发生的

劳动争议，因此才将社会保险费发生的争议主体限定为尚未参加社会保险统筹的企业和劳动者。

目前，我国有关劳动争议方面的法律、法规尚不够完善、健全、系统，也不成体系，从而影响了法律的规范性和严肃性。对此笔者认为，眼下迫切需要制定一部劳动诉讼法，以规范劳动争议案件的审理。

第四章　热点劳动争议案例评析

　　和谐稳定的劳动关系是社会文明进步的重要标志。随着我国改革开放的不断深入、社会主义市场经济体制的不断完善以及经济全球化、国际化步伐的加快，各种所有制经济特别是股份制、股份合作制和非公有制经济迅速发展，加之新旧体制的摩擦，利益格局的调整，法律法规和相关体制机制尚不够完善、健全等问题的存在，当前劳动关系呈现复杂化、多样性的特征，并产生了许多值得关注的热点问题。

　　对这些问题进行研究是很有意义的。我国的劳动关系已经发展到了一个新的阶段，具有鲜明的时代特色，这些热点问题的背后有其一定的规律性，发现这些规律并加以必要梳理，有利于我国劳动关系的健康、和谐发展。同时，这些热点问题往往暴露出了现有体制机制等方面的漏洞和瑕疵，需要对其进行理论上的诊断，找出其中的不足之处并加以完善。

　　这些热点问题的发生往往会引起社会各界的关注与热议。例如就业方面的"乙肝歧视"问题，由于涉及的"乙肝"人群较大，加上一些公众的敏感心理，此事在社会上的争议较大。此外，还有拖欠、克扣工资等热点问题。无故拖欠和克扣工资是严重的违法行为，有人甚至将其称为社会公害。以加班工资为例，一些企业常常以实行不定时工作制为由不给员工计算加班工资，一些企业则以某个远低于员工月薪的工资标准为基数计算加班工资，一些企业甚至以本市最低工资标准或者最低生活费标准为基数计算员工的加班工资。上述作法显然是与劳动法相违背的。

这些劳动关系问题之所以引起公众的关注，就在于劳动关系的社会性。此外，人们对劳动争议热点问题产生不同看法甚至激烈分歧这一点，反映了当前我国劳动关系的复杂性。

在本书中，笔者尝试从不同角度来分析这些热点问题，既探究其内部原因，也分析包括社会转型在内的外部原因；既从法学角度加以分析，也从社会学、心理学、经济学、管理学等角度进行分析，以免出现"盲人摸象"的问题。

此外，针对这些典型劳动争议案例中所呈现的问题，笔者还尝试在综合分析其产生原因的基础上，有针对性地提出解决方案。

第一节　劳动关系成立过程中的劳动争议案例

现实中，员工与用人单位之间的劳动争议（尤其是引起社会关注的争议热点）通常发生在劳动关系成立以后，但在其建立劳动关系的过程中有时也会发生一些引起社会广泛关注的热点话题，如就业歧视问题、招聘单位和劳动者的知情权问题、员工背景调查问题，以及劳动合同在订立过程中所引起的违约金是否存在、劳动合同的无效等问题；又如事实劳动关系是否属于受劳动法保护的劳动关系的问题。事实劳动关系的形成有多种情形：一是用人单位内部没有推行或者没有完全推行劳动合同制，对所有员工或者一部分员工仍沿用计划经济体制下的国有单位用工形式；二是用人单位虽已推行劳动合同制，但管理不规范造成劳动合同无效或者劳动合同已到期但没有续签等情形；三是用人单位或者劳动者为了避免被"套牢"而没有与对方签订劳动合同，现实中这常常是用人单位用以规避法律责任的一种手段。当前，我国劳动关系领域仍处于由计划经济体制向市场经济体制转轨的时期，一部分用人单位对市场的反应比较快，适应市场能力强，员工的市场意识也较强，用人单位与员工之间通过规范的劳动合同建立了正常劳动关系；但是也有一部分用人单位对市场的反应比较慢，适应市场能力弱，行政化色彩浓，单位与员工之间尚没有建立起规范的劳动合同制关系。此外，即使在同一个单位内，也存在两种劳动关系并存的局面。例如，有的单位规定，对1995年以前进单位的员工沿用计划经济体制下的聘用制，对1995年以后进单位的员工则实行劳动合同制。

上述这些热点问题常常会引起员工和用人单位的矛盾，甚至会导致严重的劳动争议。

热点问题一：就业歧视

【热点知识】劳动者享有的就业权是个别劳权中一项极其重要的权利，其核心内容是就业时的平等性，而就业歧视正违反了这种平等性。

国际劳工大会 1958 年通过的关于就业及职业歧视的公约（第 111 号公约）第 1 条中，针对就业歧视给出了完整定义，即"为本公约目的，'歧视'一语指：①基于种族、肤色、性别、宗教、政治见解、民族血统或社会出身的任何区别、排斥或特惠，其效果为取消或损害就业或职业方面的机会平等或待遇平等；②有关成员在同雇主代表组织和工人代表组织——如果这种组织存在——以及其他有关机构磋商后，可能确定其效果为取消或损害就业或职业方面的机会平等或待遇平等的其他区别、排斥或特惠"。该公约第 2 条补充规定如下，"基于特殊工作本身的要求的任何区别、排斥或特惠，不视为歧视"。

该公约是国际劳工组织订立的 8 个核心劳工标准公约之一，其主要内容是要求在就业、培训和工作条件等方面消除基于种族、性别、肤色、宗教、政治信念、民族血统或社会出身等各种歧视。目前已有 140 多个国家批准执行了这项公约，中国也已经批准加入并执行第 111 号公约。

在劳动经济学领域，歧视往往与劳动生产率联系起来。有国外学者认为，工作歧视是指具有相同生产率特征的劳动者仅仅因为所属的人口群体不同而受到不同的待遇，或者说是在劳动力市场上对劳动者进行与劳动生产率无关的个人特征的评价；工作歧视通常有三种明显的形式：就业歧视、工资歧视和职业歧视。我国学者大都赞同这种分类，并将其引入国内的劳动力研究中。

综上所述，就业歧视是指用人单位基于求职者某些先天性的、与能力不相关因素而作出任何的区别、排除、限制或优惠。很显然，国际公约规定的就业歧视范围较宽，我国关于禁止就业歧视的范围则较窄。例如，我国劳动法仅规定劳动者就业时不因民族、种族、性别、宗教信仰不同而受歧视，就业促进法中关于禁止就业歧视的范围也与劳动法完全相同[①]。这导致了诸多未

---

① 我国就业促进法第 3 条规定：劳动者依法享有平等就业和自主择业的权利。劳动者就业，不因民族、种族、性别、宗教信仰等不同而受歧视。

被法律禁止的就业歧视行为发生，进而导致劳动者的不满，引发劳资冲突。

【热点话题】就业歧视的表现形式

【热点探讨】就业歧视在我国有大量的表现形式，主要包括以下几类。

第一类是非法性歧视（又称市场性歧视）。此类就业歧视是指以某种社会风气、价值观念、习惯等方式对某些人群进行排斥和限制，而这些限制和排斥行为是为法律法规所禁止的，因此这种歧视也被称为显性歧视，如公开歧视妇女、少数民族和持不同宗教信仰的劳动者等。此类就业歧视主要是由市场自我调节的失灵造成的，受歧视者的正当、合法权益可以通过行政执法和司法途径得到救济，消除这些歧视应当从加强政府管制以及加大司法力度上入手。

第二类是合法性歧视（又称制度性歧视）。合法性歧视主要是由制度本身造成的歧视，其表现出来的歧视形式是合法的（或者说是不为法律所禁止的）。该类歧视是由制度不衔接、体制摩擦等引起的，常常在转轨经济中出现。此类歧视主要包括两个方面。一是积极的制度性歧视，即在制度安排和政策制定层面以法律、法规、条例、政策等形式将含有歧视性的内容制度化。这种歧视性的制度本身确实带有某种不合理性或非正当性，但是由于其具有一定的法律规范形式，其在实践中被赋予了强制执行力，故这种由法律体系不统一造成的歧视类型也被称为隐性歧视，如传统的政策性壁垒以及政府地方保护主义下的户籍歧视、制度制定不科学导致的乙肝病毒携带者就业歧视等。二是消极的制度性歧视，即既有制度对就业市场中的歧视性做法缺乏可供调整的法律依据，市场经济中规制歧视的法规存在缺位的情况等，这是由法律制度本身的不完善所造成的。例如，劳动力市场中经常出现的对身高、年龄、血型、地域等方面的歧视。因此，加强立法建设、改善平等就业的法律环境以及在法治进程中逐步建立违宪审查机制是消除此类歧视的所在。

具体来讲，上述就业歧视现象有以下表现形式。

（1）身高歧视。身高与工作能力并无直接关系，且身高多由遗传因素决定，非个人所能控制。然而，现实中有的用人单位往往在招聘公告上对求职者的身高加以硬性规定，一些身高未"达标"的求职者，甚至连面试机会都得不到。

在我国，有关身高的就业歧视中最突出的案例之一，就是发生在 2001 年的四川蒋韬案，此案被蒋韬的代理人周伟称为"中国法院受理的宪法平等权利第一案"。该案中，四川大学法学院学生蒋韬因自己的身高不符合招录条件而被招聘单位（中国人民银行成都分行）拒绝。当蒋韬因此寻求法律救济时，却遭遇了"身高歧视"无法可依的尴尬处境。于是蒋韬依据宪法将该用人单位诉至法院，提出其关于身高的录用规定，是对包括自己在内所谓"身高不符合要求"的求职者的就业歧视，侵犯了宪法赋予其担任国家公职的平等权。

被告在法院受理此案以后改变了被诉行为，取消了其在录用中有关身高的限制规定。但是，这与原告蒋韬诉请法院审查的行为无关，更不能改变被诉行为的违法、侵权性质。此案于2002年1月7日由成都市武侯区人民法院受理。同年4月25日，此案在武侯区人民法院开庭审理，控辩双方在庭上围绕"宪法所赋平等权"等焦点问题展开激烈辩论，庭审历时3小时，法庭宣布"择日公布再审或宣判日期"。同年5月5日，成都市武侯区人民法院作出判决：驳回蒋韬的起诉。法院作出驳回原告起诉裁定的理由有二。其一，中国人民银行成都分行招录行员的行为不是其作为金融行政管理机关行使金融管理职权、实施金融行政管理的行为，因此该招录行为不属于被告的行政行为范畴，依法不属于人民法院行政诉讼的主管范围。其二，被告的这一行为在作出时并未对外产生拘束力或公定力，即该行为的效力只在招录行员的报名期间即"2002年1月11日至1月17日"这一期间才产生，而被告在该行为产生效力之前就已经自行修改了《招录行员启事》的相关内容，撤销了对招录对象的身高条件规定，消除了该行为对外部可能产生的法律后果和对相对人权利义务产生的实际影响。因此，被告的行为实际上并未给原告及其他相对人报名应试的权利造成损害。原告蒋韬所称的侵权事实是尚未发生的事实，不具有可诉性。

（2）户籍与城乡就业歧视。就业市场上，将户籍要求作为招聘条件的用工单位不在少数，而求职者也往往很关心招聘者能不能解决其户口问题，这样的情况在京、津、沪、穗等经济发达的大城市表现得尤为突出。原本招聘单位提出其用人条件和要求是十分正当的，但以户籍加以限制则有歧视之嫌。那么，在市场经济日渐活跃和深入人心的今天，为什么户籍问题依然如此重要，并且迟迟不能"退出"就业市场呢？

随着经济社会发展，越来越多的人口涌向城镇，经济发达的大城市更成为人们的首选。特别是经过十年寒窗的毕业学子，尤其向往在大城市找到一份工作,在此安居乐业。但是,如果没有所在城市的户口,买房①、买车②都会受到种种限制;将来成立家庭,孩子上学等问题也往往与户籍挂钩。出于这种极为现实的考虑,他们不能不关心户口问题。对于不少人来说,只要能解决户口,工作性质、待遇等都可以迁就。

从求职者的角度看,户籍限制确有歧视嫌疑,而用工单位对此也同样有其苦衷。虽说用人应以技术、能力为首要条件,户籍要求确实拦住了某些人才,但聘用有当地户口的人,不仅可以利用其相对丰富的社会关系、信息资源等,而且省去了不少诸如解决其住房、子女入托上学等"麻烦事"。尤其令用人单位不安的是,相当数量的应聘者在解决了户口问题后,一有机会便会跳槽,"另攀高枝",用人单位对此有苦说不出,只得白白"为他人作嫁衣裳"。因此,有的用人单位认为在招聘中提出户籍要求也是不得已而为之。

总之,户籍成了招聘者、应聘者的"烦心事",这是在特定的社会历史条件下无可回避而又必须接受的现实。有学者指出,在中国表现得最为严重的就业歧视来源于现存的户籍制度,固定的户籍制度从制度上支持了劳动力市场的就业歧视,增加了流动就业迁移成本和流动成本,限制了劳动者在平等基础上自主择业的权利。户籍制度在带来就业市场歧视现象的同时,还造成劳动力市场的二元甚至多元分割的局面,农村与城市、城市与城市之间的劳动力无法得到市场机制的资源配置,这种人为的制度障碍有悖市场经济的机理。

之所以造成这种局面,其中重要的一点原因是行政力量对市场进行制度性干预。从历史上看,大多数发展中国家的政府都对国内迁移实行了控制政

---

① 如《北京市人民政府办公厅关于贯彻落实国务院办公厅文件精神 进一步加强本市房地产市场调控工作的通知》第六条第(十)项规定:自本通知发布次日起,对已拥有1套住房的本市户籍居民家庭(含驻京部队现役军人和现役武警家庭、持有有效《北京市工作居住证》的家庭,下同)、持有本市有效暂住证在本市没拥有住房且连续5年(含)以上在本市缴纳社会保险或个人所得税的非本市户籍居民家庭,限购1套住房(含新建商品住房和二手住房);对已拥有2套及以上住房的本市户籍居民家庭、拥有1套及以上住房的非本市户籍居民家庭、无法提供本市有效暂住证和连续5年(含)以上在本市缴纳社会保险或个人所得税缴纳证明的非本市户籍居民家庭,暂停在本市向其售房。

② 如《〈北京市小客车数量调控暂行规定〉实施细则》第十条规定:"住所地在本市的个人,名下没有本市登记的小客车,持有效的机动车驾驶证,可以申请指标。住所地在本市的个人包括:(一)本市户籍人员,(二)驻京部队现役军人和现役武警,(三)持有有效身份证件并在京居住一年以上的港澳台居民、华侨及外籍人员,(四)持有有效《北京市工作居住证》的非本市户籍人员,(五)持有本市有效暂住证且连续五年(含)以上在本市缴纳社会保险和个人所得税的非本市户籍人员。个体工商户申请指标的,按照个人的有关规定执行。"

策，这些国家也存在着劳动力市场分割现象，即对城市劳动力进行保护，对迁移劳动力则采取歧视的态度。有研究指出，城市居民出于维护既得利益的动机，通过影响地方政府政策制定的方式，也在一定程度上助长了针对所谓"外地人"的歧视性就业政策的形成，导致劳动力市场的分割。应当指出，这种扭曲劳动力市场的政策，实际上是城市偏向政策的一个组成部分①。

（3）性别歧视。通常来说，性别歧视是指一种性别成员对另一种性别成员的不平等对待，现实中尤其是指男性对女性的不平等对待。两性之间的不平等，造成社会中的性别歧视。同时，性别歧视也可用来指任何性别所造成的差别待遇。

与任何一种社会现象一样，职场性别歧视的形成原因也是多方面的，一般公认的原因主要包括以下几点。

第一，男性与女性的生理差异，是造成职场性别歧视的生物学原因。一位企业人力资源经理如是说："从企业的角度来讲，聘用女员工不是增加一个员工开支那么简单的问题，而是因为女员工休假造成的问题是一连串的，会产生连锁反应，导致企业流程受阻。并且，当女员工做了母亲之后根本不可能像之前那样投入工作，但企业对员工的要求就是百分之百地投入。"此外，由于女性的生理特点，企业一般不愿安排其单独出差，甚至连加个夜班还要考虑其回家路上的安全，这种由生理差异带来的问题常常让用人单位觉得"很麻烦"，也因此产生一种生理性的就业障碍与歧视。

第二，企业追求利益最大化与女性生育成本非社会化的矛盾，是造成职场性别歧视的现实原因。作为市场经济的主体，企业追求利益最大化是其增强竞争力、实现可持续发展的需要，也是市场经济的规律使然，因此企业在合法的情况下追求利益最大化本无可厚非。然而，这与女性生育成本的非社会化问题形成了矛盾。由于生育保险制度和其他相关制度发展的滞后性，现实中女性生育所需要的产假、产假工资以及生育过程中所产生的费用，很大一部分是由用人单位来负担的。

第三，社会文化传统的影响，是职场性别歧视存在的观念基础。尽管我国已经通过一系列立法，从法律和制度层面规定了男女平等，中国女性的社

---

① 中国改革开放以前劳动力市场的分割和扭曲，主要是出于重工业优先发展战略的内生要求，是通过一系列事先决定的制度机制形成和维持的。改革开放以来仍然存在并常常被强化的劳动力市场分割，则多反映了城市居民的利益要求，并主要通过地方政府的政策加以实现。

会地位也发生了巨大变化，但几千年男权社会所承袭下来的歧视女性的观念仍有巨大的惯性，影响着人们的意识和行为，这在就业市场中也有同样的体现。

第四，就业中买方市场的现状，使职场性别歧视进一步严重化。目前我国整体就业形势比较严峻，就业压力比较大。从总量来看，劳动力供大于求的矛盾十分突出，由此形成了十分明显的劳动力买方市场。这种劳动力供求严重失衡的状况使用人单位的选择范围扩大，在选择权增加和追求利益最大化的双重影响下，女性所面临的就业难度和就业歧视也日益增加。

第五，法律政策的缺失及执法不力。应当说，我国相关法律法规在确定立法宗旨、明确调整目标方面还是较为完备的，但缺乏可操作性和执行性。近年来，在就业过程中较为常见的公开歧视现象，如今正在转向"隐性化"。例如，现实中"不招女生"的字眼在招聘启事里已经越来越少见，但在实际录用时仍然存在"嫌女爱男"的现象，这就属于隐性性别歧视。

必须承认，中华人民共和国成立以来，在消除性别歧视、促进两性平等方面的成绩是有目共睹的。在就业男女平等、保障妇女权益方面，国家已出台了一系列法律法规，如劳动法、妇女权益保障法、《女职工劳动保护规定》等。其中，我国劳动法第 13 条特别强调女性享有和男性平等的就业权利，在录用职工时，除国家规定不适合女性的工种或岗位外，用人单位不得以性别为由拒绝录用女性或提高对女性的录用标准。尽管如此，现实中的就业领域里仍存在比较严重的性别歧视。许多用人单位为了回避劳动法所规定的不得解雇怀孕以及哺乳期女性的规定，不愿意聘用女性，或者对男女求职者采取不平等的聘用标准。在就业市场上，明确限制性别的招聘广告比比皆是。许多单位虽然表面上并没有对性别作出限制，但是一进入面试程序就搞"男性优先"。还有一些用人单位在女职工孕期采取"变岗变薪"等方式来侵害其合法权益。当然，从性别歧视的角度来看，目前比较突出的问题确实是女性在就业市场上所遭遇的性别歧视，但也有一些用人单位根据自己的意愿只招收女性或者女性优先，而这也构成对男性劳动者的歧视对待。

有学者提出，性别型就业歧视（主要指对女性劳动者的就业歧视）和户籍型就业歧视（主要指对农村劳动者的就业歧视）是中国就业歧视中最普遍和最严重的两类。

中央电视台和智联招聘网联合进行的一项调查显示，约有 74% 的求职者遭遇过就业歧视，而以性别歧视为首①。

（4）年龄歧视。在一些招聘广告中，经常可以看到有关年龄的限制性条件，如招收文秘人员，一般要求女性，年龄在 22~28 岁。同时，由于中国人口众多，就业结构呈现年轻化趋势，有的用人单位在招聘时规定了几近苛刻的年龄限制，将一大批年龄相对偏大的求职者排除在外，如现在社会上热议的"35 岁现象"②。还有的单位采用强迫的方法使达到一定年龄的员工自动离职或者退休，或者其达到一定年龄后，升迁就受到影响。例如，某些外资企业里存在一种年龄"天花板"现象，也就是说当员工年龄达到 30 岁或 35 岁时，其随时被解雇的风险就会大大增加。

关于用人单位采取年龄歧视的原因，笔者认为主要有以下几点。

第一，年轻人肯干好使唤。例如，有些招外贸跟单员的公司认为，外贸工作比较辛苦，中年以上员工恐怕难以胜任；招推销业务员的公司认为，业务员经常需要出差，年纪轻的员工可能比较合适。有的单位甚至为了配合主管的年龄而故意招聘一位比其年轻的文员，这样就不会出现"使唤不动"的问题。

第二，年轻人身体好、成本低。这也是用人单位愿意招聘年轻员工的重要原因。年轻职工体力好，不容易生病，可为单位节省成本。正如有用人单位所言："如今虽然是市场经济，养老医疗都是社会统筹，但如果员工不生病，则至少单位不必为他们支付病假工资。"

被称为"年龄歧视第一案"的当事人杨世建认为，自己因年龄超过 35 岁而被剥夺了平等权和就业权③。

当年，杨世建系四川大学在读法律硕士，准备报名参加 2006 年中央、国家机关录用考试（以下简称"公务员考试"）。2005 年 10 月 12 日，人事部在其网站上发布了《关于中央、国家机关 2006 年考试录用公务员和机关工作人员公告》，杨世建多次登陆并输入自己的注册信息后，报名系统的反馈却是："对不起，您的年龄不符合要求，不允许报考。"杨世建生于 1969 年 7 月 8 日，同报考规定期限 1969 年 10 月 15 日相比，超龄 97 天。正因为如此，他

---

① 单成志、姚一鹤：74%求职者遇到就业歧视 性别歧视首当其冲。见：http://www.chinanews.com.cn/sh/2010/12-07/2705391.shtml。

② 指一些用人单位在招聘员工时，将应聘者的年龄限定在 35 岁以下。

③ 王娜："年龄歧视第一案"：追问 35 岁以上公民的平等权和就业权。见：http://www.xici.net/#d32386699.htm。

无法完成报名，更无法参加考试。对此杨世建认为，就因为年龄刚过 35 周岁，连报名资格都没有，这很不公平，是对 35 周岁以上人群的歧视。

2005 年 10 月 31 日上午，杨世建通过邮寄诉状的方式向北京市第二中级人民法院提起行政诉讼，状告人事部拒绝受理他报名参加公务员考试。杨世建认为，人事部的做法违反了我国宪法关于"公民人人平等""公民有劳动的权利和义务"以及我国劳动法第 3 条之规定，侵犯了 35 岁以上公民的平等权和劳动权，构成就业歧视。

然而，在超过行政诉讼立案审查的 7 天时限之后，杨世建却仍然没有收到任何回复。于是，他又于 2005 年 11 月 15 日将起诉书寄往北京市高级人民法院。

事实上，本案中杨世建虽然针对人事部的具体行政行为而提起诉讼，但其指向却是 1994 年 6 月 7 日人事部发布的《国家公务员录用暂行规定》（以下简称"暂行规定"）。

该暂行规定第 14 条第 6 款对人员招录有如下要求："身体健康，年龄为 35 岁以下。"然而，我国宪法和《国家公务员暂行条例》都没有在公民法定劳动年龄内再加以年龄限制的规定，这就意味着只要是年满 18 周岁且没有到法定退休年龄、符合招录要求的我国公民，应当都有报考国家公务员的权利。

担任本案代理律师的四川大学法学院教授周伟认为，从维护国家统一性的角度来讲，如果要对公民的权利加以限制，应由宪法先行规定；宪法没规定的，应由法律来规定；法律没规定的，应由行政法规来规定。人事部只有国家公务员招录的组织权，对暂行条例规定的国家公务员资格只有解释权，但没有设定权。

此外，将公务员报考条件要求年龄限制在 35 岁，这是否合理？事实上，对具体年龄的限制须经立法听政程序讨论方可确定。2005 年 4 月 27 日，全国人大通过的公务员法并没有对年龄的硬性规定，这实际上就意味着放开对年龄的限制。我国公务员法第 23 条规定，担任公务员者除了要符合该法第 11 条的一般性规定之外，还应当具备省级以上公务员主管部门规定的拟任职位所要求的资格条件。这就是说，公务员招录中的资格条件应由聘用部门的具体要求而定，而非由人事部来加以普适性规定。此外，公务员法第 24 条规定了录用为公务员的排他性条件，其中第 3 款为"有法律规定不得录用为公务员的其他情形的"，而部门规章并不包括在内。

(5) 对包括"乙肝病原携带者"在内的患有传染性疾病或病原携带者的歧视。实际上，乙肝病原携带者的就业权问题由来已久，但直到发生"周一超案"① 这样的恶性事件后才开始引起全社会的广泛关注。数据显示，在中国有许多人都曾受过肝炎病毒的感染，其中约有 1.2 亿人是乙肝病原携带者。尽管医学专家已经明确指出，除了少数特殊行业外，慢性乙肝病原携带者可照常参加工作，但是不少单位在录用过程中还是通过设置相关的体检标准来限制乙肝病原携带者。应当说，从职业岗位的需求和劳动者自身权益保护的目的出发，设置一定的体检项目和相关标准是必要、合理的。但是现实中，从实现该目的所采取的手段与目的之间的关联性来看，这些项目和标准的设置合理性已受到了诸多质疑和批评。2002 年两会期间，周超凡（时任全国政协医药卫生界委员）联合 20 余位全国政协委员联名提交了《保护乙肝病毒携带者合法权益》的提案。2003 年 11 月中旬，我国首例"乙肝歧视"行政诉讼案由安徽芜湖新芜区人民法院受理。2004 年 4 月初，该法院作出初审判决，判决确认："被告芜湖市人事局在 2003 年安徽省国家公务员招录过程中作出取消原告张先著进入考核程序资格的具体行政行为主要证据不足。"但是，法院并未对《安徽省国家公务员录用体检实施细则（试行）》这一"一般性规范性文件"中的有关规定进行合法性审查。同年 11 月中旬，1 167 位我国公民向全国人大提交了对公务员体检中限制乙肝病原携带者的规定进行违宪审查的建议和相关立法建议。当然，限于当时的情况，这些行动和呼声并未引起实质性的改变。

这些年来，我国制定了一系列法律、法规以加强对乙肝病原携带者的保护，举例说明如下。

2007 年，劳动部制定了《关于维护乙肝表面抗原携带者就业权利的意见》。该文件明确提出要保护乙肝表面抗原携带者的就业权利。文件指出，除国家法律、行政法规和卫生部规定禁止从事的易使乙肝扩散的工作外，用人单位不得以劳动者携带乙肝表面抗原为理由拒绝招用或者辞退乙肝表面抗原携带者。用人单位在招、用工过程中，可以根据实际需要将肝功能检查项目作为体检标准，但除国家法律、行政法规和卫生部规定禁止从事的工作外，

---

① 2003 年 3 月，浙江大学应届毕业生周一超参加嘉兴市秀洲区公务员考试，因在体检时被查出乙肝"小三阳"而未被录取。周一超一怒之下将区人事局一名工作人员杀死，并刺伤一人。最终，周一超被法院判处死刑。

不得强行将乙肝病毒血清学指标作为体检标准。此外，要严格规范用人单位的招、用工体检项目，保护乙肝表面抗原携带者的隐私权；同时，各级各类医疗机构在对劳动者开展体检过程中也要注意保护乙肝表面抗原携带者的隐私权。

2008 年，《中华人民共和国就业促进法》实施。该法第 30 条规定："用人单位招用人员，不得以其是传染病病原携带者为由拒绝录用。但是，经医学鉴定传染病病原携带者在治愈前或者排除传染嫌疑前，不得从事法律、行政法规和国务院卫生行政部门规定禁止从事的易使传染病扩散的工作。"

2010 年，人力资源和社会保障部、教育部、卫生部联合发布《关于进一步规范入学和就业体检项目 维护乙肝表面抗原携带者入学和就业权利的通知》。该通知明确指出："各级各类教育机构、用人单位在公民入学、就业体检中，不得要求开展乙肝项目检测（即乙肝病毒感染标志物检测，包括乙肝病毒表面抗原、乙肝病毒表面抗体、乙肝病毒 e 抗原、乙肝病毒 e 抗体、乙肝病毒核心抗体和乙肝病毒脱氧核糖核苷酸检测等，俗称"乙肝五项"和 HBV-DNA 检测等，下同），不得要求提供乙肝项目检测报告，也不得询问是否为乙肝表面抗原携带者。各级医疗卫生机构不得在入学、就业体检中提供乙肝项目检测服务。因职业特殊确需在入学、就业体检时检测乙肝项目的，应由行业主管部门向卫生部提出研究报告和书面申请，经卫生部核准后方可开展相关检测。经核准的乙肝表面抗原携带者不得从事的职业，由卫生部向社会公布。军队、武警、公安特警的体检工作按照有关规定执行。入学、就业体检需要评价肝脏功能的，应当检查丙氨酸氨基转移酶（ALT，以下简称"转氨酶"）项目。对转氨酶正常的受检者，任何体检组织者不得强制要求进行乙肝项目检测。"为了保护体检者的隐私权，该通知还规定："除卫生部核准并予以公布的特殊职业外，健康体检非因受检者要求不得检测乙肝项目，用人单位不得以劳动者携带乙肝表面抗原为由予以拒绝招（聘）用或辞退、解聘。有关检测乙肝项目的检测体检报告应密封，由受检者自行拆阅；任何单位和个人不得擅自拆阅他人的体检报告。"

2011 年，卫生部办公厅发布《关于进一步规范乙肝项目检测的通知》。该通知规定："各级各类医疗机构在就业体检中，无论受检者是否自愿，一律不得提供乙肝项目检测服务。对非就业体检，受检者本人主动要求进行乙肝项目检测的，医疗机构除应当妥善保存受检者签署的知情同意书外，还应当制发独立于常规体检报告的乙肝项目检测结果报告。各级各类医疗机构出具的就业体检报告或者其他体检报告，无论体检费用是由受检者本人承担还是由受检者所在单位承担的，一律由受检者本人或受检者指定的人员领取。体检报告应当完全密封，并在显著位置注明本体检报告仅限受检者本人拆阅。"

2011 年，卫生部政务公开办公室公布《关于已核准的乙肝表面抗原携带者不得从事的职业的说明》。该说明指出，经卫生部核准的乙肝表面抗原携带者不得从事的职业和可以开展相关检测的行业如下。

第一，根据人力资源和社会保障部发布的《公务员体检特殊标准（试行）》规定，"乙肝病原携带者，特警职位，不合格"。

第二，根据《卫生部关于民航空勤人员体检鉴定乙肝检测调整意见的复函》要求，民航招收飞行学生时，可以保留体检鉴定乙肝项目检测。

第三，血站从事采血、血液成分制备、供血等业务工作的员工。根据《卫生部关于修订〈血站质量管理规范〉"8·4"条的通知》（卫医政发〔2010〕69 号）要求，血站应"建立员工健康档案。对从事采血、血液成分制备、供血等业务工作的员工，应当每年进行一次经血传播病原体感染情况的检测。对乙型肝炎病毒表面抗体阴性者，征求本人意见后，应当免费进行乙型肝炎病毒疫苗接种。"

现实中，对患有传染性疾病或病原携带者的歧视还包括对艾滋病患者的歧视。2010 年 10 月 13 日上午 9 时，我国首例艾滋病病毒感染者就业歧视诉讼案在安徽安庆市开庭审理[①]。

该案当事人是一位姓吴的应届毕业生，其想当老师，却因体检中"艾滋病检测呈阳性"而被安庆市教育局挡在门外。于是，吴某一纸诉状将安庆市教育局告上了法庭。此案中，反歧视公益机构——北京益仁平中心总协调人于方强律师成为吴某的代理人。据于方强律师介绍，本案庭审中重要的焦点在于：一是教师招考是否应采用公务员体检的标准；二是目前我们国内的公务员录用体检通用标准是否合理。

对于第一个问题，从现有的教师法、《教师资格条例》以及《〈教师资格条例〉实施办法》等法律、行政法规关于教师体检的规定来看，并没有规定教师招考必须采用公务员体检标准，这种采用公务员体检标准的做法多数都

---

① 中国之声《全球华语广播网》报道：我国首例艾滋病病毒感染者就业歧视诉讼案在安徽安庆市审理。见：http：//news.sina.com.cn/c/2010-10-13/115921266973.shtml。

是地方人事部门的要求。例如，我国教师法第 10 条规定："国家实行教师资格制度。中国公民凡遵守宪法和法律，热爱教育事业，具有良好的思想品德，具备本法规定的学历或者经国家教师资格考试合格，有教育教学能力，经认定合格的，可以取得教师资格。"其中并没有关于体检的明确要求。又如，《教师资格条例》的第 15 条规定："申请认定教师资格，应当提交教师资格认定申请表和下列证明或者材料：①身份证明；②学历证书或者教师资格考试合格证明；③教育行政部门或者受委托的高等学校指定的医院出具的体格检查证明。"当然，《〈教师资格条例〉实施办法》第 8 条明确规定："申请认定教师资格者的教育教学能力应当符合下列要求：具有良好的身体素质和心理素质，无传染性疾病，无精神病史，适应教育教学工作的需要，在教师资格认定机构指定的县级以上医院体检合格。"该办法第 13 条更强调："体检项目由省级人民政府教育行政部门规定，其中必须包含'传染病''精神病史'等项目。"从这一点来看，艾滋病属于传染病，患有该病的人不具备成为教师的资格。

对于第二个问题，根据我国《公务员录用体检通用标准（试行）》第19条的规定，患有艾滋病的人不具有成为公务员的资格。至于这一规定是否合理，目前在我国争论较大。这涉及权利冲突的问题，对于艾滋病患者来说，的确显得不公平，因为这在一定程度上侵犯了其平等就业权；但对于政策制定者来说也是不得已而为之，因为许多公务员在开展工作的过程中需要与公众广泛接触，如果其患有此类传染性疾病，确有可能对公众健康造成威胁或引起公众恐慌。同样，一些教育界人士认为，教师的工作和公务员有相似之处，因为他们要与大量学生接触，所以患有传染性疾病的人也不适合成为教师。

关于前述我国首例艾滋病病毒感染者就业歧视一案，最终法院认定两被告（安庆市教育局、人社局）在教师招聘中适用公务员录用体检标准并无不妥，其根据教师法对原告作出的拒绝录用决定符合法律规定，并由此驳回了原告的全部诉讼请求。此案宣判后，原告的代理机构——北京益仁平中心致信卫生部，建议从科学的角度明确艾滋病病毒感染者的从业范围。

事实上，无论结果如何，该案的出现必然引起人们对此类问题的关注和思考。这些问题的解决可能需要一个漫长的过程，需要有关各方和全社会的共同努力才能圆满、妥善加以解决。

此外，劳动者在就业过程中还会遭受其他各种类型的歧视，如经验歧视。在一些招聘广告中常常有对经验的要求，这使一些没有工作经验的人（如刚毕业的大学生）望而却步。其实，有些职位对经验的依赖并不多，员工只要经过短期的工作环境接触或者培训就可胜任。又如姓氏歧视。有媒体报道，一位经营布料的老板在招收营业员时拒绝录用一位裴姓求职者，原因是因为她的姓与"赔"谐音，对生意人来说不吉利。此外甚至还有血型歧视，如有公司在招收销售人员时要求血型必须为 O 型或者 B 型。

热点问题二：招聘单位和劳动者的知情权

【热点知识】目前，一些招聘单位在面试求职者以及与其协商的过程中，针对求职者所迫切希望了解的招聘单位的状况，采取的却是选择性策略，即往往只愿意告知工作岗位的基本情况、劳动报酬及基本福利状况，至于求职者也很关注的劳动条件、相关制度以及企业经营状况等问题，招聘单位往往含糊其词或概不回答。有的招聘单位甚至采取欺骗手段，以所谓的优厚物质条件等虚假信息来招聘其急需的员工。种种这些，实际上都侵犯了劳动者的知情权。

知情权这一概念最早由美国的新闻记者库柏在 1945 年的一次演讲中提到。所谓劳动者知情权，是指劳动者有权知道或者了解实现自己劳动权利的相关信息的权利。劳动者知情权之所以成立，有其社会基础和法律基础（即劳动者知情权的产生具有合理的社会和法律条件）：其社会基础是劳动者的弱势性，更确切地说是劳动者在信息的占有和获取上的弱势性；其法律基础是劳动权实现的需要。现实中，劳动者的弱势性在其作为个体与用人单位就缔结职业劳动关系进行磋商时即已产生。显然，面对一个完整、专业甚至有专门信息采集和整理部门的组织，劳动者的弱势性是显而易见的，而这也是提出并设置劳动者知情权的必要性所在。

我国劳动合同法第 8 条规定：用人单位在招用劳动者时，应当如实告知劳动者工作内容、工作条件、工作地点、职业危害、安全生产状况、劳动报酬以及劳动者要求了解的其他情况。这正是有关劳动者知情权的具体内容。该条款具体明确了两点。一是合理界定劳动者知情权的内容和范围，即对劳动者的重要知情权作出了列举性规定，而对用人单位的知情权则规定其只能了解与劳动合同有关的劳动者情况，以免侵犯劳动者隐私权。二是用人单位有告知义务，劳动者获得的有关信息必须是真实的。这表明，企业应以积极的态度来为劳动者提供真实可信的信息。

当然，如前所述，用人单位也有其知情权，因为用人单位也有必要了解劳动者的相关情况。为此我国劳动合同法规定，用人单位有权了解劳动者与劳动合同直接相关的基本情况，劳动者应当如实说明。这些基本情况通常包括本人基本身份信息、学历、就业状况、工作经历、职业技能、有无不良记录等。这是从权利和义务对等的角度予以规定的，劳动者在享有知情权的同时，理应向用人单位履行告知义务。从这个意义上讲，在劳动者知情权的概念中实则也包含用人单位的知情权。

【热点话题】 如何理解知情权的范围以及知情权与隐私权的边界？

【热点探讨】 从我国劳动合同法的规定来看，招聘单位和劳动者的知情权是有一定界限和范围的，双方只能向对方了解与签订劳动合同、工作岗位相关的事实和信息。这一关于知情权的界定与订立劳动合同的欺诈建立起了关联性，即如果负有提供事实义务的一方没有提供相关真实的事实和信息，致使对方在被蒙蔽的状况下签订了劳动合同，则负有提供事实义务的一方构成欺诈行为，双方签订的劳动合同亦可归于无效。

劳动者求职或者应聘时，究竟应该在什么范围内将自己的情况告知用人单位？诸如个人健康状况、婚姻状况、以往不良行为等，是否应当一一如实相告？这些问题还涉及如何对劳动者隐私权和用人单位知情权进行平衡的问题。

所谓隐私权，即个人秘密权，指自然人不被他人知道的、与公共利益无关的私人秘密的权利。如今，隐私权在很多国家已被法律规定为一种人格权客体。在我国，法律尚未明确规定隐私权。但是，这并不意味着我国法律不保护隐私，因而隐私作为一种人格利益是应该得到法律保护的。问题在于，法律对个人隐私的保护是有限度的。任何个人隐私都必须被限定在合法的、合乎公共道德准则和社会需要的范围内。

在劳动者应聘的过程中，劳动合同尚未成立，劳动关系尚未建立，因此这时劳动者的隐私披露义务是一种先合同义务。这些义务包括一定的信息披露义务，如个人健康状况、具备何种职业技能或职业准入资格、有无不良记录等。应当指出，劳动者的信息披露义务与用人单位的知情权是一体两面，即只要是在用人单位知情权范围之内的个人信息，即使属于个人隐私，劳动者也有义务披露。其中，有些个人信息是与劳动合同的履行直接相关的，如健康状况涉及工作能力，年龄涉及社会保险登记等，都属于双方意思表示的必要内容。这类信息既然涉及合同目的，劳动者自然有义务披露。如果劳动者未如实披露，就可能构成重大误解，甚至构成欺诈，将影响劳动合同的效力。

有些个人信息虽然与履行劳动合同无直接关联，但并不属于隐私。例如刑事处罚记录，如果此为法律规定或者用人单位在录用条件中特别要求披露的（如保安岗位），那么就可以认为这是用人单位对劳动者作出综合评价或是否符合录用标准的一种依据，基于诚实信用原则，只要用人单位要求了解这方面的情况，劳动者就无权隐瞒。

有些信息既与履行劳动合同无直接关联，又确属个人隐私，如与劳动能力无关的生理缺陷、女性的身材信息等，如果劳动者拒绝披露，用人单位能否以此为由拒绝录用呢？对此笔者认为，用人单位既然无此知情权，却乘招聘之机强迫劳动者披露，即属侵犯隐私的违法行为。

还有一个值得注意的问题是，用人单位对职工的某些隐私虽然有知情权，但没有披露权。劳动者与用人单位之间的权利义务关系具有相对性，只存在于双方当事人之间，与外界没有关系。这意味着劳动者隐私披露对象的特定性，即仅限于用人单位本身。如果用人单位予以泄露，则侵犯了劳动者的隐私权。用人单位对劳动者的隐私保护与劳动者对用人单位商业秘密的保护，于法律层面而言是具有同等地位的。诚然，用人单位的知情权总是需要通过特定的工作人员去行使的，但其他无关人员则无权接触劳动者的任何隐私。

热点问题三：违约金制度

【热点知识】 对于劳动合同中能否约定违约金这一问题，我国 1995 年起实施的劳动法对此并没有作出明确规定，这就使人们对这一问题的理解存在分歧。一种观点赞成在劳动合同中约定违约金，理由是劳动合同属于民事特别合同，是劳资双方意思自治的产物，在"法不禁止即自由"的理念下，应当允许双方约定违约金责任；另一种观点则从劳动法的社会法本质出发，认为不宜允许在劳动合同中约定违约金责任，否则会损害劳动法倾斜保护劳动者的本质。此类论争从彼时各地方的劳动立法中可见一斑。2008 年出台的劳动合同法则对违约金作出了规定。该法第 22 条、第 23 条、第 25 条规定，在劳动合同中约定了服务期和竞业禁止义务的情况下，允许约定由劳动者承担违约金的条款。这种规定表明了国家对约定由劳动者承担违约金的限制态度，同时对用人单位承担违约金责任则采取的是一种默许的态度。

为什么我国法律要对劳动者承担违约金的情形进行严格的限制呢？因为和其他一般的民事债务不同，劳动债务是不得强制履行的债务。所谓劳动债务，专指劳动者须向用人单位履行的、以提供劳动的形式所进行的给付。劳动债务不得强制履行有其深刻的哲学依据，对自然人平等的关怀、对人性的尊重、对人格尊严和人身自由的保护亦是现代法的使命。劳动债务的履行是劳动者通过利用自己的身体和智力来完成一定劳动的过程，带有强烈的人身性，是典型的人身债务，不得强制执行。

那么，能否因劳动者不履行劳动债务而对其适用违约金责任呢？从现行立法来看，对此通常是持否定立场的。基于对劳动者人格尊严的尊重以及劳动者弱势地位的倾向性保护，不得强迫劳动成为劳动法的重要的原则。从这个原则出发，劳动者有选择是否劳动的自由，雇主则不得任意解雇劳动者。因此，如果允许在劳动契约中约定劳动者不履行劳动义务适用违约金，则劳动者的解约自由权就被大大侵蚀了。也就是说，劳动者为了不承担违约金的责任，则必须忍受劳动的痛苦，这就形成了一种变相的"强迫劳动"，特别是在劳动力市场上资方处于绝对优势的情形下，劳动者为了获得一个谋生机会将不得不接受资方苛刻的劳动条件且不得辞职。可以想象，如果允许约定劳动者的违约金条款，则这种条款会迅速扩散到各种劳动合同之中，其后果将是非常严重的。

当然，如前所述，我国劳动合同法并非绝对禁止约定违约金，而是规定了约定服务期和竞业禁止义务等两种情形。这两种情形都是在用人单位承担了一定费用的前提下发生的，并且法律严格限制了违约金的金额数额。

【热点话题】劳动合同法生效前，劳动合同中约定的违约金条款是否继续有效？

【热点探讨】劳动合同法对违约金进行了严格的限制，但法律一般不溯及既往。对于那些在该法生效前订立的劳动合同中已经约定的违约金条款是否继续有效的问题，人们往往有不同的看法。我们先看下面这个案例。梁某于2007年3月份进入上海某外资公司工作，签订了两年期限的劳动合同，合同约定月薪为人民币5 000元，合同期限自2007年3月5日起至2009年3月4日止。劳动合同中约定了违约条款：乙方（劳动者）在合同期内提前解除劳动合同的，需向甲方（用人单位）支付违约金人民币 1 万元。工作了一段时间后，梁某觉得在此没有发展空间，想与单位解除劳动关系，跳槽至别的公司，但又担心要承担违约金，所以一直有顾虑，未向公司提出。2007 年 6 月 29 日，劳动合同法正式颁布，该法明确规定只有两种情况下劳动者才承担支付违约金的责任，即违反服务期约定及竞业限制义务。梁某看到此法的规定后，认为自己的情况不属于劳动合同法规定承担违约金责任的情况，双方为此发生了争议。

对于上述案例中所反映出来的问题，存在两种不同的看法。一种看法认为该约定继续有效。依据我国劳动合同法第 97 条规定：本法施行前已依法订立且在本法施行之日存续的劳动合同，继续履行。劳动合同法于 2008 年 1 月 1 日起施行，根据此条款的意思，需要注意以下几点：一是劳动合同在劳动合同法施行前已经订立；二是该劳动合同中的条款应符合签定时的法律规定，即根据当时的法律规定，条款合法有效；三是在劳动合同法生效时劳动合同期限尚未终止。既然劳动合同继续履行，那么其中规定的违约金条款并不违背订立时的法律，因而有效。另一种看法则认为上述约定应该无效，因为劳动合同法对于违约金的约定进行了严格的限制，属于强制性条款，而本案中双方约定的违约金条款显然不符合劳动合同法明确规定的两种情形，应属无效。

笔者认为，上述案例中的梁某不应向用人单位支付违约金。虽然该违约金内容是在劳动合同法生效前订立的，但该项约定已经延续到该法生效之后，其内容明显违反了法律的强制性规定，因而应认定为无效。劳动合同法第 97 条的规定，主要是指那些与该法没有冲突的事项可以在该法施行后继续履行。

热点问题四：员工背景调查

【**热点知识**】员工背景调查是对求职者的个人信息，包括身份、学历、工作履历进行核实和深入了解的过程，通常在企业招聘新员工或进行员工职位升迁时进行。员工背景调查在西方国家已很普遍，但在我国还是一个新兴事物。

招聘市场上虚假文凭、资质和工作履历等的泛滥以及各种欺诈行为的发生，是员工背景调查出现和兴起的主要原因。应当说，现实中求职者对其过往经历和工作业绩略作美化和修饰是一种比较普遍的现象，还有不少人在其教育背景中存在夸大其词的情况。随着竞争的日趋激烈，企业当然希望找到不需要经过培训即可直接工作的有经验员工，因而对求职者的要求也越来越高。从求职者的角度来说，为了找到更好的工作，他们也总会想方设法让简历这块敲门砖变得更"漂亮"。更有甚者，其简历不仅仅"注水"，还剽窃了他人的经历或成绩。这种不诚信的行为会给企业的正常招聘造成极大的负面影响，员工背景调查也正是在这样的情况下应运而生的。

所谓员工背景调查，就是通过各种正常、合法的途径，获得被调查员工的背景信息，并将所获得信息与被调查者提供的信息进行对比，以验证被调查者是否在求职过程中进行造假的一种有效手段。目前，员工背景调查已成为不少企业规避用人风险、聘用员工的重要参考和依据。

员工背景调查主要核实的内容包括以下几方面：身份信息验证、专业资格验证、学历信息验证、工作履历验证及工作表现鉴定、犯罪记录核实、薪酬范围核实以及其他各项须核实的内容，如驾驶证件核实、车辆记录核实、个人住址核实、法院数据库核实、媒体库核实、个人信用报告、企业基本信息报告、境外犯罪记录核实、境外信用报告核实、境外破产记录核实等。

【热点话题】我国员工背景调查中存在的问题

【热点探讨】员工背景调查在我国作为一项新兴事物，尚面临诸多问题，如何解决这些问题也成为大家关注的话题。对此可以借鉴一些国际成熟经验，并在此基础上逐步建立健全个人诚信档案，尊重被调查人隐私等相关制度，以促进这项颇具价值的工作的健康发展。

（一）我国员工背景调查中面临的主要问题

1. 调查过程中难以获得真实有效的信息

用人单位进行员工背景调查工作时经常会面临各种各样的困难，这些困难往往致使调查者难以获得真实有效的信息，具体表现在以下三个方面。

（1）员工对背景调查缺乏正确客观的认识。在我国，员工背景调查作为新兴事物尚未被人们所广泛认识和了解。员工背景调查刚在我国出现时，一些单位和员工对此项工作不了解或认识不全面，甚至有一定的认识误区，于是存在不愿配合甚至阻碍调查的现象，如遇到调查前任员工或原同事的情况时，不愿提供信息或者提供一些模糊甚至无效、虚假的信息。再加上顾及今后关系等问题，有的人生怕给出客观评价而使被调查人失去工作机会，往往会从正面角度评价被调查人，而对其缺点及需要改进之处等一般不愿过多评价，以免给自己惹麻烦。

（2）人才跳槽频繁、流动性大、信息更新不及时。越优秀的人才往往越不安于现状，当他们在当前单位上升到一定职位时，如果认为其已经不能为自己提供更大的发展空间或更高的薪资时，就容易考虑跳槽。频繁的职位变动也为员工背景调查工作的开展带来了很大的难度。此外，目前大部分员工档案都由国有单位或人才中心保管，也容易发生档案变更不及时的情况。

（3）很多单位对已离职员工人事信息的保管制度不完善、不健全。现实中，有些单位对其在职、在编员工的档案保管比较完善，但是对已离职的员工档案或信息往往保留不完全甚至不作保留，因此对于调查者想要核实的不少情况（如被调查者在原单位的工作履历等）无法提供客观、准确的人事信息。

2. 员工背景调查因可能存在侵犯当事人隐私权的问题而引发争议

在核实被调查者工作履历的过程中，可能会遇到前雇主或有关人员对跳槽人员进行恶意毁谤等行为。此时，如果调查不够全面详尽，就容易导致错误的调查结论，不仅会影响被调查者的入职，而且有可能触犯法律。对于员工背景调查中的薪资情况、在原单位的违规违纪行为及劳动争议等内容的核实涉及员工隐私问题，因此掌握好问题的尺度并提前对候选人做好解释和说明，是员工背景调查工作中应注意的问题。在美国，被拒绝的应征者有权要求查阅雇主所收集的背景资料，若发现其中对自己有不实或诋毁之处，可以依法控诉雇主以及提供资料的个人或单位。

3. 缺乏完善透明的调查渠道

目前，我国尚未建立起完善健全的诚信查询系统，对员工诚信的监管力度不够；对诸如个人信用记录、犯罪记录等信息的查询则要花费调查者许多的人力、财力和物力。反观一些发达国家，一般都会给员工建立职业记录。求职者若向雇主提供虚假信息，录用后被发现的，不仅将受到处罚甚至辞退，而且将被记入职业记录，对其整个职业生涯将造成巨大甚至毁灭性的影响。

4. 调查费用较高

有数据显示，在我国要调查一名员工的背景，根据核实项目的不同，所需费用从数百、上千元到几万元不等。由于我国尚未建立起比较完备的员工信息系统，因此核实各项信息时需要通过各种不同渠道方可获得，这大大提高了员工调查的成本。

（二）美国员工背景调查的发展状况

"他山之石，可以攻玉"。接下来以美国为例来了解一下其员工背景调查工作的开展状况，这对促进此项工作在我国的发展和完善或有一定的借鉴价值。

1. 员工背景调查产生的背景

（1）"雇佣过失"（negligent hiring）的法律诉讼日益增加。美国法律规定，如果雇员的行为伤害了第三人，雇主或要承担责任。这种法律风险促使雇主提高了警惕，调查清楚求职者的过往状况就显得极其必要。因为雇主清楚地知道，一项错误的聘用决定可能对公司财务造成无可弥补的巨大损失，也可能对公司声誉造成恶劣影响；人事负责人也担心这种错误决定会危及自己的职业生涯。因此，雇主不再仅仅依靠自身的识人、雇人能力，而更愿意以外部专业机构的客观调查结果作为招聘依据。

（2）不稳定的社会现状使企业方有严重的不安全感。例如，近年来不断出现的虐待和诱拐儿童事件几乎使美国各州都开展了加强这方面管制的立法，这就要求企业必须对申请与儿童工作有关的求职者进行员工犯罪方面的背景调查。2001 年的"9·11"恐怖袭击，使雇主对待聘员工的安全和身份确认更加重视；2002 年，当安然公司等企业的重大丑闻曝光后，不少企业主管甚至对其自身职业和私人生活的安全性都高度警惕起来，这种情况前所未有。种种不稳定的社会现状使雇主对员工的筛选条件越发严苛，员工背景调查也由此成为招聘工作中的重要参考和依据。

（3）求职申请中充满造假或夸张的情况。据统计，在美国求职者提供的求职申请表和履历中有 30% ~ 40% 存在造假或夸张的成分，这些情况通常出现在对学历的造假之中。例如，求职者提供的是不为本国所承认的国外学历，或参加了某项培训（但培训机构并无颁发学历的资格）而将培训经历作为学历来提供；求职者对于工作经历的夸张，通常表现为夸大了自己在过去工作中的重要性或取得的成绩。类似情况的频频出现，使雇主很难相信求职者本人所提供的材料。

2. 员工背景调查涉及的相关内容

（1）员工背景调查的主要内容。在美国，员工背景调查的内容五花八门，从社会安全号码（SSN）到求职者的过往经历和熟人的详细材料等，都可以成为调查内容。以下是美国的背景调查报告中可能包括的一些内容，其中许多来自其政府部门提供的公开材料，包括但不限于驾驶记录、车辆登记、信用记录、犯罪记录、社安号、教育记录、法庭记录、员工赔偿、破产记录、介绍人名单、邻居面谈记录、医疗记录、财产所有权、从军记录、州执照记录、毒品测试记录、以往的雇主、个人介绍人、监禁记录以及性罪清单等。

（2）员工背景调查禁止的范围。美国于1971年4月实施的公平信用报告法案（The Federal Fair Credit Reporting Act，FCRA）奠定了对雇员调查的全国性标准。FCRA所规范的对象主体是消费者信用报告机构和信用报告的使用者（如银行、贷款机构等），各州可能另有其他规定。根据FCRA的规定，员工背景调查报告被称为"消费者记录"（consumer report）。对于消费者资信调查报告中的负面信息，在经过指定年限后，可以在资信调查机构的调查报告上予以删除。该法案同时明确规定以下信息不许出现在消费者记录中：超过10年的破产记录，超过7年的偷漏税记录、刑事诉讼记录、债务追缴记录及其他负面信用信息（被定罪的犯罪除外），具体规定可向所在州的劳工部门或消费者权益部门咨询。

有些信息，如教育记录、从军记录、医疗记录等，即使有助于雇主作出是否雇用的决定，但根据FCRA的规定，雇主获得这些信息时必须事先得到被调查者的容许。此外，雇主在与求职者面谈时不得涉及诸如年龄、婚姻状况以及具体的心理测试等方面内容。

3. 员工背景调查工作的实施情况

在美国，由于员工背景调查机制相对健全且调查成本合理，有些公司在招聘过程中完全有能力通过其人力资源部门开展员工背景调查，当然也有许多公司本身就是专门从事员工背景调查的。一些规模较大的公司可能与第三方员工背景调查机构有长久的合作关系，有的甚至有其自己的调查公司来进行雇员筛选。当然，对于某些关键岗位或高层岗位的员工背景调查，通常还是会交给专业的第三方公司，以保证员工背景调查信息的完整性和专业性。

（三）对在我国开展员工背景调查工作的改进思路与建议

1. 建立健全个人诚信档案

国家有关部门应建立健全个人诚信档案，从根本上杜绝作假。用人单位对入职前员工进行背景调查，目的是找到合适、优秀的人才，规避用人风险。对此，应由国家出面，将个人的信用信息与公安机关的身份及犯罪信息联系起来，并与所在学校联系起来，建立全面完善的诚信档案。同时，可借鉴国际经验，建立行业联盟，对于在职业操守和道德品质上存在问题的员工，在一定期限内将其列入行业黑名单，等等。通过这样的方式，在各项信息之间建立联系，从法律和道德上对求职者起到约束作用。此外，应对各种学历造假问题加大打击力度，形成一种"现在造假，影响将来"的风气，使求职者严格约束自己，从根源上杜绝学历造假。

2. 制定相关法律保护被调查人的隐私权

借鉴国际经验，我国应明确立法以规范和约束员工背景调查工作的展开，应明确规定其核查范围及各项标准，对于触及被调查人的隐私权的行为应加以限制和禁止，同时明确规定侵犯个人隐私所应承担的法律责任。在员工背景调查工作中，应要求证明人真实、准确反映情况，不得作主观臆断和猜测，并应要求调查人员弄清证明人提供的信息是否存在诽谤或诋毁。在向证明人了解信息时要尽量保留证据（包括书面文件或录音资料等），同时应保证不泄露任何涉及被调查人隐私的相关信息。

3. 规范调查程序以保证调查结果客观真实

在验证员工工作履历时，应保证至少调查两位证明人，并且要确认被调查人所提供的证明人是否属实；当两位证明人对被调查人的评价存在较大差异时，应寻找第三证明人，以确定信息的真实性；若仍存较大差异，则应继续找证明人以核实信息。这种不断扩大调查广度的做法，能够有效避免证明人提供信息的主观性导致的调查结果不够客观真实的问题，当然这需要调查者有准确的判断力和强烈的责任心。

总之，对我国大多数用人单位来说，员工背景调查还是一个新生事物，对其的接受需要一个较长的时间和过程。相信随着个人诚信体系的不断健全、完善以及相应法律规范的建立，员工背景调查将不断凸显其在用人单位管理中的重要性，从而获得越来越多的认可。

热点问题五：劳动合同无效问题

【热点知识】一般来讲，劳动合同一旦订立，任何一方都必须认真执行。但是，如果一方在订立劳动合同过程中采取了不诚信的手段，这种情况下签订的劳动合同就不具有法律效力，另一方也因此可以要求当地劳动争议仲裁委员会或人民法院认定该劳动合同无效。那么，哪些不诚信的行为会导致劳动合同无效呢？根据我国劳动合同法的规定，导致劳动合同无效有很多条件，其中之一便是当事人一方以欺诈手段签订的劳动合同。

何谓欺诈？欺诈是指当事人一方隐瞒或歪曲事实真相，致使对方当事人信以为真，从而同意签订劳动合同。

【热点话题】 如何理解构成欺诈的条件和要素？怎样界定"隐瞒或歪曲事实真相"？

【热点探讨】 下面通过几个相关案例加以讨论。

案例1：宋女士被某印刷厂招用为激光照排工人，该岗位的任务是校对错别字，要求视力为1.2以上。体检时宋女士视力为1.5，符合条件并被录用。但其上岗后经常因视力问题而导致误差，该厂便要求宋女士进行复查，复查结果显示其视力仅为0.2。

案例2：李女士被某单位招用后一个月即向单位提出她怀孕了，要求工作照顾并享受有关生育待遇。但其单位对此事感到有些突然，因为当初李女士在求职登记表"婚姻状况"一栏中所填内容为"未婚"，并且单位通过调查发现其结婚证是在其填写求职登记表之前一年领取的。不仅如此，李女士在求职登记表的"备注"栏里还专门声明："本人所填写上述内容真实有效。"

案例3：刘先生于1987年不慎从楼梯上滚下来摔伤，并在医院做了右肾切除手术，术后恢复健康。1993年8月，刘先生得知中国银行某支行招工的信息，就报了名。刘先生填写的体检表中载明，"既往病史"栏为"无残"，"腹腔脏器"栏为"正常"。于是双方签订了劳动合同。事后刘先生被人举报，单位认为其存在"生理缺陷"且有欺诈事实，主张该合同无效。

案例4：2008年9月，卢某到临沂某超市应聘工作，双方签订了劳动合同。合同约定，自2008年9月15日至2010年9月14日，卢某担任超市保安，月工资为1 000元。其中第17条约定，卢某有下列情形之一的，超市可以解除劳动合同，并不给其任何补偿："……提供虚假个人信息和身份证明、履历、学历、职业资格、健康证明、医疗证明等材料的。"2009年5月6日，超市以卢某有过犯罪记录而在入职档案中隐瞒了处罚资料为由，作出辞退卢某的通知，同时未给予卢某任何经济补偿。卢某与公司协商无果，便向当地劳动争议仲裁委员会申请仲裁，要求公司支付其解除劳动合同的经济补偿。

上述几个案例的裁决结果是：

案例1中，宋女士在入职体检时让与其长相完全一样的双胞胎妹妹顶替其参加体检，由于其妹妹视力较好而通过了体检。劳动争议仲裁委员会认定宋女士对用人单位有欺诈行为，从而认定双方签订的劳动合同无效。

案例2中，李女士没有被劳动争议仲裁委员会认定为欺诈，原因是其婚姻状况不属于用人单位所必须了解的事项，且其婚姻状况与工作没有必然联系，不会对其应聘的工作构成影响。

案例3中，刘先生没有被劳动争议仲裁委员会认定为欺诈，理由是缺少一只肾并不影响其担任银行会计的工作。

案例4中，卢先生被劳动争议仲裁委员会和人民法院认定为欺诈，理由是庭审中超市提供了法院的刑事判决书及任职申请表，证明卢某曾于2005年10月22日因寻衅滋事罪被法院判处有期徒刑1年，缓刑2年，但其在任职申请表"受过何种奖励或处分"一栏中却没有填写。法院审理后认为，卢某的行为已构成欺诈，根据劳动合同法第26条的规定，因欺诈而订立的劳动合同属于无效合同。因此，超市有权解除劳动合同且不需要支付经济补偿。

从欺诈的定义以及上述四个案例的结果来看，在劳动合同无效的原因认定中，构成欺诈的条件和要素包括以下三个方面。

第一，欺诈方所隐瞒或歪曲的事实必须是受欺诈方知情权范围内的事实。

第二，欺诈方隐瞒或歪曲的事实必须是与所签订的劳动合同相关的事实。

第三，欺诈方隐瞒或歪曲的事实必须是与所任职的行业和岗位相关的事实，即该事实能反映本行业或岗位的特殊要求。

第二节　劳动关系存续期间的劳动争议案例

在劳动关系成立后的存续期间，劳动者与用人单位由于利益的差异以及对于法律制度的不同理解等原因，常常会产生诸多争议，加之劳动关系所具有的社会性特征，这些争议又往往会造成一些社会热点问题。对劳动关系存续期间的这些热点问题的剖析，应从现实的角度出发，分析其表现形态、形成原因以及改进措施，从而形成劳动关系领域的有效理论。

一、克扣、拖欠工资的问题

工资是劳动关系建立、维持、延续、终止的重要因素。因此工资条款是劳动合同的必备条款，通常也是劳动合同中最重要的条款，用人单位与劳动者建立劳动关系，须先就工资支付问题达成一致。应该说，在工资支付问题上，国家法律的规定是十分明确的，然而工资问题仍是现实劳动关系中出现问题最多的领域之一，具体体现在以下几个方面。

第一，违反最低工资规定。有的用人单位凭借其强势地位，向劳动者支付的工资低于当地最低工资标准，这方面的受害群体主要是一些文化水平不高的工人和进城打工的农民工。

第二，违反货币支付规定，以实物代替货币发放工资。现实中这方面的违规行为主要包括两种情况：一是直接实物工资，二是间接实物工资。例如，某宾馆规定，员工的部分工资以本宾馆住房优惠券的形式支付。应当指出，不论是直接实物工资还是间接实物工资，显然都是与劳动法相抵触、相违背的。

第三，违反按月支付工资的规定。

第四，拖欠或克扣工资。无故拖欠或克扣工资均是严重的违法行为。如前所述，这种违法行为的社会后果也十分严重，常常导致一些员工采取过激行为来追讨薪水，有人因此将这种拖欠或克扣工资的违法行为称为社会公害。

第五，不依法支付加班工资。我国劳动法第44条规定，用人单位安排劳动者延长工作时间的，支付不低于工资的150%的工资报酬；休息日安排劳动者工作又不能安排补休的，支付不低于工资的200%的工资报酬；法定节假日安排劳动者工作的，支付不低于工资的300%的工资报酬。然而，现实中一些企业通常以实行不定时工作制为由不给员工计算加班工资，一些企业则以某个远低于员工月薪的工资标准为基数来计算加班工资，一些企业甚至以其所在地区最低工资标准或者最低生活费标准为基数来计算员工的加班工资。显然，这些不支付或者不足额支付加班工资的做法也是与劳动法相违背的。造成当前工资领域问题的原因很多，概括起来主要有以下几个方面。

首先，市场竞争日趋激烈，当企业经济效益或者预期经济效益不佳时，一部分企业为了生存，不惜采取拖欠甚至克扣员工工资等违规手段来降低成本。

其次，社会诚信制度和信用体系尚不够健全，那些在支付员工工资方面存在违法行为者所应承担的法律和道德成本不高。

再次，有关部门的监管缺乏力度，司法机关介入不多，加之相关行政机关权限受限且力量不够，而违法群体又十分庞大，在"法不责众"的文化心理下往往造成监管流于形式。

最后，劳动者依法维权的意识明显不足。

二、就业弱势群体的保护问题

当前就业市场上的弱势群体主要由三类人员组成：下岗人员、失业人员和进城谋生的农民工。随着就业弱势群体的增加、影响面的扩大，社会问题不断增多，保护弱势群体劳动权益的呼声也越来越高。1997 年以来，我国国有企业累计下岗约 2 600 万人，虽然其中大部分已经重新找到了就业岗位，但仍有一部分下岗、失业人员成为再就业困难的劳动关系主体，在劳动力市场上明显处于弱势地位。造成这种情况的原因，主要包括以下五个方面。

第一，年龄偏大。据统计，目前大部分下岗、失业人员都有 15 年以上的工龄，其基本年龄是女性 40 岁以上，男性 50 岁以上，即所谓的 "4050" 人员。在日趋年轻化的劳动力市场上，他们已经失去了年龄优势。

第二，技能不高，有的甚至谈不上有什么技能。

第三，文化程度较低，据统计很大一部分下岗、失业人员只有初中左右的文化水平。

第四，身体条件差，不少下岗、失业人员还患有各种慢性疾病。

第五，就业观念跟不上形势，现实中工资收入的高低往往是这些就业弱势群体选择就业的最主要动力。

随着企业改革的不断深化，下岗、失业人员有可能进一步增加。如果社会不为其创造相对稳定的就业环境，他们很可能会因无所事事、生活无着而出现各种问题，甚至违法犯罪，从而加剧社会的不稳定性。此外，随着城市化进程加快和城乡就业壁垒的打破，越来越多的农业剩余劳动力进入城市寻找就业机会，据统计我国大约有 1.5 亿农村富余劳动力有转移进城谋求工作岗位的需要。这些农民工除了技能偏低、就业能力弱等特点外，相比下岗、失业人员，其文化素质偏低、法治意识不足等情况更为严重。

三、企业重组所引起的劳动关系变化问题

当前，企业之间并购重组的现象越来越多，变更用人单位的情况也随之增加。用人单位的分立、合并不仅牵涉到资金以及各种有形、无形资产的优化组合，而且牵涉到劳动力这种特殊资源的优化配置，并由此牵涉到劳动关

系的变更。不仅如此，劳动关系的变更还常常被用人单位用来作为分立、合并的前提。例如，一些企业因通过正常途径裁人有一定难度，因此采取单位合并、分立等方式来实现人员的精简；有些企业则在分立、合并的过程中随意变更职工的工作岗位，硬性安排下岗，甚至强行解除劳动合同。

上述做法显然有失妥当和公允。那么，如何来处理用人单位变更过程中的劳动关系问题呢？我国现行法律对此尚无明确规范，只是在有关法律法规中规定了一些基本原则。例如，对企业合并、分立作出了如下规定：企业法人分立、合并的，其权利义务由合并、分立后的法人或者企业组织承担；分立后的法人或者其他组织，对分立前的权利、义务享有连带债权，承担连带债务。

此处所指的连带债权、债务当然包括与员工建立的所有劳动法律关系中的权利和义务。根据这一原则，在处理用人单位变更过程中的劳动关系问题时，可以采取以下三种方式。一是劳动合同由合并、分立后的用人单位继续履行。例如，甲厂和乙厂合并为丙厂，甲厂和乙厂的民事主体资格消灭，此时甲厂和乙厂的员工可以要求丙厂履行原劳动合同。二是经劳动关系双方当事人协商一致，劳动合同可以变更或者解除。三是协商不成的，原劳动合同继续履行。例如，甲厂分立为乙厂和丙厂，甲厂民事主体资格消灭，此时原甲厂的员工可以分别要求乙厂或丙厂继续履行原劳动合同，如果能协商一致，也可以解除原劳动合同，否则乙厂和丙厂不得以分立为由拒绝原甲厂员工履行原劳动合同。可见，企业分立、合并是为了增强企业的竞争力，妥善处理与员工的劳动关系不仅有助于企业树立良好的社会形象，而且有助于企业改善与员工的关系，赢得员工的真心拥护，因此从根本而言，这有助于增强企业的核心竞争力。

四、劳动关系与商业秘密保护的问题

随着市场机制的不断确立，劳动关系的动态性、灵活性、短期化趋势日趋明显，这种动态、不稳定的劳动关系像一把双刃剑，在给劳动关系双方带来便利的同时，也在一定程度上对劳动关系双方的利益造成了风险和威胁，其中对用人单位商业秘密的威胁最为明显，主要表现在以下方面。一是人才流动带走商业秘密，主要表现为掌握企业商业秘密的技术人员、营销人员或管理人员等被竞争对手聘用后，反过来与原企业进行竞争。二是员工兼职泄

露商业秘密。掌握企业商业秘密的工程技术人员、管理人员等利用自己的一技之长为外单位提供有偿服务，从而对原单位的商业秘密构成威胁。三是泄露商业秘密谋取私利。掌握商业秘密的人员，为了个人私利，故意泄露其所在单位的商业秘密。四是离退休人员泄露商业秘密。掌握商业秘密的员工离退休后被其他单位聘用，从而利用其掌握的管理信息、技术信息、商品信息等谋取私利。那么，针对当前劳动关系的特点，如何强化商业秘密保护工作呢？

首先，在建立劳动关系之初要加强对员工的保密教育。根据员工的职业特点和职业发展需求，特别是对可能涉及企业商业秘密的员工，要将有关商业秘密保护的培训作为其岗前培训的重要内容，提高其保密观念，增强其保密意识，使其知悉保密制度和单位纪律，促使其自觉为保守本单位的商业秘密尽到责任和义务。

其次，在与员工签订劳动合同的同时附加保密条款或保密协议，这也是法律所允许的。我国劳动法第22条规定，劳动合同当事人可以在劳动合同中约定保守用人单位商业秘密的有关事项；第102条规定，劳动者"违反劳动合同中约定的保密事项，对用人单位造成经济损失的，应当依法承担赔偿责任"。可见，保密条款或保密协议起到了"丑话说在前头"的作用，一旦劳动者发生侵犯商业秘密的违约行为，用人单位只需举证合同即可，从而对其自身权益的维护就显得十分便捷。

最后，对于涉及商业秘密较多的重要岗位的劳动者，用人单位还可以采用竞业限制措施。所谓竞业限制，是指用人单位与员工在劳动合同中约定：禁止掌握本单位商业秘密的员工在一定期限内到与本单位有竞争业务关系的单位工作。我国劳动合同法规定，用人单位与掌握商业秘密的员工在劳动合同中约定保守商业秘密有关事项时可以规定，掌握商业秘密的员工在与其终止或解除劳动合同后的一定期限内不得到生产同类产品或经营同类业务且有竞争关系的其他用人单位任职，也不得自己生产与原单位有竞争关系的同类产品或经营同类业务。与此同时，用人单位应当给予此类职工一定数额的经济补偿，但应注意以下三点：一是竞业限制仅限于确实掌握本单位商业秘密的员工，限制其与本单位有竞争关系的其他单位发生联系，而对其他员工则一般不作此类要求；二是竞业限制期限一般不超过两年，具体时间由用人单位与劳动者共同协商确定；三是设立竞业限制应当给予劳动者一定数额的经济补偿，补偿标准根据行业特点与劳动者共同协商确定，现实中给予劳动者一定的经济补偿是竞业限制是否成立的前提。可见，设立竞业限制是非常重要的，同时也是最为严厉的一种保护商业秘密的措施，因为它对劳动者的自由择业权作出了限制。给予劳动者一定数额的经济补偿，是对劳动者放弃从事竞争性业务的一种回报。总体而言，用人单位在设立竞业限制条款时应慎重考虑。

五、企业规章制度的合法性问题

规章制度是企业经营管理者经营理念和管理意识的集中体现，属于企业文化的范畴。订立规章制度是法律赋予企业的权利，也是企业用工自主权的重要体现。那么，企业制定的规章制度是否都能有效地约束员工呢？答案是：不确定。因为法律在赋予企业制定规章制度之权的同时，为防止其滥用此权而导致员工合法权益受损，专门设定了相应的限制条件。例如，对于用人单位制定劳动规章，规范日常工作秩序和职工奖惩这一行为，我国劳动法第89条规定：用人单位制定的劳动规章制度违反法律、法规规定的，由劳动行政部门予以警告，责令改正；对劳动者造成损害的，应当承担赔偿责任。可见，企业制定的规章制度要具备合法性，具体包括以下三个条件。

第一，规章制度的内容要合法，即规章制度应符合现行法律法规和社会公德。符合则有效，不符合则无效。例如，某公司制定了一项规章制度，规定女员工25岁之前不得结婚，30岁之前不得生育。该规章制度明显违反了我国婚姻法的规定，应属无效。

第二，规章制度的制定程序应符合民主程序的要求，即用人单位制定的规章制度须经职工大会或者职工代表大会讨论通过。经过以上民主程序则有效，否则无效。

第三，规章制度制定后须公示，即规章制度出台后应当公开告知员工。告知了员工则有效，否则无效。

以上三个条件必须同时具备，缺一不可。缺少其中任何一个条件而制定的规章制度，无论是从法律依据还是从实际操作角度来说，都不可能起到有效约束员工的作用。为此，用人单位应该建立起一套符合国家法律法规，在适合自身特点的同时又符合国际惯例的规章制度，这也是用人单位能否对内取信于员工、对外取信于社会公众的重要标志。以企业为例，要做到这一点，可以采取以下措施。

第一，加强对员工特别是管理层员工的法律培训，树立依法治企、依法经营管理的意识，特别要加强对员工的劳动法以及涉及劳动关系处理的行政法律法规的培训。

第二，加强对企业已有规章制度的法律审查，尤其是对那些涉及员工切身利益的规章制度，如薪酬管理制度、员工奖惩制度、劳动合同管理制度等，并应根据国家法律法规的调整适时进行修正。

第三，在企业内部成立相应的法律部门，加强对国家法律和国际惯例准则的研究，并把对规章制度的经常性法律审查职责作为一项重要职责明确下来。

此外，企业还可以借助外脑的力量，聘请社会专业机构协助建立和完善自身的规章制度体系。这样既可以保证企业规章制度的合法性、权威性，还可以保证企业规章制度的理念先进性、视野全球性，适应企业国际化经营的需要。

热点问题六：同工同酬

【热点知识】所谓同工同酬，是指用人单位对于技术和熟练程度相同的劳动者在从事同种工作时，不分性别、年龄、民族、区域等差别，只要其提供了相同的劳动量，就能获得相同的劳动报酬。同工同酬体现了两个价值取向：一是确保贯彻按劳分配这个大原则，即付出同等劳动应得到同等的劳动报酬；二是防止工资分配中的歧视行为，即要求同一单位在同样的劳动岗位、同样的劳动条件下，对不同性别、不同身份、不同户籍或不同用工形式的劳动者，只要其提供的劳动数量和劳动质量相同，就应给予其同等的劳动报酬。

我国劳动法第46条规定：工资分配应当遵循按劳分配原则，实行同工同酬。具体而言，根据我国相关法律制度的规定，实行同工同酬的条件包括三个：一是劳动者的工作岗位、工作内容相同；二是其在相同的工作岗位上付出了与别人同样的劳动工作量；三是同样的工作量取得了相同的工作业绩。

关于同工同酬的内容，主要包括以下方面。

第一，男女同工同酬。然而，现实中在劳动报酬分配上的性别歧视由来已久，并且现在仍很普遍。

第二，不同种族、民族、身份的人同工同酬。遗憾的是，直至今天，某些国家和地区仍存在这种分配歧视。反观我国，自中华人民共和国成立以来，已基本消除了这种歧视现象。

第三，地区、行业、部门间的同工同酬。由于各地的经济水平与生活水平差异很大，各个行业、部门的特点也有所不同，因此存在地区、行业、部门间"同工不同酬"的现象。

第四，用人单位内部的同工同酬。这也是同工同酬中最重要的内容，即在同一用人单位中从事相同工作、付出等量劳动且取得相同劳动业绩的劳动者，有权获得同等的劳动报酬。

需要强调的是，同工同酬作为一项分配原则也有相对性。也就是说，相同岗位的劳动者之间也有资历、能力、经验等方面的差异，因此劳动报酬只要大体相同就不违反同工同酬的原则。

尽管我国法律对于同工同酬有明确的规定，如劳动合同法专门规定被派遣劳动者享有与用工单位的劳动者同工同酬的权利，但现实生活中违反这一制度的做法仍很普遍，即劳务派遣工和正式职工的同工不同酬问题。有的被派遣劳动者与正式工干一样的活，劳动报酬却低很多，显失公平。在一些企业中，劳务派遣工与正式工的基本工资甚至相差30%~40%。不仅如此，这些劳务派遣工看病也要自费，且没有病假、探亲假等；不论他们表现如何，都不能参与评优评先；他们没有疗养、休养的权利，也不能申请困难补助。在缴纳社会保险方面，劳务派遣工与正式工也有差别，正式工的社会保险是按照企业上年度平均工资的标准缴纳的，而劳务派遣工的社会保险是按照当地最低工资标准缴纳的。有的用工单位将劳务派遣工的工资待遇和劳务派遣单位的管理费一并交给劳务派遣单位，再由劳务派遣单位根据自己的薪酬制度确定劳务派遣工的工资待遇，这种情况下显然无法做到劳务派遣工与正式工的同工同酬。实际上，用工单位大量使用派遣员工，一个重要的原因就是派遣员工工资水平较低，且没有正式员工的福利，这样可使人工成本大大降低。应当指出，被派遣劳动者享有与用工单位的劳动者同工同酬的权利，这不仅是一个法律问题，而且是一个社会问题。

不仅如此，农民工或临时工与正式工长期以来也存在同工不同酬的情况。以电力行业为例，20世纪90年代我国进行电力改革时，不少用人单位成立了多种经营公司，将富余人员从主业精简出来从事副业，如旅行社、宾馆、物业、培训等。主业用人都是编制内的正式员工，副业用工除编制内的正式员工外，还有公开招聘的人员，后者与用人单位签订有社保的正式劳动合同。此外，还有大量的临时工。临时工主要从事检修、门卫、绿化、保洁等工种。与他们同一岗位、做同样工作的正式职工，不用担心丢掉"铁饭碗"，月薪、奖金也较高，还能享受住房公积金等各种优厚的福利待遇。反观有些临时工，他们的工作量比正式员工多得多，并且不少人干得比正式工还好，但每月只有几百元的工资，且没有奖金。用人单位不同他们签订劳动合同，不帮他们交纳社会保险，他们也不享受任何企业福利待遇，节假日加班也不能足额拿到加班费，不能和正式职工一样享受带薪休假，等等。由于没有医疗保险，临时工生病时只能自费；由于没有养老保险，他们的未来缺少保障。

【热点话题】如何追究同工不同酬的法律责任？

【热点探讨】尽管我国法律规定了同工同酬的内容，但现实生活中的同工不同酬现象为什么广泛存在，屡禁不止？究其根本原因，主要在于以下两点。

第一，法律规定模糊，缺乏可操作性。例如，劳动合同法第 63 条规定："被派遣劳动者享有与用工单位的劳动者同工同酬的权利。用工单位无同类岗位劳动者的，参照用工单位所在地相同或相近岗位劳动者的报酬确定。"在这里，尽管法律已经明确规定了被派遣劳动者的同工同酬权，但"用工单位所在地相同或相近岗位的劳动者的劳动报酬"如何认定，在实践中却难以掌握和判断。

第二，缺乏相应的法律责任。事实上，如果法律规定缺乏与之相应的法律后果的制约，则法律规定很难得到重视和遵守。现实中，不论是对劳务派遣工与正式工，还是对农民工、临时工与正式工的同工同酬规定，我国法律中都缺乏与违反此类规定相应的法律后果，这也是导致社会上广泛存在同工不同酬现象的原因之一。

实际上，同工不同酬已成为另一种形式的分配不公。一些用人单位为了降低成本，人为地将员工分成三六九等，导致同工不同酬问题的出现，有的用人单位甚至将此视为其自由裁量权。同工不同酬这种现象体现了由身份定报酬而不是由劳动定报酬的观念。尽管我国劳动法明确规定，工资收入分配制度要体现同工同酬，然而由于目前我国对同工不同酬问题尚没有法律界限和法律追究之说，因此即使因同工不同酬问题而发生劳动争议，劳动仲裁中也缺乏明确而具体的处理办法。

针对上述情况，笔者认为应从完善相应的法律制度方面入手来解决这一问题，具体而言包括以下几个方面。

第一，明确相应的法律规定内容。为了使得同工同酬制度得以贯彻执行，应先细化与之相应的法律规定。例如，针对劳务派遣工与正式工的同工同酬规定，应给出劳动合同法第63条中"相同或相近岗位"的明确标准，予以细化界定。事实上，影响这一标准的价值评估往往包括众多因素，如岗位责任、劳动条件、劳动强度、工作难易程度、工作环境等，并且对于上述所列事项，还必须依具体案件而作整体性的评估。因此，对"相同或相近岗位"更应给出明确、具体的标准和界定。例如，通过立法对劳务派遣中的同工同酬概念，以及哪些工作可以进行比较、怎样评估工作价值、工资差别应包括哪些合理因素等问题作出明确、具体的规定，从而为界定"相同或相近岗位"提供依据，使被劳动合同双方和行政、司法等部门在实际衡量时有法可依。简单来说，只要通过工作评估机制被认为具有同等价值的工作，雇主就应该支付与之相同的报酬；反之，就应当支付不同的报酬。

第二，应规定用人单位违反同工同酬的法律责任。对此笔者认为，针对用人单位违反同工同酬的行为，应设计明确的法律责任，只有这样，才能真正起到预防乃至杜绝同工不同酬问题的作用。仍以劳务派遣为例，为了切实保障被派遣劳动者同工同酬权的实现，应通过立法明确规定派遣机构和用人单位各自的法定义务及违反法定义务时应承担的责任，并应明确、强调被派遣劳动者劳动报酬的支付主体及程序[①]。具体来讲，包括以下几点。

首先，派遣机构与用工单位签订劳务派遣协议时，必须审查被派遣劳动者将要被派至的工作岗位的报酬情况，以保证被派遣劳动者与用工单位从事相同或类似工作的员工享受同工同酬的待遇，用工单位应该予以配合。派遣机构与用工单位必须在劳务派遣协议中明确约定用工单位支付给派遣机构的服务费用，不得从被派遣劳动者的劳动报酬中提取。

其次，劳务派遣协议中应明确约定被派遣劳动者的劳动报酬明细及标准，并备注由用工单位提供的本单位该岗位（或类似岗位）员工的报酬标准，以供被派遣劳动者和派遣机构参照，同时便于相关机构的监察工作。劳务派遣协议的内容应包括派遣机构、用工单位及各自法定代表人的相关详细信息，以及被派遣劳动者包括联系方式在内的详细个人信息。派遣机构与用工单位

---

① 纪荣凯：劳务派遣同工不同酬的法律破解路径。见：http://www.chinahrd.net/law/info/161968。

拟定的劳务派遣协议，经被派遣劳动者签字后生效；被派遣劳动者不签字的，不影响其在派遣机构与用工单位之间的效力。经签字生效后的劳务派遣协议由派遣机构、用工单位、被派遣劳动者各持一份，对三方均有约束力。这样的制度设计是为了保证被派遣劳动者的知情权，这也是实现其同工同酬权的契约基础。

再次，被派遣劳动者的各项劳动报酬（包括基本工资、加班加点工资、特殊工资、奖金、津贴和补贴等项目）均应由用工单位依约支付给派遣机构，再由派遣机构按月支付给被派遣劳动者。派遣机构不得以用工单位未支付或未及时、足额支付为由，拖延向被派遣劳动者支付劳动报酬。被派遣劳动者发现自己在用工单位受到同工不同酬待遇时，有权向派遣机构主张自己的同工同酬权，派遣机构应根据被派遣劳动者的主张进行相关调查；查证属实的，派遣机构应无条件先向被派遣劳动者弥补差额。在此基础上，派遣机构可依据劳务派遣协议向用工单位主张权利。总之，其最终风险应由派遣机构而非被派遣劳动者承担。

最后，应完善劳动争议立法的程序设计。在被派遣劳动者主张同工同酬权利的举证责任设置上，应根据公平原则，综合当事人举证能力等因素确定举证责任的承担，以实现程序的实质公正，从而达到维护合法的"弱劳工"的实体权利。进行这样的举证责任设置，是因为被派遣劳动者无论是在派遣机构还是在用工单位中都处于弱势地位，对劳动者有利的相关证据往往都由派遣机构或用工单位掌握，被派遣劳动者对于证据的收集相对比较困难，客观上形成了在证据方面"强资本，弱劳工"的局面。我国《调解仲裁法》第6条规定："发生劳动争议，当事人对自己提出的主张，有责任提供证据。与争议事项有关的证据属于用人单位掌握管理的，用人单位应当提供；用人单位不提供的，应当承担不利后果。"这一规定在举证责任方面为保护"弱劳工"提供了法律支持。

在审判实践中，如果被派遣劳动者对同工同酬权的请求得不到争议处理部门支持的原因是举证困难，此时就可以考虑减少被派遣劳动者举证责任的承担，而要求由用工单位或派遣机构承担举证责任，证明同工不同酬之差别待遇的原因是客观因素而不是报酬或身份歧视，否则其就应承担相应的同工不同酬的法律责任。

针对劳动合同法中规定的有关被派遣劳动者同工同酬权的实现，可以从程序上就被派遣劳动者的权利实现进行制度构建。例如，可从制度层面赋予被派遣劳动者申请自己查阅或申请由劳动行政执法等部门调查审核用工单位工资财务的权利，以核实被派遣劳动者与用工单位劳动者是否真正达到了同工同酬。这一制度设计也可在被派遣劳动者进行相关诉讼时的证据收集中起到积极作用。

此外，还应实行由派遣机构建立风险保证金制度，即规定派遣机构建立风险保证金，作为批准其设立的必要条件，其在设立后的业务运行中应对该保证金予以维持并进行适当调整。在劳动者受到用工单位同工不同酬待遇的情况下，派遣机构负有向被派遣劳动者先行垫付差额的法律责任。应当说，这样的责任设置对派遣机构的资质、能力提出了比一般公司更高的要求。

设立风险保证金的目的，是保证被派遣劳动者在受到同工不同酬待遇时派遣机构补足差额责任的履行。派遣机构拒绝履行法律义务时，劳动保障行政部门可对风险保证金账户进行强制划拨，以保证被派遣劳动者同工同酬权的实现。当然，对于风险保证金的数额确定也应适宜，数额过大，企业无法承受；数额过小又起不到保护被派遣劳动者的作用。

对此笔者认为，应根据派遣机构雇聘被派遣劳动者的数量来确定和调整保证金数额。实践中，应本着前述"补足差额"的目的，以雇聘被派遣劳动者的数量和全国上一年度职工月平均工资标准为基数建立风险保证金。同时，针对上述风险保证金应建立专门账户，由劳动保障行政部门进行控制和管理，严格遵循"专款专用"原则，并依据客观情况的发展由劳动保障行政部门进行调整，派遣机构则依法负有风险保证金的维持义务。

热点问题七：员工工作压力问题

【热点知识】 众所周知，当今职场人士普遍承受着极大的压力。所谓压力，是指个体在生活适应过程中的一种身心紧张状态，其源于环境要求与自身应对能力的不平衡，这种紧张状态通过一系列的心理和生理反应表现出来。其中，有一部分压力是由已经发生或即将发生的生活事件引起的，如未完成的工作、即将来临的考核、必须面对的人与人交往中的冲突等。这些压力，虽然有的可以用一些客观标准来衡量，但它们对人的影响却有着非常明显的个体差异，这就是人对压力的认知差异。如果能够清楚地认知压力的来源，并有针对性地加以处理和缓解，则其并不会对人产生极大的不利影响。

　　压力对职场人士的身心健康及用人单位的生产效率均有负面影响，但压力又是促进员工积极工作与单位发展壮大的重要动力，正所谓"变压力为动力"。个人正视自身压力，可防止其种种不良后果；用人单位采取有效措施帮助员工管理压力，则可以变消极为积极，化负担为动力，形成员工和用人单位双赢的局面。

　　现实中，人能感受到的生理（或躯体）压力是有形的，我们能够清楚地知道这类压力的来源、大小和规避方式。例如，在拥挤的公共汽车上，我们清楚地知道压力来自人群，人越多，挤压的力量也就越大；规避的方法也很简单，就近下车即可马上减压。然而，面对心理压力却往往没有这么简单。心理压力经常给人不知所措的感觉，甚至让人无处遁形。大致而言，职场人士的压力一般来自三个方面。

　　（一）外部环境因素

　　引起员工压力的外部环境因素一般包括经济环境因素、政治环境因素和技术环境因素，这些因素往往存在一定的不确定性。例如，在经济萧条阶段，总会伴随劳动力减少、失业人员增加、薪酬下降等现象及其给人带来的压力感；在政局不稳定的国家，战争、局势动荡等都会诱发人们的不稳定感和压力感；技术革新则会使许多员工已掌握的技术和经验迅速过时，如计算机、互联网、智能机器人等技术创新的出现，会令很多员工产生危机感和压力感。

　　（二）工作场所因素

　　工作场所内的许多因素也会引起压力感，如角色模糊、角色冲突、任务超载或任务欠载、人际关系、企业文化、工作条件等，都会给员工带来压力。

　　（三）员工个人因素

　　所谓员工个人因素，是指员工在工作时间以外的经历及遇到的各种问题，这些问题往往会对其日常工作产生影响。如果这些问题处理得当，员工的精神状态就会积极向上，工作中的压力就会减轻，反之亦然。员工个人因素包括家庭问题、经济问题、生活条件以及员工的个性特点等。

　　【热点话题】当前劳动关系中员工所面临的压力问题

　　【热点探讨】据《深圳晚报》报道，2010年4月6日15时，富士康观澜C8栋宿舍一名19岁女工从宿舍坠楼；4月7日6时，富士康观澜樟阁村一名22岁男员工被发现猝死；同日17时30分，富士康观澜分厂一名宁姓18岁女工跳楼身亡①。另据此前《中国经营报》报道，2010年3月29日凌晨3时许，深圳市宝安区龙华富士康科技园一名23岁男性富士康员工从宿舍楼上坠下，当场死亡。这已是当年3月份发生的第三起富士康员工自杀事件。此前的3月11日21：00时许，一名20余岁的李姓富士康员工在富士康龙华基地坠楼身亡；3月17日8时许，富士康女工田某从宿舍楼跳下坠伤。除这几起事件外，《中国经营报》还报道了这些年关于富士康员工非正常死亡的事件②。

笔者认为，这些事件的发生不是偶然的，也不只是富士康一家公司发生的事件，而是具有一定的普遍性，说明许多员工都面临比较大的压力。这些压力导致员工自杀等各种非正常死亡事件的发生。这些不幸事件的发生不仅对个人、家庭造成重大打击，而且严重影响到劳动关系的和谐，甚至对国家经济的持续、健康发展也构成极大的威胁③。针对这些压力问题，笔者尝试分析其产生的各种因素，并提出应对压力的有效对策和手段，以期真正彻底缓解员工压力，预防自杀等各类非正常死亡以及极端事件的发生。

（一）造成员工压力的因素分析

如前所述，造成员工压力的因素有很多，有社会经济因素，也有用人单位管理不当的因素，还包括员工自身的一些原因，具体分析如下。

1. 高度竞争的经济环境和有限的社会保障使员工对失去工作产生了严重的恐惧心理

员工自杀大都源于一个理由：担心自己失去工作。失去工作便意味着失去收入，失去收入便会造成生活困顿。出现这一状况的根源就是当前员工身处一个高度竞争的社会经济环境。

---

① 戴书伟：死亡事件频现 富士康员工怎么了？见：http：//news.sohu.com/20100409/n271404833.shtml。

② 王永强、张业军：富士康员工曝保安整人手法：随时扣留质询 用钢管狠打。见：http://finance.sina.com.cn/leadership/case/20100403/10357688422_3.shtml。据报道，富士康这些年发生的员工不幸事件主要有：第一起，2007年9月1日，富士康公司21岁员工刘某辞工两小时后突然死亡；第二起，2007年6月18日，富士康一名侯姓女工在厕所上吊自杀；第三起，2008年3月16日，富士康烟台工业园28岁员工李某猝死在出租屋内；第四起，2009年7月15日，富士康25岁员工孙某某跳楼自杀；第五起，2009年8月20日，富士康23岁员工郑某某在游泳池溺水身亡；第六起，2010年1月23日凌晨4时左右，富士康19岁员工马某某被发现死亡。

③ 西方有一首著名民谣《一个钉子亡了一个国家》，大意是：钉马掌的少钉一个钉子，结果坏了一只马蹄铁；这导致了一匹战马的折损，之后便伤了骑在战马上的大将，再之后就输了一场战斗，最后便亡了一个国家。这是混沌理论上的一个经典案例，在混沌系统中，初始条件十分微小的变化经过不断放大，会产生大得惊人的后果。

首先，高度竞争的社会环境和有限的社会保障使员工对失业、生病等不利的生活状态存在严重的恐惧心理。现实中，员工自杀事件往往发生在被单位辞退、裁员的前后。例如，2007 年 9 月 1 日，富士康 21 岁员工刘×辞工两小时后突然死亡；2010 年 1 月 23 日凌晨 4 时左右，富士康 19 岁员工马××死亡，而他确定离职的时间是当年 2 月 9 日。又如，2009 年 3 月 12 日中午，24 岁的广州番禺区嘉衡珠宝公司起版部工人何××在杀死公司的人事总监和人事经理后，从公司顶楼跳下身亡①，导致这一恶性事件的直接原因是他在公司被裁减员工之列（据说公司裁人原因是金融危机）。可见，许多员工采取极端做法的最主要原因还是担心失去目前的工作，而这种担心也是与当前社会保障的有限性相关联的，对农民工来说尤其如此。

其次，高企的生活成本（如住房贷款、子女教育费用、医疗开销等）迫使员工在工作方面只能前进，不能停步。房价年年攀高，子女教育费用也与日俱增，这些都使员工在工作中无法停歇。此外，许多员工对自己和家人万一生大病、重病所需费用的担心，也令他们害怕失去眼前的工作。此外，还有诸如赡养父母、家人上学以及金融危机等造成的生活压力（尤其是财务压力）。

2. 用人单位管理不当所带来的压力

随着市场经济的发展，我国兴起了一大批企业，但其中一些企业的管理思想、制度建设等还处于低级阶段，存在大量的缺陷和漏洞。这些缺陷和漏洞给员工带来了最直接、最主要的压力，主要表现在以下方面。

（1）管理理念和制度过于严苛。随着经济全球化的深化，我国一度被称为"世界工厂"，但一些工厂生产的是处于全球产业链低端的"代工"产品。在这样的背景下，"泰勒"式的管理理念和模式大行其道。于是一些企业管理者便抛出诸如封闭式管理、军事化管理、末位淘汰制等严苛的管理制度，企业内部奉行"狼文化"，追求"鲇鱼效应"。据《中国经营报》报道，富士康公司内部存在严格的等级制度，下级必须服从上级；有极度强调执行力的目标管理和绩效考核制度，对员工有严格的奖惩机制②，对在生产线上工作的普

---

① 李军：珠宝厂血案背后的劳资困局。见：http://epaper.nddaily.com/A/html/2009 - 03/31/content_745769.htm。

② 王永强：富士康员工不明原因死伤事件频发凸显转型困难。见：http://finance.sina.com.cn/leadership/case/20100403/10357688422_4.shtml。

通员工来说尤其如此。

（2）员工加班多而休假少。现实中，严苛的管理制度、重复而枯燥的工作已经让员工承受了极大的压力，而加班多和休假少令这种情况更加严重。长期以来，我国一些企业的员工经常加班，这种状况的产生有两个原因：一是管理者希望尽快完成生产任务，二是员工希望通过加班提高收入。对于员工来讲，想要提高收入通常只有两个渠道，一是职务升迁，二是加班。就职务升迁这一渠道而言，由于名额有限以及晋升的条件和门槛较高，大多数员工只能望"职"兴叹。例如，在富士康公司，员工级别分为不铨叙、铨叙、员级和师级四种。不铨叙是指临时工，铨叙是指正式工，员级主要是指普通生产线工人，师级则是指各类主管，师级又分为 14 级。在富士康公司的生产车间，普通员工依次向上有储备干部、全技员（可以考铨叙，分 A、B、C、D 四档，整体相当于副线长级别，其中全技员 A 相当于代理线长）、线长、组长，然后才是课长。一般而言，高中或中专毕业的普通员工要经过三四年才可能被提拔为线长；而要提拔至课长，可能需要十年甚至更长时间。并且，在这种金字塔式的职级模式中，最终得到升迁的毕竟只是少数。

此外，尽管富士康公司已于 2009 年订立了以工资报酬为主要内容的集体合同①，但此类合同中的涨薪条款在实际执行过程中存在一定的难度：一是公司在经营困难、效益大幅下降的情况下，可不安排增加员工工资；二是涨薪的前提是员工的绩效考核须符合公司要求。就后者而言，由于绩效考核直接掌握在线长、组长等公司管理层手中，因此其有很多办法使员工的涨薪愿望落空，甚至存在明升暗降的情况。这样一来，员工只有通过加班才能达到增加收入的目的。不仅如此，富士康公司的薪酬制度和相关管理制度也促使员工必须加班。一方面，该公司规定的员工基本工资很低，甚至就是当地的最低工资标准，如果不加班，员工就只有基本工资收入；另一方面，该公司实行分组合作生产的工作模式，如果同组中有其他员工加班，则个别员工也必须加班，否则不愿加班的员工便会招致对己不利的"分流"。

此外，我国企业员工的假期少也是一个不争的事实。由于加班过多，许多员工不仅每天工作时间已大大超过法定标准，而且就连周休日、法定节假日也很少休息，带薪年休假更是他们的奢望。还是以富士康公司为例，由于

---

① 该合同规定，在富士康实际工作时间满一年（含）以上且符合绩效考核要求的员工，工资年均增长幅度不低于 3%，并于每年 12 月定期进行集体协商。

其加班制度的规定（一般实行"13休1"，即上班2周放假1天），员工的休假时间少得可怜。

（3）单位培训制度中很少有关注员工生活和身心健康的内容。现实中，一些用人单位的培训制度只是出于提高单位的经济效益而制定的，对员工的生活状态、所面临的工作及生活压力等则不予理睬。事实上，不论从用人单位的社会责任角度还是从长远发展角度出发，其都应该对员工的生活和身心健康状态予以必要关注，并采取相应的培训措施帮助员工应对所面临的各种压力。

3. 员工心理抗压水平普遍较低

据观察，前述员工自杀事件存在年轻化这一共同的特点。他们大都是"80后""90后"，普遍没有在"苦难"这所学校里历练过，显得不太成熟，偶遇一些工作或生活中的挫折便感觉前途无望，心理抗压水平明显较低。导致这种现象的产生的原因，虽然不能排除家庭、学校以及社会培养、教育的失误，但其自身的性格缺陷（诸如自以为是、对别人要求过高以及不善于与人合作等）也是重要原因。

（二）应对工作压力的建议

随着经济社会的发展，工作压力的增加是一个不可回避的事实，从社会各界到每个员工对此都应当有所准备，有效采取应对压力的措施。为此，笔者提出以下建议。

1. 国家应采取有效措施缓解劳动者的压力

首先，国家应扩大社会保障制度的覆盖面，完善社会保障制度，提高社会保障水平。为此，笔者建议国家开征社会保障税，只有"费"改"税"，才能保证社会保障制度的资金供给，同时国家财政也应对社会保障事业给予必要的支持。

其次，国家应采取措施降低工薪阶层在购房、教育领域的支出成本。众所周知，一些城市的房价已经飙升到了普通工薪阶层难以接受的程度。对此笔者认为，一方面，国家应坚持"房住不炒"的基本立场，采取严厉措施打击那些投机炒房团；另一方面，应要求地方政府将收到的大部分土地使用权出让金上缴国库，以此对治地方政府长期以来的"土地财政"。与此同时，应严格清理教育领域的不合理收费。国际经验表明，只有工薪阶层承受得起的房价、教育费用才是合理的，也只有这样，他们生活的幸福感、获得感才有保证。

再次，国家应通过修订法规将自杀列入工伤的范畴。我国现行的《工伤保险条例》是将自杀排除在工伤范围以外的，对此笔者认为，工作压力原因导致的自杀应被列入工伤的范围。一是因为这种情况符合工伤的实质内涵，如荷兰法律规定，员工因压力过大而引起的抑郁、焦虑、失眠等心理疾病都属工伤；二是这种做法有助于促使用人单位关注员工的工作压力，并积极采取措施加以缓解、预防。

2. 用人单位应转换管理理念，改进相关制度以减轻员工的工作压力

首先，应奉行以人为本的管理理念。如前所述，"泰勒"式的管理理念已经不适应当前时代的发展和需求了，用人单位应摒弃这种落后的管理理念以及由此产生的种种不合理的管理制度和方式。现实中，员工采取诸如自杀等极端做法往往和管理者苛刻、粗暴的管理理念、管理方式是分不开的，其往往是引爆员工极端情绪的导火索。在此笔者希望并建议用人单位奉行以人为本的管理理念，尊重员工意见和法律赋予其的各项权利。管理者应当认识到：劳动关系是由劳、资两个主体主导的，资方的管理权是有边界的，而非一种无限的权利，其与劳方的劳动权在法律上是并行关系而不是主次关系。

其次，应尽量减少员工加班并给予相应的休假。多休假、少加班的做法不论对员工、对用人单位还是对社会都是非常有益的，用人单位和社会各界应着眼长远，支持员工的休假权利。以带薪年休假为例，其早已成为西方社会人们生活中极其重要的组成部分。例如在德国，政府机构的新员工可以带薪休假20天，此后的休假天数随工龄增加而增加，50岁以上员工每年可享受30天的带薪休假，很多企业也基本参照这一规定给员工相应长度的带薪年休假。此外，欧盟要求其所有成员国保证每年最少4周的带薪休假，对全职职工和非全职职工都是如此。事实上，不少欧盟国家的休假天数多于4周。以法国为例，它是带薪休假制度的最早发起者。早在1936年，法国政府就明确提出所有法国人每年都应有享受带薪假期的权利。接下来，法国工人以大罢工的激烈方式保证了这项权利的实施，也使法国的职场文化发生了巨大的改变。现在，法国人的带薪休假已经多达每年6周，并且每周的工作时间也降到了40小时以下。法国人把休假视为不可侵犯的权利，他们总能以最悠闲的方式度过假期。在芬兰，工薪阶层有6周的法定带薪休假，工会确保职工不必担心因为休长假而丢掉工作。不仅如此，芬兰政府还要求雇主向休假的人

提供额外津贴，以保证他们有足够的钱外出旅行或消费，而不是只能待在家中度过假期。在瑞典，政府推出的一项政策规定，那些自愿脱离工作岗位、休 12 个月长假的员工，可以领取 85% 的失业保险金。这恐怕是世界上最舒服的带薪休假了①。与我国同属发展中国家的巴西也有较长的带薪年休假制度，早在 1943 年巴西就颁布了劳动法，规定员工每年享有 30 天的带薪休假，员工不论工龄长短，只要工作满 12 个月就能带薪休假 30 天。此外，根据巴西法律规定，休假员工不仅当月工资足额发放，而且能领取相当于月工资三分之一的休假补贴。据了解，很多巴西企业都在员工自愿的基础上以双倍工资"买下"员工假期。但是，巴西劳动法明确禁止员工全部"出售"自己的带薪假期，要求员工每年至少要休完三分之一的假期。如果员工带薪休假制度没有得到执行，政府主管部门将参照当地工资标准处罚雇主②。

实践证明，多休假有利于员工健康，减少员工抑郁、自杀的倾向，并能大大提高员工的工作效率。

最后，扩大培训制度的内容。用人单位在制定和实施培训制度时，应摈弃经济至上主义，切实承担社会责任，将员工应对工作和生活压力的有关知识和策略纳入培训内容之中。实践证明，只有当员工面临的压力问题得到有效解决，他们才能高效率地投入工作，也只有这样，劳动关系才能真正得到健康、和谐的发展。

3. 员工应调整心态以应对工作压力

为了解决工作压力，在国家和用人单位采取有关措施的基础上，员工自身心态的调整也是一个重要方面。任何人和事都存在一定的相对性和多面性，我们要多关注其优点和长处，多了解其对己有利之处，正所谓"福祸相倚"。当遇到工作压力时，我们要善于从不同角度去加以对待，正所谓"横看成岭侧成峰"，从而灵活应对。同时，我们绝对不能轻言放弃自己的生命。正如古训所言："身体发肤，受之父母，不敢毁伤，孝至始也。"③尊重、保护自己的生命，也是对家人爱的体现。

---

① 康宁：与国际接轨：看看外国人带薪假是怎么休的？见：http：//news. xinhuanet. com/fortune/ 2007-11/23/content_7132863. htm。

② 杨立民、徐涛：国外假日与休假：巴西法定带薪年假 30 天。见：http：//wenku. so. com/d/ ib563aea84a63973ef41ccaa6d8e6fof。

③ 《孝经·开宗明义》。

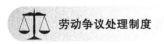

热点问题八：劳动合同文本之间的矛盾问题

【热点知识】 一般情况下，用人单位与同一位员工只签订一份劳动合同，但在现实生活中，出于某种考虑或者由于工作失误，有时会造成两份劳动合同的现象，并且这两份劳动合同的内容还不完全一样，甚至其出现就同一事项约定不一致或相互矛盾的情况，这就为劳动合同履行过程中劳资之间争议的出现埋下了隐患。此类矛盾情形一般有以下三种。

（一）约定不一致造成的矛盾

这种矛盾是由前后两份劳动合同的文本内容不同所致，如就劳动者的职务、岗位、劳动合同期限、薪酬待遇等的约定内容不同。

（二）语言理解问题造成的矛盾

随着改革开放的不断深化，越来越多的国外优秀人才到中国来就业。现实中，有些用人单位为了让外国员工充分了解自己在工作中的权利和义务，只选用外文书写的劳动合同文本与其进行签订，实际上这种做法是不符合我国关于劳动合同必须用中文书写的规定的。因此，有些用人单位便采用与外国员工分别签订中、外文劳动合同文本的方法（在我国，一些外资企业也要求与所有员工同时签订中、外文劳动合同），来达到既让员工知晓自己的劳动权利和义务，又使所签订的劳动合同符合法律法规规定的目的。应当说，这种做法不失为一种变通之举，但是存在语言理解问题造成对同一劳动合同条款理解不一致的情况。

（三）阴阳合同（或称黑白合同）

在一些劳动争议案件中，曾出现同一劳动者与同一用人单位同时签订两份内容基本相同的劳动合同的情况。一种情况是，该两份劳动合同从形式上看都符合法律规定，具有法律效力，但其中针对一些条款的约定却不尽相同，如薪酬标准不同，甚至差距较大。另一种情况是，双方所签订的两份劳动合同中，其中一份完全合法，如工资在当地最低工资标准以上，工作时间、休息休假、加班等也都符合劳动法律法规的要求；但另一份的内容却存在部分甚至完全违法的情况。

【热点话题】 对于约定不一致造成的矛盾，如何确定不同的约定？对于语言理解问题造成的矛盾，中文、外文劳动合同哪个效力大？对于阴阳合同，如何认定并适用？

【热点探讨】以下为三个典型案例。

案例1：大学生刘某于2008年5月与一家用人单位签订了三方协议。该协议约定，刘某应为该用人单位至少服务五年。之后，当刘某于2008年7月取得毕业证和学位证并到单位报到后，双方签订的劳动合同中约定的劳动合同期限是三年。结果，双方在三年后为此发生了争议，刘某要求单位为其办理劳动合同终止手续，而单位要求其必须再服务两年方可离开单位。那么，在这个案例中，应以何种标准处理这一矛盾呢？

案例2：某位英国人被上海一家中外合资企业聘为技术总监，在签订劳动合同时，该企业与其分别签订了一份中文劳动合同和一份英文劳动合同。在英文劳动合同中写明其工资按美元支付，每月为5 000美元；在中文劳动合同中约定的工资则是按人民币支付，每月为4万元人民币。该企业按照国家规定，为该员工办理了中华人民共和国外国人就业许可证，其也正式开始在该企业的工作。一个月后，该企业向其支付了当月工资——人民币4万元。该员工领到工资后，发现是人民币而不是美元，便向企业提出了异议，要求企业按照英文合同中的约定支付月工资5 000美元，或者按照当时的汇率（1美元=8.27元人民币）折合成人民币（即41 300元）向其发放。这一要求遭到中方管理层的拒绝，认为应以双方签署的中文合同中约定的工资（即4万元人民币）为准。

案例3：2005年，发生了一起足球运动员申思与自己的"东家"上海国际俱乐部的欠薪案[①]。当上海市劳动争议仲裁委员会着手审理此案时，发现申思与该国际俱乐部签订的是两份薪金额度差距巨大的"阴阳合同"。当时，多家媒体都披露了这样的细节：在交由中国足协备案的"阳合同"中，约定申思的工资为每月12 000元人民币；而在由俱乐部和申思各自保存的"阴合同"中，却约定在2003—2005年的三年中，申思的年收入为250万元人民币。在这两份合同中，申思的年薪相差17倍，差额多达230多万元。此案中，申思要求按照"阴合同"计算其工资。

案例1中，刘某胜诉，双方的劳动合同期限应以2008年7月签订的劳动合同为准。

---

① 申思国际欠薪案开审 调解不成法院将择日宣判。见：网址：http://sports.sohu.com/20050825/n226781270.shtml。

要解决本案的矛盾，应从分析三方协议和劳动合同二者的性质入手。三方协议是《全国普通高等学校毕业生就业协议书》的简称，它是明确毕业生、用人单位、学校三方在毕业生就业工作中的权利和义务的书面表现形式，用以解决应届毕业生户籍、档案、保险、公积金等一系列相关问题。该协议在毕业生到单位报到，用人单位正式接收后自行终止。

应当指出的是，三方协议不同于劳动合同。

首先，三方协议是由教育部统一印制的，主要作用是明确上述三方的基本情况及要求。三方协议的制定依据是国家关于高校毕业生就业的法规和规定，有效期为自签约日起至毕业生到用人单位报到止的这一段时间。劳动合同则由劳动法和合同法加以规范并保护。现实中，有些用人单位（如外企），在确定录用毕业生的同时，会要求同其签订一份类似劳动合同的协议；更多的时候用人单位会要求先签"就业意向书"，待毕业生正式报到后再签订劳动合同。

其次，就业协议是三方合同，它涉及学校、用人单位、学生等三个方面，该三方相互关联但彼此独立；而劳动合同是双方合同，它是由劳动者和用人单位两方的权利、义务所构成的。

最后，毕业生签订就业协议时仍然是学生身份，但是签订劳动合同时即应当转换为劳动者身份。劳动合同一经签订，就业协议的效力则同时丧失。因此，如果劳动合同与三方协议内容产生矛盾，则应以劳动合同为准。

案例 2 中，该英国籍员工败诉。因劳动争议发生地为中国，故基于主权原则应适用中文劳动合同。对于本案，应从我国相关劳动法规中去寻找答案。

首先，我国劳动法规规定，劳动合同应当用中文书写，也可以同时用外文书写，双方当事人另有约定的，从其约定。

其次，同时用中、外文书写的劳动合同文本，内容不一致的，以中文劳动合同文本为准。按照这一规定，本案中关于工资的劳动合同条款应以中文版劳动合同为准，即企业可以按每月 4 万元人民币的标准向其支付工资。

案例 3 中，申思胜诉，因为发生争议之前双方实际履行的是"阴合同"。本案中的"阴阳合同"，在国内俱乐部与球员签约时并不鲜见，另一位足球运动员谢晖在与重庆力帆俱乐部的劳动争议一案中也出现过类似的情况。现实中，劳资双方之所以心照不宣地签订"阴阳合同"，主要出于这样几个原因：

一是应对中国足协的"限薪令"；二是规避媒体的炒作，运动员的收入（尤其是高收入）是很多媒体关注的话题，也是公众感兴趣的内容；三是避税。应当指出，"阴合同"的存在令劳方在遭遇俱乐部欠薪时的弱势地位更加凸显，其常因无法可依而"哑巴吃黄连——有苦说不出"。

那么，发生此类劳动争议后应如何进行处理呢？以前述申思一案为例，"阴阳"两份劳动合同从法律效力上讲都有效，都是双方在自愿并协商一致的基础上达成的，签订时间也完全一样。因此，处理此类争议，可以实际履行的劳动合同约定为标准。

热点问题九：欠薪行为的犯罪化趋势

【热点知识】当前，一些用人单位或雇主拖欠员工工资的现象时有发生，而员工采取极端手段予以对抗的事件也屡见报端。尤其是每到春节前后，劳动者讨回自己"血汗钱"的愿望显得越发强烈，双方也常常因此爆发激烈的冲突，导致严重的后果。面对众多的欠薪行为以及劳动者讨薪中的无奈之举和为之付出的惨重代价，社会各界大都对劳动者给予了极大的同情和关注，并呼吁对因讨薪而采取极端行为的劳动者从宽处理。同时，也有许多专家和政府机构人士提出要制定"恶意欠薪罪"，以从严制裁那些"黑心"的用人单位、老板及有关管理者。

正是在这样的背景下，为了切实保护劳动者获得劳动报酬的权利，我国刑法明确将"恶意欠薪"行为入罪。2011年2月25日，全国人大常委会表决通过刑法修正案（八），其中明确规定"恶意欠薪"入罪。该修正案规定，以转移财产、逃匿等方法逃避支付劳动者的劳动报酬或者有能力支付而不支付劳动者的劳动报酬，数额较大，经政府有关部门责令支付仍不支付的，处三年以下有期徒刑或者拘役，并处或者单处罚金；造成严重后果的，处三年以上七年以下有期徒刑，并处罚金。单位犯罪的，对单位判处罚金，并对其直接负责的主管人员和其他直接责任人员，依照上述规定处罚。

该修正案同时规定，有前两项行为，尚未造成严重后果，在提起公诉前支付劳动者的劳动报酬，并依法承担相应赔偿责任的，可以减轻或者免除处罚。

【热点话题】欠薪行为入罪是否合理？

【热点探讨】据《南方都市报》报道，2008年1月10日广州石沙路广达鞋业有限公司约 4 000 名工人堵路讨薪①。新浪网报道了发生在杭州的一件案例②：32 岁的王鸿丽原是私营企业——杭州风格服饰有限公司的业务主管，2009 年 11 月 1 日，因其到公司讨要自己的提成工资，她和丈夫竟然遭到总经理粟志宏等一伙人的殴打、侮辱和威胁，身心遭受了很大的伤害。另据《方圆法治》杂志报道，2010 年 1 月 9 日，来自河北省景县留府镇高庄村的 28 岁农民工高志强为讨要 70 元的日工资而遭到私营老板的报复，其被老板叫来的人捅成重伤，导致右侧肾脏被切除。

针对上述的欠薪行为，很多学者和有关机构（如全国总工会）呼吁国家立法机关制定恶意欠薪罪，以打击这一严重而普遍的社会现象。对此笔者认为，这一建议或观点欠妥：尽管从现实需要的角度来看恶意欠薪入罪具有一定的合理性，但解决拖欠工资问题的途径有多种，对拖欠工资行为进行处罚也有多种办法，动用刑罚处理这类经济行为实属下策。接下来，笔者在分析提倡"恶意欠薪罪"者的观点和理由的基础上，剖析了反对将欠薪行为施以刑罚的理论基础，以提出解决欠薪问题的有效措施。

（一）提倡制定"恶意欠薪罪"者的观点和理由

2005 年，全国人大常委会劳动执法检查组赴深圳市检查劳动法贯彻实施情况时，深圳市有关部门即建议在刑法中增设"恶意欠薪罪"。之后，一些人大代表、劳动主管部门的官员以及相当数量的学者也提出了这一想法。例如，全国人大代表、中国民主建国会广西壮族自治区委员会副主任委员刘庆宁在 2009 年两会提案中建议刑法增设"欠薪罪"，以解决企业拖欠职工的工资。在十一届全国人大二次会议上，来自广东的邓维龙、刘友君（时任广东省劳动保障厅厅长）等 20 多名代表也提交了类似议案，建议修改刑法，增加这一罪名，以追究恶性欠薪者的刑事责任，维护农民工等劳动者的权益。中国政法大学刑事司法学院教授洪道德也主张增设这一罪名，只是建议将名称改为"故意欠薪罪"③。此外，中华全国总工会（以下简称"全总"）也介入了对

---

① 广州约 4 000 工人堵路讨薪 5 年周日加班白干。见：http：//news.sohu.com/20080110/n254561441.shtml。

② 杭州女工讨薪被打事件反思。见：http：//news.sina.com.cn/o/2009-11-26/063116669716s.shtml。

③ 要不要在刑法中增设恶意欠薪罪？《检察日报》2005 年 12 月 5 日第 6 版。见：http：//www.jerb.com/n1/jcrb846/ca440444.htm。

前述杭州女员工王鸿丽讨薪事件的处理①。据时任全总新闻发言人李守镇介绍，为从制度机制上保障职工工资的依法及时支付，对于少数用人单位的恶意欠薪行为，全总积极建议立法机关适时修订刑法，增加相关罪名，以惩处并有效遏制恶意欠薪、欠薪逃匿、侵害职工合法权益等行为。总体而言，提倡欠薪入罪者的理由有以下几点。

1. 欠薪行为符合犯罪的基本特征

对欠薪行为是否应施以刑罚处罚，其前提必须是欠薪行为的性质已经构成犯罪，即欠薪行为必须符合犯罪的基本特征。提倡欠薪入罪者认为，欠薪行为完全符合犯罪的三个基本特征，即社会危害性、行为违法性和应受刑罚处罚性。

首先，恶意欠薪具有严重的社会危害性。恶意欠薪侵害的是劳动者的劳动报酬权，而这又是劳动权的核心内容，欠薪破坏了正常的劳动秩序，侵犯了劳动者的合法财产权益，导致劳动者及其家人生活不安，有的甚至妻离子散，家破人亡。同时，劳动报酬权是与生存权相并列的基本人权，侵害劳动报酬权，事实上就是在剥夺劳动者延续生命与尊严的权利。因此，劳动报酬权具有鲜明的双重特性：一方面，它主要体现为物质性的利益内容；另一方面，它具有非常强烈的人格权属性，二者是紧密结合在一起的。这样看来，恶意欠薪的危害不亚于盗窃、诈骗等犯罪行为。

其次，恶意欠薪具有明显的违法性。我国劳动法、劳动合同法以及《劳动保障监察条例》等相关法律法规均明确规定，用人单位有向劳动者及时足额支付劳动报酬的义务，并应承担相应的法律责任。恶意欠薪行为已不是一般的民事纠纷，它严重违反了我国行政法、经济法等关于劳动者的劳动权利和获得报酬权利等相关规定，具有行为的违法性。

最后，对恶意欠薪科处刑罚也符合法律职能的要求。根据我国恶意欠薪比较严重的实际情况，将该类严重行为上升为刑事处罚是完全必要和紧迫的，也是构建社会主义和谐社会的必然要求。

2. 现有解决欠薪问题的行政和民事救济途径存在重大缺陷

提倡使用刑罚手段打击欠薪行为的人士普遍认为，现有解决欠薪问题的行政和民事救济途径存在重大缺陷。例如，劳动行政部门的行政救济途径存

① 全总关注杭州讨薪女工被打事件。见：http://www.china.com.cn/gonghui/2009-11/11/content_18867596.htm。

在处理手段单一、薄弱，缺乏刚性等问题：不论是劳动法还是《最高人民法院关于审理劳动争议案件适用法律若干问题的解释》，此类法律文件规定内容都过于笼统，赋予劳动行政部门的监督职权仅为责令支付劳动报酬、经济补偿、责令支付赔偿金三种措施。在民事救济途径中（与用人单位协商解决、由劳动争议调解机构调解、由劳动争议仲裁机构仲裁、向人民法院提起诉讼等），协商和调解是较为便捷的途径，其周期短，成本低，但由于相关协商和调解机构内置于用人单位之内，实际效果往往很不理想；仲裁和诉讼虽在裁决、判决生效后具有强制执行力，但程序较为复杂，周期较长，费用较高，对于既缺乏经济基础又缺少相关法律知识的劳动者一方来说，执行裁决、判决更是困难。这就不难理解，为什么很多劳动者在通过上述两种方式解决欠薪的问题上总是望而却步。反观将恶意欠薪行为入罪，其实质是将民事领域中的劳动争议纳入刑法的调整之下，以公权来维护私权。从制度设计的角度看，恶意欠薪入罪使原本由劳动者个人承担的时间、费用等诉讼成本转由国家与资方承担，这对处于弱势地位的劳动者而言是非常经济的。

3. 刑罚的威慑作用足以阻止大量欠薪行为的发生

刑法的威慑力是众所周知的，稍具理性的资方一般不会为了钱而甘愿忍受牢狱之苦。不仅如此，在刑事附带民事诉讼制度下，恶意欠薪者不仅要承担刑事责任，而且也要承担民事责任，这种巨大的代价足以引起任何一个欠薪者的重视。

不仅如此，恶意欠薪罪的设定有利于淘汰那些经营较差的用人单位。实践中大量的案例表明，在低工资甚至是欠薪状态下经营的企业，往往没有充足的资金和动力进行生产技术革新，从而导致其生产长期处于高能耗、低附加值等不良状态。这些企业退出市场，对有关各方而言未尝不是一件好事。

（二）不宜将欠薪行为施以刑事处罚的理论依据

针对上述提倡将欠薪行为施以刑罚的观点和理由，笔者认为，不宜将欠薪行为施以刑罚处理，这主要是从欠薪行为的性质、欠薪行为犯罪化的实效性以及自力救济方式缺乏法律的认可和规范等角度加以考虑的，具体包括以下几个方面。

1. 欠薪行为反映的是劳资之间的经济利益关系

众所周知，劳动关系的本质是一种经济利益关系，用人单位拖欠劳动者工资的行为所反映的是劳资之间的经济纠纷，而这类经济纠纷的社会危害性尚未达到严重的程度。尽管前述王鸿丽案和高志强案中确实出现了极其严重的后果，但这是由涉案当事人的其他犯罪行为所导致，并非由欠薪行为直接导致的。正如在一般的商品买卖活动过程中也会出现诈骗、伤害等犯罪后果，但并没有人就此得出结论，即应对商品买卖过程中的所有纠纷施以刑罚制裁。事实上，如果将一般的社会经济纠纷动辄以犯罪论处，那么社会经济活动必然陷于缓慢甚至窒息的状态。早在 1989 年 3 月 15 日，公安部就发布了《关于公安机关不得非法越权干预经济纠纷案件处理的通知》，在该通知文件中，公安部要求全国公安机关在办案过程中必须划清经济犯罪和经济纠纷的界限，严格依法办事，严禁非法干预经济纠纷问题的处理；对经济纠纷问题，应由有关企事业单位及其行政主管部门、仲裁机关和人民法院依法处理，公安机关不要去干预。

由上述分析可知，欠薪行为并不具备严重的社会危害性，不需要动用刑罚手段对其加以惩治。

2. 欠薪行为犯罪化的实效性较差

立法学中的法律实效性理论表明，国家制定一项法律时要对其进行成本-效益分析。如果将欠薪行为定为犯罪行为，在其后的执法和司法环节必然耗费大量的社会成本。为追究犯恶意欠薪罪者的刑事责任而需要投入的侦查、起诉、审判及执行等公检法司人员成本乃至办案经费总和，甚至会超过办案所能够取得的社会效益。可见，这样的立法实效性是比较差的。正如英国法学家斯坦所说："法律所存在的价值，并不仅限于秩序、公平和个人自由三种，许多法律规范是以实用性，以获得最大效益为基础和首要目的的"。美国学者考特、尤伦通过对刑罚进行经济分析后指出，最大化的威慑效应并不是消除所有的犯罪，因为这样做的代价很高，而且社会效益会不断下降。政策制定者需要对有限的资源加以配置，争取以最小成本实现威慑目标，即力求有效率地实现这一目标。由此可见，刑罚不是解决欠薪问题的必要手段和首要目标。

3. 现有救济手段的主要缺陷在于自力救济方式缺乏法律的认可和规范

我国现有的解决欠薪问题的途径很多，尤其是 2008 年 5 月 1 日起实施的《调解仲裁法》强化了调解的功能，延长了申诉时效并设计了一裁终局等新规定，对于及时解决欠薪问题的作用确实很大。但笔者认为单有这些还不够，从权利救济分类的角度来看，不论是行政机关的行政处罚手段还是仲裁和诉讼程序，都属于公力救济的方式。不论如何改进上述公力救济方式，其在解决欠薪问题时都面临着一定的缺陷，需要相应的自力救济方式与之配合，方能彻底解决这一问题。

由于劳动者自力救济方式无法得到法律的认可，出于讨薪的迫切性，于是出现了大量自发的、非规范的讨薪手段；这些讨薪手段的典型特征是突发性、无组织性、非理性，如 2008 年广州广达鞋业有限公司约 4 000 名工人堵路讨薪的极端行动，给当地社会生活和城市秩序造成不便和混乱。

（三）解决欠薪问题的有效措施

基于以上分析，笔者认为，解决欠薪问题不必也不可动用刑罚手段，在完善现有民事、行政等公力救济方式的基础上，当务之急应是对劳动者的自力救济方式予以认可和规范，为此需要完善下列法律制度。

第一，修改相关法律制度，促使工会实现从行政化向市场化的转型。市场经济条件下的劳动关系是一种劳资双方利益协调型的劳动关系，而这种劳动关系需要劳资双方的力量达到均衡。尤其是当劳动者遇到诸如欠薪这样的问题的时候，如果能讨回被拖欠的工资，说明其背后的工会足够强大，表明劳资双方的力量处于一种比较均衡的状态。然而，由于我国目前的工会组织在现有政策框架下不能发挥其应有的作用，劳动者呈现"一盘散沙"的状态，对于资方的欠薪行为往往只能单枪匹马，选择高风险（包括采取违法行为）甚至极端方式进行维权。如果按照市场经济的原则修改现行工会制度，可使工会得以代表劳动者的利益来与资方进行协调、谈判，帮助劳动者讨回被拖欠的工资。对此笔者认为，应从以下几个方面修改并完善现有的工会制度。

一是断开工会与资方的资金以及人事联系。工会要想更有效地成为职工的利益代言人，必须与资方没有经济利益联系，其活动经费以及专职工会成员的工资应由职工缴纳的会费支撑。此外，工会的专职主席以及副主席也必须脱离与资方的关系，应全部由职工按照一定的程序选举产生。这样，工会在开展维权活动时就不会受制于资方，能真正代表并争取职工的合法权益。

二是完善工会的职能体系。笔者认为，应将工会的基本职能与其他职能合理区分。维护职工合法权益是工会的基本职能，也是第一位的职能，其他职能则是第二位的职能；当两类职能发生矛盾时，其他职能应服从于维权职能的行使。同时，除必要的政治责任外，不应要求工会承担过高的、不切实际的责任，毕竟工会只是一个维护其所代表的职工利益的社会团体，那些责任应由相应的组织和机构来承担。

　　总之，笔者认为，对于拖欠工资这类经济纠纷的解决不宜动用刑罚手段。在此前提下，解决工资拖欠问题应采取"两条腿"走路的做法，即公力救济和自力救济方式并重。拖欠工资现象的普遍性和严重性表明，必须给自力救济方式以法律的认可和规范，只有这样才能真正有效解决工资拖欠的问题。

热点问题十：末位淘汰制

　　【热点知识】末位淘汰制作为绩效考核制度的一种，是指用人单位根据其总体目标和具体目标，结合各个岗位的实际情况设定考核指标体系，并以此指标体系为标准对员工进行考核，根据考核的结果对得分靠后的员工进行淘汰。

　　末位淘汰制的作用包括正反两个方面。一方面，末位淘汰制有其积极作用，客观上提高了职工的工作积极性，有利于实现人力资源管理的动态化和机构精简等，有力地避免了人浮于事、效率低下等不良状态；另一方面，末位淘汰制也有其消极方面，如有损人格尊严、过于残酷等，容易导致员工心理负担过重、同事关系紧张等不良情况。

　　从法律角度来看，末位淘汰制存在违法的可能性。用人单位和劳动者依据法律规定和双方合意而签订劳动合同，这是在双方自愿基础上的一种行为，一旦订立就对当事双方产生了约束力。在合同期限未满前，任何一方单方解除合同，都必须有法定理由，否则就有违法之嫌。现实中，许多用人单位解除合同的理由仅仅是劳动者的工作表现排在末位，其法律依据是不足的，应为此承担相应的法律责任。

　　从科学角度来看，末位淘汰制也有其不科学之处。各个单位、部门的发展水平是不一致的。例如，在同一行业中，有的单位的"末位"可能是其他单位的"中上位"甚至"首位"，正所谓"末位不末"。如果将这些所谓的末位员工淘汰，即使招入新的员工，实际效果也往往并不如前。与之相反，在总体绩效水平不高的单位里，实际上存在"首位不首"的情况，需要进行的是大刀阔斧的改革，以彻底实现人员的更新换代，然而此时末位淘汰制却会保护那部分"首位不首"的人。事实上，工作有其客观的合格与不合格标准，如果大家的工作都合格甚至很优秀，那么还非要去淘汰其中的一部分显然是不科学的。

从人格角度来看，末位淘汰制过于残酷，有损人格尊严。人的先天因素是不一样的，有的天生聪敏些，有的迟钝些；有的情商高些，有的情商低些；等等。这些先天的差别会反映在其今后的工作中。人的后天因素（如家庭环境、教育背景、生活经历等）也很不同，这些也或多或少会对其工作产生影响。总之，人和人是有差别的，智慧的管理者应当正视和包容这些差别，扬长避短，给予员工更多的机会。

从管理学角度来看，末位淘汰制不符合现代社会以人为本的管理思想。现代管理崇尚"人本管理"，以尊重人性、挖掘人的内在潜能为宗旨，努力通过创造一种宽松、信任的工作环境来充分发挥人的主观能动性、团队精神、责任感、创新性。也就是说，人本思想注重长远效应，而非短期效应。反观末位淘汰制，则是一种典型的强势管理，主张通过强化内部竞争来从严管理，员工所处的工作环境是紧张的，在这种环境下员工的心理压力很大，有一种被动感和被指使感；同事关系紧张，团队精神也严重不足。此外，末位淘汰制往往只注重短期效应，而不在乎人的长远发展和潜力发挥。

综上所述，末位淘汰制具有两面性，既有其积极的一面，又有其消极的一面。只有全面了解其优点和不足，才能全面看待并合理应用之。

【热点话题】如何看待和慎用末位淘汰制？

【热点探讨】鉴于末位淘汰制优缺点并存的特点，所以用之应慎之又慎。具体而言，实践中应考虑用人单位是否具备了适用该制度的条件和环境，是否确定了科学的考评指标体系，是否建立了合理的补偿制度，等等。

首先，应当了解本单位所处的地位和水平。如果本单位人浮于事、人员过剩，没有形成健康有序的管理机制，那么是适合实施末位淘汰制的。反之，如果是一个实施了现代管理制度的企业，人员精干、素质较高、机构简单、具有活力和创造力，那么硬性推行末位淘汰制则可能并不合适，因为那些遭到所谓"末位淘汰"的员工甚至与同类企业的优秀员工相比都还有一定的竞争力。可见，这种员工的流失是无法迅速从人才市场得到补充的，由此给企业带来的损失也是不可估量的。

此外，末位淘汰制的应用需要一定的环境基础。具体到不同的岗位来讲，不同岗位对末位淘汰制的适用性也是不一样的，如销售等岗位的业绩容易量化，相对适合末位淘汰制，而研发等岗位则不易量化，且这种创新性很强的工作需要宽松的外部环境，因而就不太适合采用末位淘汰制。

其次，即便决定适用末位淘汰制，也应当设计一套科学、合理的考核指标体系。否则，考评的结果不科学，淘汰了不该被淘汰的人员，将直接影响用人单位的发展。

考评体系的科学、合理制定，需要用人单位有明确的目标管理制度和清晰的职位职责界定。如果目标不清楚，职责不明确，考核标准无法确定，那么就无法进行考评，也就没有充分的依据来评定谁是末位。例如，某些用人单位实行360度绩效考评制度，并根据该结果实行末位淘汰制，笔者认为应用这种考评方式应当慎重，否则不利于人才的评价和成长。

一是通过实际案例可知，一些埋头工作又不善交际的人常常评分不高，但是，如果这样的员工遭到淘汰，无疑将引起极大的负面效果。因此，在一定情况下，360度绩效考核不宜作为末位淘汰的主要依据。现实中，许多国外企业往往将360度绩效考核用于员工的培训与技能开发，而不是直接将其与淘汰或薪酬挂钩。毋宁说，这是一种360度绩效反馈，而非360度绩效考核。反观我国的很多企业，目前都将360度绩效考核直接作为员工加薪、发放奖金甚至末位淘汰的依据，再加上很多企业的评价标准不够科学、合理，导致考核结果与实际情况产生较大的偏差，员工相互猜疑，人际关系复杂，工作效率被大大拉低。这样一来，不仅绩效管理系统的开发功能无法体现，而且连绩效管理系统的管理功能也无法正常实现。

二是人才成长有其规律和过程。不经过一定的时间，人才是培养不起来的。末位淘汰制易使年轻员工失去工作的连续性，诱发急功近利的毛病，不利于年轻员工的成长。要搞好末位淘汰制，各个单位应当根据实际情况，给每个人特别是年轻人以平等的竞争机会。此外，有些用人单位在"末位淘汰"中采用所谓投票的动机和效果也值得质疑，因其容易成为暗箱操作和领导推卸责任、回避矛盾的借口。

现实中，一些企业在实施"末位淘汰"时机械地用"一把尺子"来衡量所有人，用简单划一的标准对员工进行360度考核，然后根据得分高低进行排序，于是得分在最末范围内的员工遭到淘汰。这种做法显然不够科学、合理，容易造成不公平。例如，对于人力资源部的劳动纠纷处理专员，因为其要经常处理职工和企业之间的矛盾，应重点要求其具有良好的沟通能力；但是对于财务部的出纳来说，则应重点要求其细致、严谨，因为保障资金安全是其最重要的工作任务之一。可见，如果用简单划一的标准去衡量所有的人，则末位淘汰制极有可能把优秀的人淘汰掉，而留下并不一定称职的员工。因此，末位淘汰制的关键在于绩效衡量标准的一致性而非一模一样。所谓一致性，就是根据员工所承担的职责和任务提出相应的考核标准，这种标准应该是个性化的，并与每个人的职责和角色相一致。

此外，采用末位淘汰制时应采取一定的补偿措施。如前所述，末位淘汰制的一个缺点就是缺乏人性关怀，过于残酷。针对这种问题，用人单位应在实施末位淘汰制的同时采取一定的补偿制度，如为被淘汰的员工提供培训机会、换岗另用等，以使这种制度的消极作用降到最低程度。

关于如何有效采用末位淘汰制这个问题，笔者有以下建议。

第一，合理确定"末位"。俗语说"十个指头有长短"，员工的表现也存在一定差异。当这种差异按不同的标准来排序时，其结果会不一样，但总会存在一个末位。需要注意的是，当排序的标准不一样时，末位的评定也可能有所不同。可见，末位的评定与排序标准密切相关，而这又与排序标准或者说排序工具的信度和效度有关。

第二，慎重处理淘汰问题。一方面，被淘汰的员工并不意味着其很差。例如，一个纪律性强和有良好服从意识的员工可能适合做生产人员，但并不适合从事市场开发工作，如果其从事的是不擅长的工作，则必然在竞争中处于劣势。另一方面，所谓淘汰也不是简单粗暴地将员工裁掉，而是应当视企业情况和员工特点，帮助员工发挥其优势，找到新的、合适的定位。例如，企业在确定末位淘汰的对象时，不能只评价其目前工作业绩的优劣，而是要通过对该员工能力的全面考察，进一步确认其潜力所在，同时根据员工的业绩表现和发展预期，逐步建立起企业的人才矩阵。此外管理者还应该明白，人与人的绩效差异除了来自其自身的禀赋和努力程度外，还与他们所处的工作系统有千丝万缕的关系。所谓工作系统，包括同事关系、工作内容、原材料和设备情况、顾客情况、所接受的管理和指导、所接受的监督以及外部环境等因素，而这些因素很大程度上并不在员工的掌控之中。

对那些绩效良好的员工，企业可以通过晋升的方式为他们提供更大的舞台和更多的机会，帮助他们获得更好的业绩。对那些绩效不佳的员工，管理者应该认真分析其绩效不佳的原因是什么。如果确因员工自身不努力、消极怠工，可以采取淘汰的方式；如果是员工的能力特点与现有工作要求不匹配，则可以考虑进行调岗。

第三，为了使末位淘汰制更好地发挥作用，应采取一些灵活的办法和措施。例如，鉴于某些员工排在末位存在一定的偶然性，笔者建议实行末位淘汰制时可采用"1+1"滚动累加办法，即对第一年考核处在末位的，先亮黄牌警告，第二年经过努力，名次上去了，就不予淘汰；如果第二年仍无改进，再行淘汰不迟。这样，既可以激发员工的进取精神，又可有效防止末位淘汰中的偶然性。同时，业绩考评的评比程序和评比标准要公开，进行"阳光操作"，让大家心服口服；考核过程要严谨、规范、实事求是，确实没有达到标准的，也不宜一上来就硬性确定"末位"比例而强行淘汰。此外还要突出"末位帮带"，既要讲对末位的"淘汰"，更要讲对末位的"帮带"。因为实施末位淘汰制的目的不是简单地将"末位"淘汰掉，而是激励大家争先创优，把工作做好。无论对谁来说，处在"末位"时都会承受很大的压力，情绪也会受到很大的影响。对这样的员工，用人单位不能置之不理，而应妥善做好"下文"，一方面做好其思想工作，另一方面帮其找出原因，确立正确的目标，尽快摆脱"末位"。

第四，适合的就是最好的。应该说，任何管理制度都不是放之四海而皆准的，都有一个特定的适用范围和阶段，如果不分条件、时间、范围硬要去套用，可能适得其反。此外如前所述，"末位淘汰"不是管理者的最终目的，而是应通过该机制充分调动职工的主观能动性、积极性和创造性，从而实现管理效益的最大化。

同时，末位淘汰制的实施对组织规模有一定的要求。要在一个组织中实施末位淘汰，其前提是组织中员工的素质和表现符合统计学中的正态分布，即大多数人表现为中等，表现很好和表现很差的人都是少数。这种分布特点在统计对象数量巨大的时候或许是成立的，但是对一个只有几十人的公司来说，员工的表现其实不太可能符合正态分布。

此外，末位淘汰制对行业特点也是有一定要求的。如前所述，所谓的"末位"，通常是仅就某一组织内的排名而言的，其在行业内的排名可能并不低甚至很靠前。因此，当这批所谓的"末位"被裁掉之后，用人单位往往很难保证新招进来的人更合适；加上招聘成本，这种"换血"大多得不偿失。例如，就软件公司而言，其开发人员大都要经过公司较长时间的培养才能创造效益，因此很难在公司外直接招聘到这种人才，这与制造企业的情况很不相同。因此，末位淘汰制并不适合软件公司这样的企业。

不仅如此，末位淘汰制也仅适于特定阶段的人力资源情况。例如，在企业创业之初，管理比较混乱，有的甚至连人力资源的规章制度都不健全，更谈不上建立严格的员工竞争机制。此时，为激励员工，提高工作效率，使"能人"脱颖而出，实行末位淘汰制或许未尝不可。

第五，实施末位淘汰制时应充分考虑企业文化的特点。例如，在管理中崇尚"Y理论"（即将个人目标与组织目标相融合）的企业，相比其他特点的企业，其导入末位淘汰制的需求较弱。主要原因在于其所强调的管理基础与别的企业不一样，如日本企业强调的是团队的技能和合作，较少实行严格意义上的末位淘汰，而更多采用的是企业内部的岗位调配和轮换。

有的企业以美国通用电气公司（GE）的活力曲线为学习榜样，将员工划分为A（20%，超出工作要求）、B（70%，胜任工作）、C（10%，不胜任工作，是淘汰的对象）三类。但是应当看到，通用公司在执行这一政策时是有相当严格的前提的，并且该政策的执行在一些时候也并不完美。

通用电气公司前首席执行官（CEO）韦尔奇曾对活力曲线有一段精彩的阐述："我们的活力曲线之所以能够发生作用，是因为我们花了10年时间在GE公司建立起了一种绩效文化。在这种文化里，人们可以在任何层次上进行坦率的沟通和回馈。坦率和公开是这种文化的基石，我不会在一个并不具备这种文化基础的企业组织里强行使用这种活力曲线。"反观一些热衷于推行"末位淘汰"的企业，又有多少具备了这种以"坦率和公开"为基石的绩效文化呢？

热点问题十一：带薪年休假制度

【热点知识】随着我国《年休假条例》于2008年1月1日实施，人们期盼多年的带薪休假制度伴随这一法规的落地而得以实现。为实施好该条例，人力资源和社会保障部又于2008年9月18日发布了第1号令《年休假实施办法》，该实施办法进一步明确和细化了《年休假条例》中的若干内容，为条例的落实提供了标准和保障。其实，早在1995年1月1日实施的劳动法就已经规定了这一制度①。其后由于国务院一直没有出台相应的实施办法，根据劳动部于1995年8月11日印发的《关于贯彻执行〈中华人民共和国劳动法〉若

---

① 我国劳动法第45条规定，国家实行带薪年休假制度。劳动者连续工作一年以上的，享受带薪年休假。具体办法由国务院规定。

干问题的意见》之规定：实行新工时制度后，企业职工原有的年休假制度仍然实行。于是，一些企业依据 1991 年 6 月 15 日中共中央、国务院发布的《关于职工休假问题的通知》（国发电〔1991〕2 号）安排职工休假①。但上述规定存在两个明显的不足：一是内容笼统，操作性不强；二是没有规定相应的法律责任。这样就导致很多企业不愿给劳动者安排休假，有些企业即使安排了休假也标准不一、五花八门。可见，尽管《年休假条例》和《年休假实施办法》在一定程度上弥补了以前法律、法规的不足和缺陷，但也并非尽善尽美。

【热点话题】多长的带薪年休假是合理的？

【热点探讨】笔者经考察后认为，我国目前的企业职工带薪年休假制度仍然存在一定的问题，具体表现在以下几个方面。

第一，年休假时间短。《年休假条例》第 3 条规定："职工累计工作已满 1 年不满 10 年的，年休假 5 天；已满 10 年不满 20 年的，年休假 10 天；已满 20 年的，年休假 15 天。"从这一规定可知目前我国最长的年休假为 15 天，即使加上中间的周休日也不过 19 至 21 天。相比国际上的年休假情况而言，我国的年休假是比较短的。年休假的目的就在于让职工充分放松身心，而过短的休假时间是无法达到这一目的的。近年来，许多企业员工出现了"亚健康"的状况，有人年纪轻轻便患上了"老年病"，还有屡屡发生的"过劳死"事件，种种这些都在提醒人们放松和休息的重要性。

第二，对年休假的决定权规定不明确。笔者认为，《年休假条例》在带薪年休假决定权方面的规定尚不够科学和明确。根据其规定，机关、团体、企业、事业单位、民办非企业单位、有雇工的个体工商户等单位的职工连续工作 1 年以上的，享受带薪年休假。单位应当保证职工享受年休假。职工在年休假期间享受与正常工作期间相同的工资收入②。单位根据生产、工作的具体情况，并考虑职工本人意愿，统筹安排职工年休假。年休假在 1 个年度内可以集中安排，也可以分段安排，一般不跨年度安排。单位因生产、工作特点

---

①　该文件有以下相关规定。1. 各地区、各部门在确保完成工作、生产任务，不另增人员编制和定员的前提下可以安排职工的年休假。2. 确定职工休假天数时，要根据工作任务和各类人员的资历、岗位等不同情况有所区别，最多不得超过两周。休假时间要注意均衡安排，休假方式一般以就地休假为主，一律不准搞公费旅游，也不得以不休假为由向职工发放或变相发放钱物。3. 企业职工休假，由企业根据具体条件和实际情况，参照上述精神自行确定。

②　参见：《职工带薪年休假条例》第 2 条。

确有必要跨年度安排职工年休假的，可以跨 1 个年度安排。单位确因工作需要不能安排职工休年休假的，经职工本人同意，可以不安排职工休年休假。对职工应休未休的年休假天数，单位应当按照该职工日工资收入的 300% 支付年休假工资报酬①。《年休假实施办法》也有类似规定：用人单位根据生产、工作的具体情况，并考虑职工本人意愿，统筹安排年休假；用人单位确因工作需要不能安排职工年休假或者跨 1 个年度安排年休假的，应征得职工本人同意②。

从上述规定不难看出，用人单位在年休假的决定权方面占有极大的主动性，但同时要求用人单位在统筹安排年休假时要考虑职工本人的意愿，因工作需要不能安排时要经职工本人同意。这种情况下，现实中职工和用人单位之间极易因此而发生争议。例如，如果职工本人不同意时怎么办？此外，如果用人单位已经安排了年休假，而职工本人不愿意休的话怎么处理？当然，关于职工本人不愿意休假的问题，《年休假实施办法》规定：用人单位安排职工休年休假，但是职工因本人原因且书面提出不休年休假的，用人单位可以只支付其正常工作期间的工资收入③。根据这一规定，这种情况下用人单位不需要向职工支付带薪年休假的经济补偿金，但应由职工本人书面提出该意愿。问题是，如果职工不愿提供书面材料，用人单位又该如何处理呢？

无疑，年休假对职工而言是一项重要的权利，而从权利的性质来看，权利主体既可以行使也可以放弃权利。从这个意义上来说，职工对于一年中何时、以什么方式行使年休假这项权利应该完全其自己决定，用人单位应当配合职工行使这项权利，如果职工自己决定放弃权利则不应该得到补偿。

与此同时，职工在行使这项权利的时候必须兼顾用人单位的实际需要。例如，我国很多企业的业务是属于出口加工型的，客户对于产品的交付往往有严格的时间要求；还有一些企业由于受原材料自然生长期限、消费者购买习惯等因素的影响和制约而存在生产和销售等方面的特定周期，也就是说存在产销淡季和旺季的情况。针对上述企业的实际情况，如果职工都选择订单产品的生产期间或者产销旺季休年假，那么用人单位的利益（实际也包括职工的利益）则很难得到保障。

---

① 参见：《职工带薪年休假条例》第 5 条。
② 参见：《企业职工带薪年休假实施办法》第 9 条。
③ 参见：《企业职工带薪年休假实施办法》第 10 条第 2 款。

第三，年休假和其他假期的折抵规定不够细化。我国《年休假条例》确实明确了年休假可以同一些假期进行折抵，但还不够细化。例如，假设职工已经享受了带薪年休假，又于当年内出现了《年休假条例》第 4 条第 2、第 3、第 4、第 5 项规定的情形之一①，那么这种情况是否会影响其下一年的年休假？对于这种情况，《年休假实施办法》规定：职工已享受当年的年休假，年度内又出现《年休假条例》第 4 条第 2、第 3、第 4、第 5 项规定情形之一的，不享受下一年度的年休假②。

对于上述规定，笔者认为，如果本年度年休假和下年度年休假长短相同，这样规定还是比较合理的。但是，如果不相同怎么办？例如，某职工本年度年休假根据当年的工龄（9 年多）应为 5 天，而下年工龄增长为满 10 年，年休假应为 10 天。这种情况下，如果该职工在当年出现了《年休假条例》第 4 条第 2、第 3、第 4、第 5 项规定的情形之一，根据《年休假实施办法》的规定，其就不能享受下年 10 天的年休假，这种结果对该职工是否公平？值得商榷。又如，职工请事假累计已超过本人应休年休假天数但不足 20 天的情况，能否折抵当年的年休假？

针对上述问题，笔者认为应在以下几个方面加以完善。

第一，适当延长带薪年休假的时间。实践证明，多休假、多休息不论对员工个人、对企业还是对社会都是有益的，企业和社会应着眼长远，支持职工的休假权利。充分享受带薪年休假，已成为现代社会人们生活极其重要的组成部分。如前所述，世界上不少国家和地区也都规定了时间较长的职工带薪年休假。同这些地方的带薪年休假时间相比，我国的带薪年休假显得有些短。对此笔者认为，可以借鉴德国的做法，即新员工可享有 20 天的带薪年休假，此后休假天数随工龄的增加而增加，最长每年可享受 30 天的带薪休假。

第二，应明确赋予用人单位在特殊情况下对带薪年休假的决定权。既然带薪年休假对于职工来讲是一项权利，就应该赋予其相应的决定权。但这并不是说职工想何时休就何时休，其也应当充分考虑用人单位的实际工作需要，

① 《职工带薪年休假条例》第 4 条规定，职工有下列情形之一的，不享受当年的年休假：（一）职工依法享受寒暑假，其休假天数多于年休假天数的；（二）职工请事假累计 20 天以上且单位按照规定不扣工资的；（三）累计工作满 1 年不满 10 年的职工，请病假累计 2 个月以上的；（四）累计工作满 10 年不满 20 年的职工，请病假累计 3 个月以上的；（五）累计工作满 20 年以上的职工，请病假累计 4 个月以上的。

② 参见：《企业职工带薪年休假实施办法》第 8 条。

尤其是对那些出口加工型的、存在产销淡季和旺季的用人单位而言更应如此。

通常而言，用人单位应当在年初制订一个职工年休假计划，按季度或月份划分出年休假的时间段，由职工进行初步选择。同时，职工一般应至少提前两周将其休假安排通知用人单位，以便对方作好工作安排。此外，到了每年的第四季度，用人单位应当主动安排职工带薪年休假（除非职工书面表示不休假）。

对于那些出口加工型的、存在产销淡季和旺季的用人单位，有关部门应制定法律法规和政策，明确赋予其特殊情况下对带薪年休假的决定权。具体而言，是指这些用人单位在订单生产期间、生产和销售的旺季期间拥有对带薪年休假的决定权。当然，为了避免这些用人单位滥用其权，应规定由当地的劳动行政部门确认其特殊情况。也就是说，这些用人单位是否存在上述需要对员工带薪年休假行使决定权的特殊情况，应通过其向当地劳动行政部门进行备案乃至批准的方式予以审核和认定。

此外，如果用人单位已经安排了带薪年休假而职工不愿意休假，则意味着职工本人放弃了自己的这项权利，那么应当视其已经享受了当年的年休假，不能在下一年补休，也不能领取相应日工资300%的补偿金。事实上，德国为了鼓励职工休假，就有这样的规定。如前所述，我国的《年休假实施办法》里也规定了这一内容。如果出现职工不愿意提供不休假的书面材料这种情况，用人单位可以通过邮寄告知材料的方式要求职工予以确认，职工如不在规定的期限内答复用人单位，则视为其不愿意休假。

第三，应合理规定年休假和其他假期的折抵内容。如果职工在年内已经休了年休假而又出现《年休假条例》规定的事假和病假等情况，为公平起见，用人单位应规定这些事假和病假须折抵下一年的年休假，《年休假实施办法》中也有这样的规定。同时，如果出现本年度年休假和下年度年休假期限长短不相同的情况，则应该规定：下年度年休假期限超过本年度年休假的部分不能折抵。

此外，如果出现职工请事假天数累计已超过本人应休年休假天数但不足20天的情况，应规定其可以折抵当年的年休假。因为目前我国职工的年休假时间根据其工作年限有5天、10天和15天等不同的档次，如果只使用同一个事假标准来折抵有失公允。

总之，《年休假条例》和《年休假实施办法》的颁布实施是一个良好的开端，接下来还需要在实践中不断完善。健全、合理的带薪年休假制度不仅保护了职工的休息权，保护了职工的身心健康，而且从长远看也有利于促进劳动关系的稳定、和谐发展，从而可极大提高劳动者、用人单位的共同发展，乃至促进整个社会的发展进步。

热点问题十二：竞业限制制度

【热点知识】竞业限制又称竞业避止或竞业禁止，一般是指企业为保守商业秘密和维护竞争优势，根据法律规定或者合同约定，禁止员工在企业工作期间以及离职后一定期限内从事与原企业有竞争关系的业务（既包括在与企业有竞争关系或者其他利害关系的其他企业任职，也包括自己生产、经营与原单位有竞争关系的同类产品或经营同类业务）。

根据限制的期间不同，企业竞业限制包括以下两种形式。

第一，任职竞业限制。该限制又称法定竞业避止，因为其是基于法律的直接规定而产生的。该限制的主要义务主体是企业的高级管理人员，如股份有限公司的董事、经理，中外合资经营企业的总经理、副总经理，合伙企业的所有合伙人等。之所以设置任职竞业限制，是因为上述高级管理人员"位高权重责任大"，整个企业的决策、业务的执行在很大程度上有赖于他们的敬业、尽责工作，他们也应当尽心尽力履行好职责，维护企业和相关各方的利益。尤其重要的是，他们由于职务的关系，直接掌管或知悉本企业的内部信息或商业秘密。因此，如果在其任职期间不禁止他们自营或为他人经营与所任职企业相同、类似的业务，极有可能给其所在企业带来极大损失。

第二，离职竞业限制。顾名思义，该类竞业限制是指员工在离开企业后的一段期间对其从业的限制，一般是基于当事人在劳动合同或有关企业竞业限制专项协议中的约定而产生的，该类竞业限制的义务主体不仅仅是公司的高级管理人员，还包括由于业务关系经常或有时接触到企业商业秘密的普通员工。

显然，竞业限制是对员工劳动择业权的一种限制，甚至某些情况下会影响其择业和发展，尤其是离职后的限制。毕竟，在现代社会分工越来越细的情况下，一个人求职的顺利与成功与否很大程度上取决于其专业、经验、技能等，如果因在上一家单位的工作而受到竞业限制，那么其再获理想工作的难度将明显增加，收入也会受到相应影响。可是从企业的角度考虑，竞业限制又是必不可少的，没有这一制度的保护，掌握企业商业秘密的员工就有可能随意跳槽，企业之间"挖墙角"的现象也会频繁出现，从而造成恶性竞争、不正当竞争，进而损害市场经济的公平性。因此，如何平衡二者的关系和劳资双方的利益，就成为制定此类制度和法律的基础和依据。总体而言，在设计合理的竞业限制制度的问题上，需要注意运用好以下几方面原则。

首先，"私法自治"原则的适用。一般的法学理论将劳动法纳入社会法的范畴，即劳动法既是私法，又具备公法的性质。从劳动法是私法的角度来看，"私法自治"的原则应当适用于劳动领域，尤其是法律未加以强制的方面。我国劳动法第 22 条规定，劳动合同当事人可以在劳动合同中约定保守用人单位商业秘密的有关事项。根据这一规定，各地出台的地方性法规或规章也大都将保守商业秘密的手段或措施作为约定条款加以规定，明确劳动关系双方当事人可以在劳动合同中约定竞业限制事项。为了保障这一约定的效力，劳动合同法更强调规定，用人单位同时可以约定相应的违约金，以作为劳动者违反约定时对用人单位的补偿。从我国的法律规定来看，竞业限制不属于劳动领域的禁止性范畴，当然这主要适用于离职竞业限制的情况。

其次，"劳动既是权利又是义务"理论的运用。根据劳动法理论以及各国宪法及劳动法的规定，劳动既是公民的权利，又是公民的义务。劳动作为一项权利，意味着公民有平等的就业权和自主的择业权，尤其是择业权，要求个人就业、择业的权利不被非法干扰和干预。劳动作为一项义务，则说明劳动者的择业权不是无限的，在法律及双方有约定的情况下，劳动者要遵守法律及约定。

最后，"权利和义务对等"原则在竞业限制中的有效应用。法治的应有含义是权利和义务必然对等，否则法律与道德等在规范方式上就无法区别开来了。显然，竞业限制制度有利于劳动关系双方当事人中的用人单位一方，它有效地保护了用人单位的商业秘密，劳动者则要为此付出代价——择业的限制或者收入的减少。这就要求在立法中和双方约定时充分考虑劳动者的利益及补偿，在商业秘密的界定、竞业主体的范围、限制的期限、补偿的标准、承担责任的方式等方面坚持从严原则以及权利和义务对等原则。

【热点话题】劳动合同法中关于竞业限制规定的不足之处

【热点探讨】近年来，国内企业特别是高科技企业集体跳槽事件时有发生。例如，北大方正助理总裁周险峰带领团队集体加盟海信，清华同方 4 位重要销售人员转投长城电脑，腾讯公司 15 名员工集体辞职投奔竞争对手，等等。离职员工可能掌握着原用人单位重要的商业秘密，而竞业限制制度便是保护用人单位商业秘密的重要武器。2005 年，轰动一时的微软公司和李开复竞业限制纠纷就是一个典型案例。该案中，美国法官判令限制李开复在谷歌（Google）公司的工作范围这一最终结果便说明了这一点①。反观我国，关于保护商业秘密的竞业限制制度尚不完善。我国于 2008 年起施行的劳动合同法明确规定了竞业限制条款②，该条款对竞业限制的内容、对象、期限等作出了规定，在一定程度上解决了此类问题。但是，该条款在经济补偿金的多少以及支付方式和期限、条款的法律效力、竞业限制条款启动的条件等方面的规定仍然不够具体，甚至没有作出规定。由此，各地出台了大量内容各异甚至与劳动合同法完全相反的规定和解释，不同法院在审理涉及竞业限制个案时的做法也不一致。此外如前所述，根据限制期间的不同，竞业限制也有两种形式，即在职竞业限制和离职竞业限制，但现行劳动合同法只规定了离职竞业限制而缺乏在职竞业限制的内容。下面，笔者在梳理相关规定及个案的基础上分析了法律条款在竞业限制规定方面存在的不足之处，并从用人单位的角度提出完善相关法律和制度以合理运用竞业限制条款的建议。

（一）劳动合同法中有关竞业限制条款的不足之处

1. 离职竞业限制条款的内容以及生效的要件不明确

离职竞业限制条款一般应包括竞业限制的对象、期限、经济补偿金、地域、违约金等项内容，而劳动合同法只对竞业限制的对象作出了明确的限定（即规定仅限于用人单位的高级管理人员、高级技术人员和其他负有保密义务的人员），但对其他内容并没有明确的规定，尤其是没有规定这些事项的有无及其具体内容的明确与否与该竞业限制条款效力的关系问题。如果用人单位与劳动者只约定了竞业限制的意思表示，而欠缺上述事项或者该事项的具体内容，那么该竞业限制条款是否具有法律效力就是一个实践中争议较大的问题。

有观点认为，以上这些事项的欠缺及其内容的明确与否不影响该竞业限制条款的法律效力，有些地方也直接规定了相应的范围。例如，针对经济补

---

① 劳动合同法出台竞业限制改变职场规则（二）。见：http://www.kaogo.com/web_news/html/2007-2/2007271141147717082-2.html。

② 参见：《中华人民共和国劳动合同法》第 23 条第 2 项之规定。

偿金的部分，2009 年上海市高级人民法院发布实施的《关于适用〈劳动合同法〉若干问题的意见》中就有这样的内容①，该意见明确认为，竞业限制条款中没有经济补偿金的约定不影响该条款的法律效力；双方如果协商不成，用人单位应当按照劳动者此前正常工资的 20%～50%支付。此外，包括《浙江省技术秘密保护办法》（浙江省人民政府令第 198 号）、《珠海市企业技术秘密保护条例》和《深圳经济特区企业技术秘密保护条例》等在内的一些地方法规也对竞业限制的补偿作出了类似规定。

但也有与上述规定相反的观点，即认为这些事项的欠缺及其内容的明确与否直接影响竞业限制条款的法律效力。因为竞业限制条款的约定是对劳动者劳动权的一种限制，如果只有竞业限制的意思表示而缺乏具体的内容限定，那么就会造成劳动者只尽义务而没有相应的权利，用人单位只享受竞业限制带来的利益而不用尽到相应的义务（尤其是支付经济补偿金的义务）的问题，而这是违背权利与义务对等的法律原则的。在这种情况下，应依据劳动合同法第 26 条第 2 项②的规定，认定该竞业限制条款无效。例如，2009 年 4 月 16 日浙江省高级人民法院发布实施的《关于审理劳动争议案件若干问题的意见（试行）》第 40 条规定：用人单位与劳动者约定竞业限制但未同时约定经济补偿，或者约定经济补偿的数额明显过低、不足以维持劳动者在当地的最低生活标准的，属于劳动合同法第 26 条第 2 项规定的"用人单位免除自己的法定责任、排除劳动者权利的"情形，该竞业限制条款无效。与此类似，有观点认为这类条款的内容显失公平，对劳动者不利，劳动者可以依据合同法第 54 条③的规定请求劳动争议仲裁委员会或人民法院予以撤销。

上述两种观点都有其合理性。之所以出现实践中的争议，缘于劳动合同法就竞业限制条款的内容没有作出明确的规定。如果劳动合同法规定了将经

---

① 上海市高级人民法院发布实施的《关于适用〈劳动合同法〉若干问题的意见》（沪高法〔2009〕73 号）第 13 条规定："当事人对竞业限制条款约定不清的处理：劳动合同当事人仅约定劳动者应当履行竞业限制义务，但未约定是否向劳动者支付补偿金，或者虽约定向劳动者支付补偿金但未明确约定具体支付标准的，基于当事人就竞业限制有一致的意思表示，可以认为竞业限制条款对双方仍有约束力。补偿金数额不明的，双方可以继续就补偿金的标准进行协商；协商不能达成一致的，用人单位应当按照劳动者此前正常工资的 20%～50%支付。协商不能达成一致的，限制期最长不得超过两年。"

② 《中华人民共和国劳动合同法》第 26 条规定："下列劳动合同无效或者部分无效：（二）用人单位免除自己的法定责任、排除劳动者权利的。"

③ 《中华人民共和国合同法》第 54 条规定："下列合同，当事人一方有权请求人民法院或者仲裁机构变更或者撤销：（一）因重大误解订立的；（二）在订立合同时显失公平的。"

济补偿金等作为竞业限制条款的必备内容，则缺乏此类内容的就可以被认定为无效；反之，具备此类内容的就可以被认定为有效。那么，这样的争议或许就不会出现了。

2. 离职竞业限制条款启动的条件不明确

劳动合同法关于竞业限制条款的规定还存在一个问题，即竞业限制条款启动的条件不明确。如果劳资双方在竞业限制条款中规定了经济补偿金等必备内容，则条款的合法有效不成问题；但如果当劳动者离开用人单位后，用人单位没有按约履行支付经济补偿金的义务，这种情况下竞业限制条款还能否启动？用人单位的上述行为是否引起该条款的自动失效？如果答案是肯定的，则这种情况下劳动者可以不用遵守原条款对自己"竞业"的"限制"了。此外，如果劳动者遵守了竞业限制的约定，能否要求用人单位向自己支付经济补偿金的义务呢？

对于上述问题，现实中劳资双方的认识和不同司法机构的理解出入较大。在不少情况下，劳资双方包括一些司法机构认为，劳动合同解除或终止后，只要用人单位不支付经济补偿金，劳动者就可以到与原用人单位有竞争关系或其他利害关系的企业任职，也可以自己生产、经营与原单位有竞争关系的同类产品或经营同类业务。例如，前述浙江省高级人民法院发布实施的《关于审理劳动争议案件若干问题的意见（试行）》第41条规定：用人单位未按约定支付经济补偿的，竞业限制条款对劳动者不再具有约束力。此外，从浙江省的这一规定来看，用人单位不支付经济补偿金的行为会引起竞业限制条款的无效；那么反过来，如果劳动者遵守了竞业限制的约定并要求用人单位依约支付经济补偿金，劳动争议仲裁委员会或人民法院出于"保护弱者"的劳动法原则又会支持劳动者。这就陷入了一个悖论：用人单位不支付经济补偿金的行为已经造成竞业限制条款的失效，如果此时劳动者的诉求又得到支持，那么这种支持不就成了"无源之水"了吗？

3. 关于离职竞业限制经济补偿金的规定过于简单化

在离职竞业限制条款中，最重要的内容莫过于经济补偿金，但我国劳动合同法对这一重要的内容的规定却显得过于简单，表现在以下两个方面。

（1）缺乏经济补偿金的支付标准。诚然，劳动合同法中之所以没有规定经济补偿金的支付标准，有其一定的客观理由：全国各地用人单位有大有小，想要保护的商业秘密重要程度又各有不同，规定完全统一的补偿标准确实有一定难度。但是，这并不影响规定最低的支付标准或范围。实际上，现实中有的以当地最低工资标准为依据，有的以当地最低生活标准为依据，如上述浙江省的规定就是如此。当然，究竟以哪个标准为依据比较合理，是一个可以讨论的问题。

（2）经济补偿金的支付方式过于机械。劳动合同法规定：在竞业限制期限内，用人单位要按月给劳动者以经济补偿。笔者认为，这一规定过于机械，不符合人才国际化流动以及我国幅员辽阔的实际状况，对当事双方也不便利。支付经济补偿金的目的是让就业受到限制的劳动者获得一定的弥补，只要劳动者能拿到这笔钱就可以了，不必拘泥于是不是必须离职后按月领取。在前述 2005 年微软公司与李开复的竞业限制案件中，微软公司支付给李开复的年薪中就包括上百万美元的竞业限制补偿金，这种支付方式也为微软公司所在国法律所认可。

4. 缺乏在职竞业限制的内容

笔者认为，为保护用人单位的商业秘密，规定在职竞业限制的内容确有必要。现实中，一些员工为获取更多收入，"脚踩两只船"甚至"三只船"，这对用人单位的商业秘密构成了极大的威胁甚至破坏。应当说，我国公司法、中外合资经营企业法[①]和合伙企业法等也规定了高级管理者的竞业限制的义务。例如，上述法律规定，股份有限公司的董事、经理，中外合资经营企业的总经理、副总经理，合伙企业的所有合伙人等，在任职期间均应遵守竞业限制的义务。如前所述，作出这类竞业限制的原因是上述企业的高级管理人员拥有管理企业事务的极大权力，且直接掌管或知悉本企业的内部信息或商业秘密。因此，如果对其在任职期间不作出必要的竞业限制，很有可能给所在公司带来极大的风险和损失。也有观点认为，我国劳动合同法第 39 条第 4 项[②]的内容就包含在职竞业限制的内容。

对此笔者认为，上述规定或观点不能说明在职竞业限制不需要在劳动合同法中加以明确。因为，公司法规定的竞业限制义务主体仅仅是公司的高级

① 此法已于 2020 年 1 月 1 日废止。
② 《劳动合同法》第 39 条规定："劳动者有下列情形之一的，用人单位可以解除劳动合同：（一）在试用期间被证明不符合录用条件的；（二）严重违反用人单位的规章制度的；（三）严重失职，营私舞弊，给用人单位造成重大损害的；（四）劳动者同时与其他用人单位建立劳动关系，对完成本单位的工作任务造成严重影响，或者经用人单位提出，拒不改正的；（五）因本法第二十六条第一款第一项规定的情形致使劳动合同无效的；（六）被依法追究刑事责任的。"

管理人员，而对那些由于业务关系经常或有机会接触企业商业秘密的普通员工，就没有规定其类似的义务。至于劳动合同法第 39 条第 4 项的内容，更不可能包含在职竞业限制的内容，因为该条款是对兼职员工的解除理由，它强调的是员工在职期间与其他单位建立劳动关系，如果影响其本职工作或经提醒不加改正的，用人单位可以此为由解除双方的劳动关系。这里的"其他单位"范围很广泛，规定该条款的主要目的是希望员工将主要精力放在本职工作上；而在职竞业限制的目的是保护用人单位的商业秘密，主要限制的是员工在同类企业或公司任职，或本人从事该类业务。

（二）用人单位合理运用竞业限制条款时所应采取的措施

针对现行劳动合同法关于竞业限制条款所存在的上述缺陷，结合有关竞业限制制度的法理依据，笔者认为用人单位应采取有效措施，合理运用竞业限制条款以保护自己的商业秘密，具体如下。

1. 应在劳动合同或竞业限制协议中明确离职竞业限制的必备事项

离职竞业限制的内容一般规定在劳动合同或专项竞业限制协议中，协议中应规定清楚相关内容。从前述有关各地的规定来看，有些内容应按照必备事项对待，这些事项是竞业限制条款中必不可少的，也是竞业限制协议生效的必要条件。例如，经济补偿金应作为竞业限制协议中的必备事项，因为对于劳动者来讲，在竞业限制协议中最主要的义务就是其在限定期限内的就业权要受到一定的限制，而用人单位与之相对应的最主要义务便是向劳动者支付经济补偿金；如果双方签订的竞业限制协议中缺少了这一内容，便违背了合同订立中的权利、义务对等原则。现实中往往出现这样的情形，即用人单位利用劳动者急于找工作的心理而令之签订缺少补偿条款的竞业限制协议或劳动合同。为此，劳动者经常以"用人单位排除劳动者的义务"为由要求认定该条款无效，或者以"内容显失公平"的理由要求行使撤销权以撤销该条款。

同时，违约金也应作为必备事项处理。因为就违约金来讲，如果双方就此事项在劳动合同或竞业限制协议中没有约定或约定不明确，则劳动者出于利益的考虑，在事后很难与用人单位就此达成补充协议，于是该项内容最后往往会被认定对双方不具有约束力。

此外，竞业限制的地域范围、期限等可被视为可备事项。可备事项是相对必备事项而言的，如果缺少，一般不会影响竞业限制协议的法律效力，并且双方事后容易通过协商再确定相关内容。如果双方无法就可备事项达成一致，则可以根据法律规定和民事惯例加以确定。例如，假使地域范围不明确，事后双方也不能达成一致，则司法机关通常会通过用人单位的业务范围、商业秘密的重要程度以及商业惯例等因素加以确定；假使竞业限制的期限不明确，则司法机关一般会以不超过法定的两年为限予以确定。

2. 应约定离职竞业限制协议在履行过程中的条件

根据上述分析，现行劳动合同法尚未就离职竞业限制协议在履行过程中的条件作出规定，包括该协议启动的条件、终止的条件等。基于"法不禁止即可为之"的法律原理，用人单位应当在离职竞业限制协议中作出相应的约定。为此笔者建议应明确以下几点。

第一，用人单位不履约的行为并不能造成竞业限制协议的自动失效。

第二，应规定劳动者负有一定的提前催告期义务。也就是说，在用人单位不支付经济补偿金的情况下，应规定劳动者负有向用人单位催告的义务，催告期的长短应与双方约定的竞业限制期限挂钩。

第三，如果用人单位接到催告后仍不支付经济补偿金，则劳动者可以不受该竞业限制协议的约束，同时也意味着该协议的失效。同时，劳动者也仅有权要求用人单位支付该协议失效前的经济补偿金。

第四，在竞业限制期限内，双方应约定，一旦用人单位停止支付经济补偿金，则视为竞业限制协议自动失效，用人单位不必向劳动者支付剩余期限的经济补偿金。

3. 应合理确定离职竞业限制经济补偿金的有关内容

（1）双方应合理约定经济补偿金的最低标准和支付依据。在劳动合同法公布实施之前，一些地方性法律文件已对经济补偿金的标准作出了一些规定。例如，《深圳经济特区企业技术秘密保护条例》规定，经济补偿金按年计算，不得少于员工离开企业前最后一个年度从该企业获得报酬总额的2/3，在劳动合同或协议中没有约定的，按该规定的最低标准计算；《珠海市企业技术秘密保护条例》规定，双方应约定经济补偿金的数额，没有约定的，年补偿费不得低于该员工离职前一年从该企业获得的年报酬的1/2。

劳动合同法公布实施之后，也有一些地方性法律文件对经济补偿金的标准进行了规定。例如，2009年浙江省高级人民法院发布实施的《关于审理劳动争议案件若干问题的意见（试行）》第40条规定，用人单位向劳动者支付经济补偿数额的最低标准是当地的最低生活标准；而上海市高级人民法院发布实施的《关于适用〈劳动合同法〉若干问题的意见》则规定，双方如果就经济补偿金的内容协商不成，则用人单位应当按照劳动者此前正常工资的20%～50%进行支付。

参看现有法律文件的规定，再结合经济补偿金的性质以及对劳动者生活质量的影响等因素，笔者认为，经济补偿金的每月最低标准应不低于当地失业保险金的数额（如果双方约定的经济补偿金低于当地的失业保险金，则以后者为准）。其原因在于，劳动者遵守竞业限制条款的约定后，最不利的状况便可能是失业，如果有了经济补偿金则不至于使其生活陷于困顿。当然，在此基础上，双方可以根据以下情况约定更高的标准：一是离职后竞业限制的期限，该期限越长，补偿也应该越多，因为员工离开自己原来专业、职业的时间越长，其重新从事此类工作的难度就越大；二是商业秘密对于该用人单位的重要性，越是重要、核心的商业秘密，用人单位越应（也越值得）为此付出更大的代价；三是劳动者工作年限的长短；四是劳动者转行的可能性。

（2）应慎重约定经济补偿金的支付方式。结合我国实际，笔者认为经济补偿金还是应尽量按照现行劳动合同法规定的方式支付，即在劳动合同解除或终止时按月支付给劳动者；如果离职员工因到外地或出国就业而不方便受领经济补偿金，也可以约定当解除或终止劳动关系或者竞业限制期限届满时，由用人单位一次性将经济补偿金全部支付给劳动者，但一定要写明该款项的用途和名称。此外，建议一般不要于劳动者在职时按照竞业限制期限的长短将补偿金随工资支付给劳动者。

4. 应约定在职竞业限制的内容

前已述及，竞业限制的目的是保护用人单位的商业秘密，离职竞业限制固然非常必要，在职竞业限制也是不可缺少的。具体而言，在职竞业限制的对象不仅应包括用人单位的高管人员，而且应包括由于工作原因而能接触商业秘密的普通员工；限制的方式不仅应包括限制其与有竞争关系的单位建立稳定的劳动关系，而且应包括限制其为对方提供咨询、顾问等形式的劳务服务。至于经济补偿金的内容，除非双方另有约定，则用人单位可以不用支付该费用，毕竟劳动者在职期间是有工资收入的；而作为用人单位的员工，这也是其作为劳动者的一份合理义务。

综上所述，笔者认为，当前竞业限制条款中存在的问题，在很大程度上体现的是法律不健全、不完善的问题，而法律的健全和完善需要一定的程序和条件。对于用人单位来讲，可以在现有法律规定的框架下采取一定的措施保护其商业秘密。

热点问题十三：经济补偿金的性质与支付

【热点知识】 关于经济补偿金的含义，根据原劳动部办公厅《关于终止劳动合同经济补偿金问题的复函》（劳办发〔1996〕243 号）的解释，"经济补偿金"是指在劳动合同解除时，企业按照劳动法及《违反和解除劳动合同的经济补偿办法》（劳部发〔1994〕481 号）的规定，支付给职工一定数额的补偿金。因此一般而言，经济补偿金是指用人单位在解除劳动合同时依法一次性支付给劳动者的费用。有的国家或地区将经济补偿金称为"资遣费"（如德国、日本等），还有的称之为"离职补贴"、"离职金"或"解雇费"等，在英文中常用"economic compensation""severance payment""redundancy payment"等来表述。

在我国，与经济补偿金相近的概念有生活补助费、身份置换费、安置费、买断工龄费、经济赔偿金、违约金等。笔者认为，按照《违反和解除劳动合同的经济补偿办法》所界定的经济补偿金是狭义的概念，本书中采用的是经济补偿金的广义概念，即包括生活补助费、身份置换费、安置费、买断工龄费等在内。

（一）经济补偿金与其他相关概念的关系

在此先清晰界定广义的经济补偿金概念与其他概念的关系，有助于后文中论述的展开。

1. 生活补助费与经济补偿金

关于生活补助费与经济补偿金的关系问题，原劳动部在《关于贯彻执行中华人民共和国劳动法若干问题的意见》第 93 条以及《关于确定外商投资企业职工生活补助费发放标准等问题的复函》第 1 条中均给出了解释：生活补助费是经济补偿的具体化，可视为同一概念。

过去，由于失业保险制度尚不健全，生活补助费主要作为失业保险的替代品。现在，随着我国失业保险制度的逐步建立和健全，劳动法已经不再对生活补助费作出规定。目前，除了部分国有企业还对《国营企业实行劳动合同制暂行规定》废止前参加劳动的职工支付生活补助费以外，其他企业在劳动合同期满时则不用再向劳动者支付生活补助费了。因此，笔者在本书中将生活补助费与经济补偿金视为同一概念。

2. 身份置换费与经济补偿金

国有企业职工身份置换，是指国有企业在改制过程中依照有关法律法规和政策的规定，在向职工支付经济补偿金的前提下，通过解除无限责任、终身制劳动关系等，消除其职工对企业的无限依赖关系，转而建立与市场经济相适应的新型劳动关系。在这里，国有企业职工身份置换的前提是企业向职工支付经济补偿金，即无论是否继续保持劳动关系或履行劳动合同，都应给原国有企业职工以经济补偿。因此，笔者在本书中将身份置换费理解为国有企业改制中特有的经济补偿金形式。

3. 安置费与经济补偿金

国务院《关于在若干城市试行国有企业兼并破产和职工再就业有关问题的补充通知》（国发〔1997〕10号）指出，兼并破产的国有企业职工"自谋职业的可一次性付给安置费……不再保留国企职工身份"。此后，随着我国国有企业产权制度改革的深化，2003年劳动和社会保障部又颁布了《关于做好关闭破产国有企业职工安置方案审核工作的通知》（劳社部函〔2003〕35号），在"职工安置渠道及安置所需费用情况"中亦明确将安置人员分为"拟领取一次性安置费"人员与"拟领取经济补偿金"人员两种。

当然也有观点认为，经济补偿金只是安置费的一部分。综合政策规定、社会实践和各方理论观点，笔者在本书中将一次性安置视为特定时期破产关闭国有企业安置员工的特殊方式，安置费则是经济补偿金的一种形式。

4. 买断工龄费与经济补偿金

通常"买断工龄"又被称为"买断身份"，是指国有企业为安置富余职工，一次性支付给职工一定数额的补偿，从而解除企业同职工之间劳动关系的经济行为。需要指出的是，"买断工龄"是一种通俗说法，我国现行法律法规中称其为"一次性安置"或"经济补偿"。就其性质而言，"买断工龄"是指企业解除劳动合同并给予职工经济补偿的行为，因此"买断工龄费"就是指经济补偿金。

5. 经济赔偿金与经济补偿金

经济赔偿金与经济补偿金是完全不同的概念。所谓经济赔偿，是劳动合同当事人承担法律责任的一种形式，它以当事人的过错违约以及使对方受到物质利益损失为适用前提，并以物质利益损失计算赔偿金数额。所谓经济补偿，则是为体现劳动法保护劳动者合法权益的宗旨，规定解除劳动合同时，即使用人单位没有过错违约行为，没有给劳动者造成物质利益损失，也应给予劳动者一次性补偿，并以劳动者在本单位工作的年限来计算补偿金额；在某些特定情况下，经济补偿金有最高数额的限制。

6. 违约金与经济补偿金

经济补偿金是一个法定概念，其支付条件、标准等都由法律法规明确规定，而非由当事人双方自主协商而定，也不能随意改变。违约金则是指当事人双方中的任何一方因违反劳动合同的约定而应承担的一种经济上的责任。违约金与经济补偿金之最大的不同在于违约金是一个约定概念，最大限度地体现了"意思自治"原则，当事人双方既可以约定具体的违约金数额，又可以不约定，完全由双方自行商定。

7. 待业救济金、一次性离职费等与经济补偿金

此外，还有其他一些相关概念，如待业救济金、一次性离职费等。根据《劳动部关于实施〈全民所有制工业企业转换经营机制条例〉的意见》，自谋职业的富余人员可以享受一次性待业救济金。本书认为，此处所指的待业救济金实则就是经济补偿金。

根据《中华人民共和国归侨侨眷权益保护法实施办法》第 23 条有关规定，对于不符合国家规定退休条件的归侨、侨眷职工获准出境定居的，可以获得一次性离职费。但一般认为，这种一次性离职费不属于劳动法及其配套规章所规定的经济补偿金。在全面实行劳动合同制度以后，职工获批准出境定居而解除劳动合同的，用人单位不必再支付经济补偿金。

因此笔者认为，从广义上讲，国企改制中经济补偿金的表现形式有多种，如生活补助费、身份置换费、安置费、买断工龄费等。尽管它们的所需条件不同，计算方法也不尽一致，但本质上都可以归结为经济补偿金。

(二) 经济补偿金规定概述

国企改制中的经济补偿金问题涉及面广，政策现实性强。相关部门高度重视此类问题，并相继出台了一系列政策法规等。接下来，笔者将对我国经济补偿金的规定进行总结和梳理。

我国关于用人单位向劳动者支付经济补偿金的法律规定，最早出现在1980 年 7 月 26 日国务院发布的《中外合资经营企业劳动管理规定》之中。当

时，经济补偿金又被称为生活补助费。1984 年 1 月，劳动部发布的《中外合资经营企业劳动管理规定实施办法》第 7 条、第 8 条对具体补偿标准作了规定。此外，《外商投资企业劳动管理规定》也以生活补助费的形式对此作出了类似规定。1986 年 7 月，国务院发布了《国营企业实行劳动合同制暂行规定》，最早提出在国有企业实行经济补偿金支付制度。该规定指出，终止和解除劳动合同时应支付生活补助费。此后，《国有企业富余职工安置规定》也专门针对经企业批准辞职和被提前解除劳动合同的职工，分别以生活补助费和补偿费等形式对相关经济补偿作出了规定。

　　1995 年 1 月 1 日生效的劳动法首次以法律形式规定用人单位向劳动者支付经济补偿金。劳动法第 24 条、第 26 条、第 28 条针对双方协商解除、用人单位单方非过失性解除和经济性裁员等情况，规定解除劳动合同时用人单位须向劳动者支付经济补偿金。此后，《违反和解除劳动合同的经济补偿办法》（2017 年 11 月 24 日起废止）以及一些解释性规定，如《关于贯彻执行〈中华人民共和国劳动法〉若干问题的意见》等，对经济补偿金的支付也都作了进一步的规定。此外，《国务院关于在若干城市试行国有企业破产有关问题的通知》也对破产企业职工发放一次性安置费等问题作出了详细的规定。此后，《关于国有大中型企业主辅分离辅业改制分流安置富余人员的实施办法》，以及《关于妥善处理国有企业下岗职工出中心再就业有关问题的通知》等，都对国企改制中经济补偿金的支付问题作出了相应规定。

　　根据我国有关劳动法律法规和政策，经济补偿金主要运用于下列范围之中。

　　1. 非过失性辞退和经济性裁员

　　依据劳动法第 28 条之规定，即用人单位因非过失性辞退和经济性裁员，依据本法第 26 条、第 27 条之规定解除劳动合同的，应当依照国家有关规定给予经济补偿。

　　2. 由用人单位提出、经双方协商一致解除劳动合同

　　依据劳动法第 28 条之规定，即用人单位依据本法第 24 条之规定解除劳动合同的，应当依照国家有关规定给予经济补偿。

　　3. 违反劳动合同约定的经济补偿

　　依据《违反和解除劳动合同的经济补偿办法》第 3 条和第 4 条规定，在用人单位克扣或无故拖欠劳动者工资、工资报酬低于当地最低工资标准等情

况下，其应支付给劳动者一定数量的经济补偿。

4. 用人单位逾期给付经济补偿金的责任

依据《违反和解除劳动合同的经济补偿办法》第10条规定，用人单位解除劳动合同后未按规定给予劳动者经济补偿的，除全额发给经济补偿金外，还须按经济补偿金数额的50%支付额外经济补偿金。

5. 竞业禁止或限制

我国劳动合同法以及原劳动部《关于企业劳动者流动若干问题的通知》第2条、原国家科委《关于加强科技人员流动中技术秘密管理的若干意见》第7条等均明确规定，原用人单位应给予竞业禁止劳动者一定数额的经济补偿。

6. 其他情形

除以上情形，经济补偿金还运用于其他一些情形中，例如：根据《关于国有大中型企业主辅分离辅业改制分流安置富余人员的实施办法》的要求对国企职工置换身份的，尽管其实际上并没有离开企业，但企业仍需向其支付经济补偿金；终止劳动合同关系的，则企业应向职工支付生活补助费；等等。

综上，笔者在本书中主要讨论的是依据劳动法第26条第3款之规定，国有企业因单方非过失性解除劳动合同和经济性裁员（即劳动法第27条之规定）时所应给予职工的经济补偿，此外还包括国企职工因身份置换情况而应得到的经济补偿等情况。

【热点话题】经济补偿金的性质与支付模式
【热点探讨】

(一) 经济补偿金的性质

经济补偿金的性质，尤其是国企改制中的经济补偿金性质，直接决定了经济补偿金的支付依据和标准，这也是笔者在本书中研究国企改制职工经济补偿金问题的前提和基础。学者们从不同角度出发，针对经济补偿金的性质等问题开展了相关研究。

沈同仙[①]在其硕士论文《外商投资企业劳动关系的两个法律问题研究》中提出，有学者（黄越钦）认为，经济补偿金具备了补偿和制裁的双重性质，"资遣费究竟性质为何？资遣费有双重性质，在不可归责于劳雇双方当事人的

---

① 沈同仙：《外商投资企业劳动关系的两个法律问题研究》。苏州：苏州大学硕士论文，2001年。

事由时，资遣费乃是雇主保护照顾义务之效力所衍生的一种义务，其法律性质为受解雇劳工之伦理功能。惟因可归责于雇主之事由而劳工被迫辞职时，其资遣费之性质则有民事违约制裁之意义，同时并不排除劳工另有损害时，赔偿请求权之行使"。此外，沈同仙还指出，从其他国家对经济补偿金的规定来看，经济补偿金是国家规定在不可归责于劳动者主观过错的情况下，用人单位解除劳动合同时应支付给劳动者的一次性生活补助费。

王全兴①认为，从理论上说，经济补偿应当包括劳动贡献积累补偿、失业补偿和其他特殊补偿。董保华②从期待利益的角度分析指出，在雇主因非可归咎于劳动者的原因而单方解除无固定期限劳动合同时，劳动者对雇主之信赖利益受到损害。信赖利益产生于无固定期限合同之根本宗旨及维护劳动关系之稳定，包括雇用稳定和职业稳定。因此对劳动者进行补偿时，要考虑其职业机会的损失以及职业安定利益的破坏等因素。

于立等③从社会保障的角度进行分析后认为，解除劳动合同的经济补偿制度是为了使劳动者在被解除劳动合同以后、寻找新的工作以前的基本生活开支有必要的保障，或继续治疗疾病时有必要的费用。刘京州④也认为社会保障是经济补偿金的根本属性，并以此为基础提出经济补偿金的外延应为失业补助费，计算经济补偿金标准时应综合考虑职工工龄和年龄。王益英、黎建飞⑤在肯定解雇自由权的基础上，也将经济补偿金归入社会保障形式。

包新华⑥从会计核算的角度出发，认为经济补偿金是企业的或有负债，由企业对在职工工作的各个期间进行提留，并进行分次摊销，因为到期支付的补偿金是对以前报酬未能完全支付的一种补充。

除了以上对经济补偿金一般性质的讨论以外，也有许多学者针对我国经济转轨时期国企改制背景下经济补偿金的性质问题进行了分析。不少学者认为，在经济转轨时期，经济补偿金具有特殊性，为此他们分别从国家和企业

---

① 王全兴：《劳动法学》。北京：人民法院出版社 2005 版。

② 董保华：《论我国劳动合同的期限》。载《〈劳动法〉实施十周年理论研讨会暨中国劳动法学研究会年会论文集》，2005 年。

③ 于立，孟韬，姜春海：《资源枯竭型国有企业退出问题研究》。北京：经济管理出版社 2004 年版。

④ 刘京州：《浅议解除劳动合同的经济补偿》。《甘肃科技》2004 年第 6 期。

⑤ 王益英，黎建飞：《关于违反劳动合同的法律责任》。见：http://www.wg365.com/2006/2006-2-6/wg365200626213515.shtml。

⑥ 包新华：《对煤炭企业"一次性经济补偿金"核算的思考》。《煤炭科技》2004 年第 2 期。

积累的特殊性以及劳动者享有权力的特殊性两方面展开了讨论。

李涛①从国有资本积累的来源角度分析后认为，国有企业职工的劳动力价值没有得到应有的评定和回报。长期以来低工资、高积累的发展模式，以及企业剩余、职工收入在更大范围内进行再分配等情况，使广大职工正常应得工资收入中的相当一部分转化为国有资本积累和国家财政收入。因此当国有企业改制时，职工应通过经济补偿金的形式享有本企业的积累。

常凯②从就业权利的连续性和一贯性的角度深入分析了由计划就业模式到市场就业模式转变时职工所应享受的"剩余追索权"。他认为，在体制转换中，国家应从以前得到的职工剩余价值中划出一部分，作为对他们以往贡献或现在损失的补偿，也就是对涉及劳动就业的"原权"与"救济权"，即养老救济和失业救济的补偿。

刘桂荣③从产权权益的角度进行分析后认为，国企职工产权权益的经济基础主要由两部分组成。一是由劳动者"收益权残缺"形成的，即职工享受"铁饭碗"的代价之一是"低工资"。也就是说，职工的劳动力价值并没有全部归其所有。二是职工让渡劳动力所有权，形成政府"不得退出"的"隐含劳动契约"。职工享受"铁饭碗"的另一代价是将劳动力所有权让渡给国家，其也由此丧失了劳动力所有者的劳动权利。因此，如果政府单方解除劳动合同，就必须向职工赔付"违约金"。

还有一部分学者如关柏春、王涛④等一定程度上沿袭了一般市场经济下经济补偿金社会保障的性质，并从退休养老角度进行分析，认为计划经济体制下职工通过劳动而积累的财富被国家直接扣除，职工退休后，这笔资金就会转化为养老金逐步被职工享用。然而，如果职工在退休之前下岗，则意味着其退休后就享受不到养老金了，因此国家应对此给予补偿。

(二) 经济补偿金支付中存在的主要问题

1. 法规政策依据不完善、不统一

目前，我国规范国企改制的法律法规和政策等尚存在诸多不完善之处，

---

① 李涛：《论国有企业劳动力资本化改革》。《中国工业经济》2001 年第 6 期。

② 常凯：《市场经济下劳动就业权的性质及其实现方式：兼论就业方式转变中的劳动就业权保障》。《中国劳动》2004 年第 6 期。

③ 刘桂荣：《固定工劳动产权制度变迁特征及其权益补偿》。《鲁行经院学报》2000 年第 3 期。

④ 关柏春、王涛：《买断工龄标准的计算》。《经济师》1998 年第 7 期。

如相互之间不统一、历史连贯性较差、实践中没有统一的规则可以参照等，导致不同企业及其主管部门在处理改制劳动关系时所依照的要求五花八门，突出表现在以下三个方面。

第一，法律法规和政策政处多门、相互交叉、互不协调。长期以来，关于经济补偿的政策规定较多，但在支付思路、支付方法、适用条件等方面存在差异，导致经济补偿金的支付在法律适用上无所适从。例如，《国营企业实行劳动合同制暂行规定》（已失效）、《国有企业富余职工安置规定》等将国有企业职工经济补偿金的计算基数规定为职工的标准工资，不包括标准工资以外的奖金、津贴和补贴；而《违反和解除劳动合同的经济补偿办法》和《关于进一步做好资源枯竭矿山关闭破产工作的通知》规定的经济补偿计算基数为劳动者的月平均工资，包括标准工资、奖金、津贴和补贴。

又如，针对分流进入改制为国有法人控股企业的富余人员，《关于国有大中型企业主辅分离辅业改制分流安置富余人员的实施办法》（国经贸企改〔2002〕859号）中规定，通过变更劳动合同，由改制后的企业继承原企业权利、义务的方式来处理劳动关系，即通常所说的"承继模式"[①]。这种情况下，企业不用支付经济补偿金。但几个月后《关于国有大中型企业主辅分离辅业改制分流安置富余人员的劳动关系处理办法》（劳社部发〔2003〕21号）对于同一情况却规定：采取原主体企业解除劳动合同，改制企业以签订新劳动合同的方式变更劳动合同的，由改制企业继续与职工履行原劳动合同约定的权利与义务，即职工先与原主体企业解除劳动关系，再与改制后的企业建立新的劳动关系，即"断一建一"模式。这种方式必然会产生支付经济补偿、本单位工作年限中断等与"承继模式"迥然不同的法律后果。可见，政策法规的差异造成了经济补偿金的支付依据不同。现实中对于国企改制职工到底适用哪种模式这一点，目前尚无定论。

第二，政策历史连贯性差。根据不同时期国企改制形势的需要，我国出台了不同的经济补偿金支付政策，但这些政策之间缺乏历史连贯性。例如，1993年国务院发布的《国有企业富余职工安置规定》指出，安置国有企业中的富余职工，应当遵循企业自行安置为主、社会安置为辅的原则。其中，补偿遣散作为一种安置方法，仅限于有条件的企业。此外，对企业未安排工作

---

① 姚岚秋、李凌云：《企业改制时期的劳动关系问题研究》。见：http://www.dvun.com/html/4/5/10/11/95999.htm。

岗位的富余人员，按规定发给一定的生活补助费。此时，我国早期改制的国企中尚没有统一的经济补偿金政策。

随着 1994 年劳动法的颁布实施，经济补偿金成为企业与职工解除劳动关系时的法定义务。伴随国有企业的大规模调整，大量下岗职工进入再就业中心，在此期间他们领取的是基本生活费，若实现再就业，则停止领取①。对下岗人员终止劳动合同的情况，根据原劳动部办公厅《关于终止劳动合同支付经济补偿金有关问题的复函》（劳办发〔1996〕243 号）第 3 条的规定，企业应当按照职工在本企业工作年限，每满一年发给相当于其本人标准工资 1 个月的生活补助费；但是，最多不超过 12 个月的本人标准工资。此时，很多响应政府号召实现再就业的下岗职工与企业解除了劳动关系，但并没有得到经济补偿金。或者有些地方规定，下岗出中心（指再就业中心，下同）人员按照相关规定，核减生活补助费以后发放经济补偿金②。

随着 2001 年辽宁省下岗职工基本生活保障向失业保险并轨试点的启动，在中心或已出中心但未解除劳动关系的下岗职工，都可以根据在岗年限得到经济补偿金，并且企业不能因为职工在中心期间已领取了基本生活费而不支付或少支付其补偿金。

从职工因通过其他渠道被安置，离开国有企业而未得到补偿金；到后来职工可以在下岗期间得到基本生活费，再就业后则解除劳动关系；再到后来职工除了在中心期间享受基本生活费以外，还能得到经济补偿金。仅仅十多年的时间，政策却对工龄、经历、付出都相似的职工作出了大为不同的补偿规定。这不仅会引起早期参加改制但未拿到补偿金的职工的强烈不满，而且会降低正在参加改制的职工的积极性，毕竟大家都想等待更加利好的改制政策的出台。

2. 经济补偿金支付与社会保险体系脱钩

首先，改制中经济补偿金支付的政策没有有效地与社会保险体系联系起来。一些关于改制的文件（比如中办〔2000〕11 号文件）并没有明确规定是

---

① 参见：《国务院关于在若干城市试行国有企业兼并破产和职工再就业有关问题的补充通知》（国发〔1997〕10 号）。

② 根据武政办〔2003〕102 号第 8 条第 2 款规定，企业实行改制时，对愿意提前出再就业服务中心的，按补偿标准，扣除已领取的生活补助费后的一部分，转为职工个人在企业中心服务。武企办〔2000〕10 号第 4 条规定，关于再就业中心托管职工的情况，托管期满后自动解除托管，同时解除职工与原企业的劳动关系，不再按前述 102 号文件的有关规定给予经济补偿金。

否将"买断工龄"的职工纳入养老保险社会统筹，而只是规定：若一次性发给职工相当于企业所在地平均工资 3 倍的安置费，则职工不再享受失业保险。部分地方政府的改制文件中存在着将经济补偿和社保合并的现象。例如，某地政府下文规定：破产、终止企业在职正式职工领取一次性安置费后，一律终止原有劳动合同关系，自谋职业。又如，某地政府规定：对于要求自谋职业的职工，按每年工龄 300 ~ 600 元的标准一次性发给安置费（含失业救济金），解除或终止劳动合同，劳动关系转入市就业管理处自谋职业或转入服务站自谋职业（不得调入未改制的企业）[①]。

其次，在国企改制的实际操作中，企业对固定工的补偿多采用"买断工龄"（或称"买断身份"）的方式，职工今后与企业无关，自谋生路。一些企业甚至无力补缴社会保险中应由企业承担的部分。部分改制企业在发放经济补偿金时规定，补偿金包括各类保险费，若职工仍想享受社会保险，则需要自己缴纳，而很多职工因再就业困难，生活拮据，很少再去主动缴纳保险费。还有一些国有企业在社会保险体系建立之前已实行了"买断工龄"，职工因此没有被纳入社会保险体系，其所拿到的补偿金实则就是养老金。目前，我国正进一步着手完善社会保障体系，实现基本生活保障制度向失业保险并轨，这些政策措施进一步解决了经济补偿金与社会保险脱钩的问题。但是，如何将已经参加了改制但中断了社会保险的职工重新纳入社会保险体系，是目前亟待解决的问题。

3. 经济补偿金支付标准不合理

首先，国企改制中对职工整体补偿工资基数的确定不尽合理。例如，现实中有的以解除劳动合同前 12 个月的月平均工资为计算标准，有的以社会平均工资为标准，有的以当地最低工资为标准；有的地方 2004 年执行的补偿标准还是 2001 年的平均工资标准，还有的地方则干脆给的是一个绝对数（每人 1 000 元或 2 000 元）[②]。

其次，改制职工补偿系数的确定不尽合理。目前，改制职工补偿系数的确定尚没有针对不同类型的职工以及同类型但服务年限差距大的职工作出适当区别。很多改制企业将有固定期限与无固定期限的劳动合同按统一标准解除，"吃大锅饭"现象突出；对于同一类型的职工，不管其在本企业工作 10 年、

---

① 宋桂荣：《固定工劳动产权制度变迁特征及其权益补偿》，《鲁行经院学报》2000 年第 3 期。
② 黄河涛、赵健杰：《经济结构调整与劳动关系重建》，《中国工运学院学报》2003 年第 1 期。

20 年、30 年还是 40 年，补偿金的计算办法和标准都是一样的①。但实际上，工作 30 年以上和工作 10 年的职工除了对企业的贡献年限有差别以外，在离开企业时的身体状况、再就业能力等也都不可相提并论。然而，在目前的经济补偿金计算方法中，尽管以工作年限确定补偿系数体现了对职工贡献年限的补偿，但并没有体现对其今后择业能力与就业机会减少程度的补偿。

再次，经济补偿金支付总额不合理且差距较大。由于经济补偿金在企业成本中列支，不得占用企业按规定比例应提取的福利费用②，因而效益差或效益一般的企业只能就低不就高，甚至低于这个标准。现实中，大多数职工都认为经济补偿金数额偏低。

改制职工的经济补偿金在不同行业、不同企业之间存在较大的差距，通常来说电力、电信、铁路、金融、石油等行业的经济补偿金较高，矿业、机械、纺织等行业的经济补偿金较低。例如，某垄断性业行业采用"买断工龄"的方式搞分流，每一年工龄的补偿标准为 4 000 元③。表 4-1 为石油行业与煤炭和有色金属行业的经济补偿金标准以及经济补偿金人均总额的比较。

表 4-1　石油行业与煤炭和有色金属行业的经济补偿金支付情况

行　业	用人单位名称	经济补偿金标准（元／年）	经济补偿金人均总额（元）
煤炭和有色金属	阜新矿务局	600	20 681
	抚顺矿务局	416	17 146
	杨家杖子铅锌矿	560	16 815
石　油	大庆油田	4 100	约 100 000
	辽河油田	2 975	125 909
	吉林油田	—	约 80 000

注：此表中的经济补偿金标准和人均总额均以全民固定工为统计依据。

资料来源：于立、孟韬、姜春海：《资源枯竭型国有企业退出问题研究》。北京：经济管理出版社 2004 年版。

---

① 田嘉力：《说说"买断工龄"的法律依据》。见：www. wyzxsx. com/printpage. asp？ ArticleID = 12567。

② 参见：《违反和解除劳动合同的经济补偿办法》（劳部发〔1994〕481 号）。

③ 孙群义：《下岗职工"出中心"的补偿》。《企业改革与管理》2002 年第 4 期。

在许多转制企业无力支付职工经济补偿金的情况下，一些资产状况和效益不错的企业在转制过程中却出现了"分光吃尽"的现象，如有的企业支付职工的经济补偿金高达七八万元甚至十来万元[①]。此外，即使是同一集团内部的不同企业之间也有较大差距，而这对一些在集团内多个企业调动过工作的职工会有很大影响。例如，在有些大型集团内效益好的子公司（有些是中外合资企业）中的员工，按工龄计算可拿数十万元补偿，且可以继续工作；而在效益较差企业中的员工，即使按全部工龄补偿，金额也十分有限。现实中，大多数地区下岗职工解除劳动关系时的经济补偿金在一万元左右，低的只有五千到七千元，甚至还有两三千元的；而在被列入 18 个试点城市的破产企业中，其职工安置费相当于上年平均工资收入三倍的，能拿到两三万元，高的地方近五万元，甚至更多[②]。

最后，不同的经济补偿金支付方式也会造成经济补偿金的差距。例如，在国企改制中，企业通过资产低价评估使留在企业中并拥有资产性经济补偿的职工得以分配更多的利益，从而引起了现金安置职工的不满。又如，一些企业将工龄作为职工资产入股数额的标准，有的入股数额是以现金安置职工一次性经济补偿金额的 1~2 倍（一次性经济补偿金的额度是按每满一年工龄发一个月本人工资的标准发给职工的）。这样一来，当今后企业开始正常运转时，就会发现上述两种支付方式给职工利益带来的巨大差距。经济补偿的悬殊差距极易导致改制职工心理失衡，从而引发劳动争议。有些企业为缓和这种矛盾，不得不大量返聘一次性现金安置职工[③]。

4. 经济补偿金操作方法和程序不规范

改制国企在处理职工劳动关系并支付经济补偿金的过程中，存在很多操作不规范甚至违规操作的情况，一定程度上侵犯了职工的利益。有些企业在改制过程中，通过对改制净资产打折的做法预留职工经济补偿金费用，或按改制基准日企业在职职工人数的一定比例和金额预提经济补偿费用，从国有净资产出让款中抵扣。现实中，预留的职工经济补偿费用是以一个总数的形式留给改制后的企业的，对每个职工所应享受的经济补偿金数额则并不明确。

---

① 邹碧华：《国企改制中劳动关系的司法协调》。《中国劳动》2004 年第 8 期。

② 黄河涛、赵健杰：《经济结构调整与劳动关系重建》。《工会理论与实践–中国工运学院学报》2003 年第 1 期。

③ 于立、孟韬、姜春海：《资源枯竭型国有企业退出问题研究》。北京：经济管理出版社 2004 年版。

特别是有些改制后的企业在与职工签订新的劳动合同时，对职工在国有企业工作期间的经济补偿金采取回避的方式，使职工的切身利益受到了不同程度的伤害，引发了一些社会问题①。

从改制程序来看，国家规定在涉及裁员与职工安置问题时应该经过严格的程序方能通过改制方案。但是在实际操作中，程序不合法、暗箱操作等现象层出不穷。很多企业在职工安置尤其是经济补偿问题上，要么公布的方案模糊不清，要么不让职工参与讨论，要么根据关系的远近亲疏随意调整经济补偿的发放数额。此外，不少企业在采取补偿金股权化方式的过程中违背职工自愿入股的原则，强制职工入股，甚至有"不入股就要离开企业"之说。有的地方则实行所谓的"跨越式"改制。例如，湖北省在1997年不到一年的时间里，仅城区就有200多家企业宣告改制成功。其成功秘诀便是"跨越式"改制，所谓"一股了之"，改制就是入股，只要动员职工入股，组建一个股份公司，便可"化险阻为通途、化包袱为财富"②。还有一些改制中的国企，因无力支付补偿金，又没有国有资产可以买断，便将原本应给予职工的补偿金转为企业债务而强行改制，为今后劳动关系的调整留下许多隐患。由于这种情况的存在，尽管已经过了数年的改制攻坚，多数企业又面临着二次改制的问题。总之，上述改制中的不规范甚至违法做法引发了职工的不满，增加了改制的阻力和压力。

（三）经济补偿支付问题原因分析

在经济体制转轨的大背景之下，国企改制职工经济补偿金支付过程中产生的问题受到多方因素的影响，并主要集中在劳动关系双方主体利益失衡，政府指导、控制力度不够，改制企业资金缺口大以及国企劳动合同制度执行不到位等方面。

1. 劳动关系主体双方利益失衡

国有企业改制涉及多方群体利益的调整，因此容易出现一方利益受损、其他各方如何补偿等问题。笔者认为，国企改制经济补偿金支付过程中出现的很多问题，如标准不合理、操作不规范等，其原因主要在于劳动关系主体双方利益关系的失衡，凸显了一种由身份带来的不公平。由于国家对某些行

---

① 徐倩：《关于企业改制中职工经济补偿金处置的探索》，《工业审计》2005年第3期。

② 冯高林：《善始缘何难善终：对湖北省某市部分企改出现反复的思考》，《企业管理》2002年第6期。

业的政策倾斜，这些企业经营效益好，职工待遇高，在改制时依据该国有企业所占有国有资源的多少来确定对职工的补偿。这种做法并非来自市场竞争，而是来自行政手段①。

2. 政府指导与控制力度不够

政府是国企改制的推动者和政策规则的制定者。国企改制中与经济补偿金相关的法律政策之所以不完善、不统一，其原因在于政府下达的很多文件常常都是"打补丁"，即如果在原有政策实施过程中出现了问题，则针对这一问题再下发一个文件。于是，表面上调整、规范经济补偿金支付的政策文件很多，但实际上改制企业在制定方案时仍然无所适从。

各地方改制企业在支付经济补偿金的过程中，不仅方案五花八门，而且实施过程中侵害职工权益的情况也时有发生，由此引发了很多争议。究其原因，主要在于政府在方案审批、执行等各阶段的监管不积极，忽视了事前疏导和事中控制。实际上，在职工下岗进出中心阶段，政府为了社会的稳定和谐而承担了较重的支付责任，但是对于改制企业解除劳动关系中支付补偿金的情况，各级政府多强调以企业支付为主，只有对实在无能为力的企业，政府才出手相助。

此外，政府对地区间、行业间的补偿金支付标准也缺乏指导与控制，这容易造成不同地区、不同行业间经济补偿金标准差距不合理等问题。

3. 改制企业资金缺口大

由于各地区、各行业经济发展水平差异较大，且经济补偿金主要由企业或地方财政支付，加之经济补偿又存在不同的说法，因此各大企业集团、地方政府大都根据自己的支付能力，对出中心人员、身份置换人员以及一次性安置人员另行规定了完全不同于中央政府规定的经济补偿金标准②。

改制企业资金缺口大，客观上造成了改制职工经济补偿金标准相对低的问题。此外，国企改制职工大多年龄偏大、劳动技能比较单一、文化素质较低，其再就业困难，且缺少其他收入来源，因此对经济补偿金有更高的需要，而这也更加凸显了企业资金过少的问题。

4. 国企劳动合同制度执行不到位

原劳动部和国家统计局发布的《1996年度劳动事业发展统计公报》显

① 邹碧华：《国企改制中劳动关系的司法协调》，《中国劳动》2004年第8期。
② 孙群义：《下岗职工"出中心"的补偿》，《企业改革与管理》2002年第4期。

165

示，我国已实现劳动关系根本转变的目标，"全国城镇企业职工签订劳动合同的人数达 10 600 万人，占城镇企业职工总数的 96.4%……全国城镇企业实现了全面建立劳动合同制度的目标"。但是，这种劳动关系的转型是否真正体现了劳动关系的契约化，其效果又如何？值得进一步考证。在许多国有企业中，管理者只是简单地与原来的全民固定工签订了无固定限期劳动合同；还有一些企业在推行劳动合同制时，与全部员工签订一年或两到三年的劳动合同，并承诺合同期满仍会续签。在实际操作中，很多企业中仍然存在诸如全民固定工、合同工、临时工等称谓，并在制度、政策上对不同身份的职工区别对待。因此，当这些企业涉及改制中的经济补偿金支付问题时，就会出现补偿金标准、支付方式等多方面的差异，而这也为企业违规操作留下了空间。

此外，改制过程中其他各种利益的调整（如住房制度改革），以及改制所涉职工规模大、工会作用发挥不畅，加之社会安定与和谐的政治要求等，都使国企改制中经济补偿金支付问题的处理难上加难。

综上所述，我国国企改制经济补偿金支付过程中出现了法律法规不完善、与社会保障体系脱钩、经济补偿金标准不合理、具体操作不规范等一系列问题。这不仅有失法律对正义与公平的追求，而且损害了劳动合同一方当事人——职工的利益。其主要原因在于，劳动关系双方主体利益失衡、政府指导与控制力度不够、改制资金缺口大，以及国企劳动合同制执行不到位等。国企改制的目标是多元化的，既要实现减员增效，又要维系社会稳定，平稳实现过渡和职工身份置换。因此，亟待深入研究我国国企改制中经济补偿金支付的模式，考虑多方影响因素的综合作用，并提出适合国情的经济补偿金支付思路。

（四）经济补偿金支付模式

在国企改制实践中存在多种改制模式，主要包括五种。一是国有企业直接改制模式。按照国有资本的存在形态划分，又可细分为国有资本控股模式、国有资本参股模式、国有资本完全退出模式等三种子模式。二是国有企业主辅分离的改制模式。三是国有企业分立式改制模式。四是国有企业"破产不停产"改制模式。五是承债式行权改制模式①。

---

① 李智慧：《国有企业改制的模式选择与法律分析》。载：钱卫清主编《国有企业改革法律报告》，北京：中信出版社 2004 年版。

针对上述国企的种种改制模式，职工的劳动关系处理方式也有所不同。所谓职工劳动关系处理，主要是指处理职工与原企业之间、职工与改制后企业之间的劳动关系。关于职工劳动关系的处理，可以总结为以下三种形态。

第一种形态：在岗留人。职工由原企业进入改制后的企业继续工作。根据职工是否转变身份以及支付其经济补偿金的不同规定，还可以将这一形态细分为以下两类：一是职工继续留在国有全资或控股企业，并变更劳动合同，用工主体变为改制后的企业，原企业不向职工支付经济补偿金，职工在原企业中的工作年限与在改制后企业的工作年限合并计算；二是进行身份置换，原企业与职工解除劳动关系并向职工支付经济补偿金，改制后企业与职工重新签订劳动合同，重新计算其在本企业的工作年限。

第二种形态：买断工龄或一次性安置。针对那些不能退休，不能继续留在企业，企业又不能妥善安置的富余人员，一些改制企业采取了买断工龄的方式，以此解除富余职工与企业之间的劳动关系。近年来，国家对大量困难企业和资源枯竭型企业采取政策性破产，要求破产企业按照国家相关规定给予职工一次性安置费，与职工解除劳动关系。其实，买断工龄或一次性安置都是指原企业与职工解除劳动关系，职工获得经济补偿金并在今后自谋职业。此外，现实中有些地方也对留用类工人实行买断工龄。

第三种形态：下岗及其他。前些年，国企大规模裁减富余人员时，为避免一次性将大量职工推向社会而引起不必要的矛盾，采取了职工下岗这一变更劳动合同的形式，同时按一定标准支付给职工基本生活费。目前，下岗再就业中心政策已逐步取消，很多城市撤销了这些再就业中心，同时努力实现下岗职工基本生活保障向失业保险并轨的目标，让职工与企业解除劳动关系后直接进入劳动力市场。此外，还有一部分符合条件的职工采用提前退休、内退等方式离开劳动力市场。

在国企改制中，由于改制方式多种多样，员工身份、类型各有差别，因此在涉及经济补偿金的支付时，其政策依据、适用对象、操作方法也就有所不同。据此，笔者总结了以下三种不同的经济补偿金支付模式。

1. 安置费与补偿金并行模式

国企改制过程中，企业在通过买断工龄、一次性安置方式来处理劳动关系并支付经济补偿金时，通常有两种支付方法，即支付经济补偿金或支付一次性安置费。现实中，一般按照职工类型的不同来确定上述两种支付方法中的一种，或由企业或职工来自由选择其中一种。这种经济补偿金的支付模式可以被称为"安置费和补偿金并行模式"①，也就是通常人们所说的买断工龄费或一次性安置费。

安置费与补偿金并行模式具有一系列的政策依据。例如，《国务院关于在若干城市试行国有企业破产有关问题的通知》（国发〔1994〕59号）指出："政府鼓励破产企业职工自谋职业。对自谋职业的，政府可以根据当地的实际情况，发放一次性安置费，不再保留国有企业职工身份。"以上海、天津、齐齐哈尔等18个试点城市为例，其破产企业职工自谋职业的，发放相当于职工上年平均工资收入三倍的"一次性安置费"。

尽管全员劳动合同制自1996年起即已实施，但有些改制企业中仍然存在固定工、合同工甚至混岗集体工等职工身份的差别，因此，在改制过程中便出现了按照职工类型不同而确定不同经济补偿金支付办法的情况。例如，1999年1月，国务院办公厅下发的《关于辽宁省部分有色金属和煤炭企业关闭、破产有关问题的处理意见》（国办秘函〔1999〕19号），以及2000年中共中央办公厅和国务院办公厅联合下发的《关于进一步做好资源枯竭矿山关闭破产工作的通知》（中办〔2000〕11号），对全民固定工、全民合同工、混岗集体工等不同类型职工的经济补偿问题作出了详细规定。其中最核心的规定是：实行劳动合同制以前参加工作的全民所有制职工，不符合安置条件的，可从下列两种安置办法中任选一种，并与企业解除劳动关系。第一种安置办法是：按每满一年工龄发一个月本人工资的标准发给经济补偿金，并按规定享受失业保险；享受失业保险期满仍未就业的，按规定享受城市居民最低生活保障。第二种安置办法是：一次性发给相当于企业所在地上年平均工资3倍的安置费，不再享受失业保险，自谋职业；安置费每人平均不足两万元的，可按两万元计发标准安排，具体发放时应体现工龄差别。此外，对合同工与混岗集体工，按照第一种安置办法进行安置。

很多地方政府对改制企业的经济补偿金支付方式作了比较详细的规定。例如，江苏省关于改制企业经济补偿金的规定是：1994年底以前参加工作的原全民固定工，可以在安置费或经济补偿金两种补偿方式中任选一种；安置费或经济补偿金按企业所在地上一年在岗职工平均工资或本人工资乘以职工

---

① 张柱和：《对解除劳动合同经济补偿问题的思考》，《苏盐科技》2004年第4期。

连续工龄或职工在本单位工作年限计算。同时，支付给职工的安置费和支付给被改制企业录用职工的经济补偿金，最高不超过企业所在地上一年在岗职工平均工资的 3 倍；支付给未被改制企业录用职工的经济补偿金，最高不超过企业所在地上一年在岗职工平均工资的 4.5 倍。

又如，贵州省人民政府《关于做好省属国有企业关闭破产工作的通知》（黔府发〔2004〕15 号）指出，实行劳动合同制以前参加工作的全民所有制职工，按照安置费和补偿金任选其一的方式进行；之后参加工作的合同制职工，按每满一年工龄发给一个月本人上年月平均工资（职工月平均工资低于企业月平均工资的，按企业的月平均工资支付）的经济补偿金，并解除劳动关系，按规定享受失业保险，自谋职业。

究其本质而言，安置费与补偿金并行模式就是通过安置费或补偿金对离岗职工实行一次性"买断工龄"，并支付"买断工龄费"。应该说，这是公有制职工因断绝与公有资产关系而获得的一种补偿，是与工人原有相关权益所进行的一种交易。现实中，这种补偿不仅仅是一种"身份的代价"，在许多地方政府的政策中，经济补偿金包括以下几个方面。

第一，解除与国企关系的补偿金。得到了这部分经济补偿，就结束了职工与国有企业的关系，其不再具有国企职工的身份了。

第二，解除劳动合同的经济补偿金。劳动合同就此解除，职工进入劳动力市场，自谋职业。

第三，各种社会保险费。例如，有的地方政府规定，安置费中包括失业救济金、养老保险金、大病医疗统筹费。因此，对于今后仍想享受社会保险的职工，必须由其自己交纳各种社会保险费，或由发放单位在安置费中扣除。

尽管经济补偿金包括如此多的内容，但其支付标准并没有按照各方面补偿功能的总和来计算，其总额相对于职工的历史贡献、心理预期及其今后的生活所需来讲并不高。此外，安置费与补偿金也有较细微的差别。一般而言，获得一次性安置费的职工不再享受失业保险，但以补偿金方式获得安置的职工还可以继续申请享受失业保险[1]。

笔者认为，安置费与补偿金并行的支付模式具有以下三个优点。

第一，在目前劳动社会保障体系尚不完善的情况下，给予被分离职工适

---

[1]　参见：《关于进一步做好资源枯竭矿山关闭破产工作的通知》（中办〔2000〕11 号）第 1 条第 1 款第 2 项。

当的经济补偿，有利于较平稳地转变国家和职工之间的长期劳动合同关系。

第二，考虑到不同类型职工历史贡献的不同，不同的支付方式与计算标准加强了对全民固定工的补偿力度，使那些将自己的大好青春与几乎全部职业生涯贡献给企业的职工能得到更多物质补偿和心理慰藉。

第三，安置费与补偿金的并行实现了劳动法的契约规范与传统国企身份管理制度的有效结合，从而有利于兼顾改制国企的历史路径与现代劳动法的推行实施。

当然，这种支付模式也存在相应的问题，主要包括以下几个方面。

第一，经济补偿金的支付额普遍不高，引起很多职工尤其是工龄比较长的职工的不满。

第二，这种补偿的支付意味着职工的失业保障权利也随之消失，这对已经工作几十年，几乎奉献了全部职业生涯的职工容易造成较大的心理冲击。

第三，安置费和经济补偿金的计发标准不一，容易引起不同类型职工之间的比较与不满。

2. 身份置换补偿金模式

为了达到一次性彻底改制的目的，有些改制企业通常会通过支付经济补偿金的形式一次性转变职工的国企身份，此时经济补偿金也被称为"身份置换费"。有些情况下，职工进行身份置换后所应得的经济补偿金，按照职工自愿的原则可以转为其在新企业的股份；如果职工确实不愿入股，可将补偿金转为新企业的负债，由新企业成立后根据其经济承受能力分期向职工支付。

身份置换补偿金模式的实施具有一定的政策依据。《关于国有大中型企业主辅分离辅业改制分流安置富余人员的实施办法》（国经贸企改〔2002〕859号）和《关于国有大中型企业主辅分离辅业改制分流安置富余人员劳动关系处理办法》（劳社部发〔2003〕21号）规定，对分流进入改制为非国有法人控股企业的富余人员，原主体企业要依法与其解除劳动合同，并支付经济补偿金，改制企业与职工重新签订劳动合同。职工个人所得的经济补偿金，可在其自愿的基础上转为改制企业的等价股权或债权。

改制过程中，对职工进行身份置换并支付经济补偿金的做法一般在那些目前尚在盈利且还有一定发展前途的企业中实行。这种支付模式需要大量资金，企业不光对离职人员，还要对留任员工支付大量的补偿费用。也正因为如此，大多数企业采用将留任员工的补偿金转为企业股份的方式，这样既能解决资金问题，又实现了股权的多元化。例如，鄂尔多斯羊绒集团经过改制，由国有企业彻底转为民营企业，其过程中所采用的最重要手段就是转变职工的国企身份。为此，企业向每名企业职工支付了 5 000 元+（800 元×工龄）的补偿金，一次性转变了职工身份。留在企业的职工可拿这一笔钱入股，每年按股份分红；离开企业的职工则可拿走这笔钱，自此与企业脱离关系，自谋职业[①]。

这种补偿模式的最大特点，就是企业支付经济补偿金的目的是改变职工的国企身份，而不是与职工解除劳动关系或让员工离岗。对于国有企业职工身份置换补偿金制度的适用范围，各地规定有所不同，但基本以全民所有制企业全员劳动合同制的实施为分界点。也就是说，对全员劳动合同制实施前参加工作的国有企业职工，均按照相关文件适用国有企业职工身份置换补偿金制度，对之后参加工作的国有企业职工则不适用[②]。

笔者认为，身份置换补偿金模式具有以下优点。

第一，一次性割断了职工与原国有企业的联系，帮助企业轻装上阵，转变为与员工存在完全契约关系的独立的市场主体。

第二，由于补偿金在一定条件下可以折成改制企业股份，有利于改制企业股份的多元化。

第三，为改制后企业规范处理劳动关系创造条件。也就是说，改制后企业再解聘员工，只需根据员工在改制后企业的工龄计算经济补偿金即可。

当然，这种支付模式也存在相应的问题，主要包括以下方面。

第一，容易导致两种偏向。例如，效益好的企业职工可以就地解除劳动合同，直接获得经济补偿金或将其转为个人在企业的股份，因此职工改制积极性高；但是，效益差的企业因经济补偿金少，职工改制积极性往往不高。

第二，采取入股方式支付身份置换补偿金，虽然有利于缓解企业短时间内支付大量资金的压力，但也容易引起一些问题。例如，有些职工其实对现任领导班子能否搞好企业效益是持怀疑态度的，但为了保住工作岗位而不得不入股。如果这种情况比较普遍，则企业强令职工入股的效果未必好，正所谓"强扭的瓜不甜"。

---

① 杨继绳：《信息资源不对称的国企改制案例：鄂尔多斯羊绒集团公司的民有化过程剖析》。《中国投资》2002 年第 11 期。

② 曹虹：《外资并购中职工安置的重要性及对策》。《现代管理科学》2005 年第 5 期。

第三，身份置换后，假使离岗职工和留企职工的置换标准相同，则一旦企业改制后经营效益明显转好，那么离岗职工会感觉自己吃了亏。此外，这种支付模式还有可能引出此前已经改制企业（包括院所改制、中外合资中的中方控股企业转为非国有控股企业等）的职工追索经济补偿金等问题。

3. 并轨补偿金模式

随着经济结构调整和经济体制的转轨，国有企业中也随之产生大量富余人员。在社会保险体系尚未完全建立，大量富余人员又亟待分离出去的情况下，国有企业富余职工下岗制度成为在实现国企职工进入劳动力市场的同时维护社会稳定的重要形式。所谓下岗制度，实际上是一种强制变更劳动合同的制度，职工下岗期间可以领到基本生活费。但是，随着中心（指再就业服务中心，下同）三年期限的截止，如何全面清理和规范国有企业职工的劳动关系，促使协议到期出中心人员、出中心后未解除劳动关系人员以及未进中心的其他离岗人员与原企业解除劳动关系，加快建立市场导向的就业机制，便成为亟待解决的问题。为此，国家出台了下岗人员基本生活保障与失业保险并轨政策（以下简称"并轨政策"），于 2001 年以辽宁省为试点，并很快向全国推广。并轨政策是妥善安置下岗职工、解决下岗职工后顾之忧之极为重要的举措，实施该政策的重点之一就是并轨补偿金的支付。

并轨补偿金模式的实施依据主要是 2000 年国务院出台的《关于完善城镇社会保障体系的试点方案》及一系列相关文件。该试点方案决定，2001 年在辽宁省及其他省（自治区、直辖市）确定的部分地区进行完善社会保障试点。其中，由基本生活保障向失业保险并轨成为试点方案的重要内容之一。该试点方案规定，自 2001 年 1 月 1 日起，国有企业原则上不再建立新的再就业服务中心，企业新的减员原则上也不再进入再就业服务中心，而是由企业依法与其解除劳动关系，各地区要区分不同企业情况，实行分类指导，用三年左右的时间有步骤地完成向失业保险并轨。针对国企下岗职工并轨工作，现实中各地方作出了不同的规定，但都是参照经国务院批准的《关于完善城镇社会保障体系的试点方案》来制定具体政策的。

并轨补偿金模式具有很强的人员针对性、明确的计算方法和资金来源等特点。并轨政策主要是针对下岗人员的，即根据《中共中央 国务院关于切实做好国有企业下岗职工基本生活保障和再就业工作的通知》（中发〔1998〕10 号文件）的规定："进入再就业服务中心的对象，主要是实行劳动合同制以前参加工作的国有企业的正式职工，因企业生产经营等原因而下岗，但尚未与企业解除劳动关系、没有在社会上找到其他工作的人员。"按照国家实行劳动合同制的规定，这部分职工与企业大都签订的是无固定期限的长期合同，因此出中心后双方解除劳动合同时，应按劳动法及国家相关法规关于对合同期未满、企业提前解除劳动合同应支付经济补偿金的规定，以及《国营企业实行劳动合同制度暂行规定》废止后有关终止劳动合同支付生活补助费的规定执行。

当然，不同地区可以根据其具体情况确定并轨人员的实施范围。例如，哈尔滨市将并轨对象列为进中心协议期满后单位与企业正式履行解除劳动关系手续的下岗职工、需解除劳动关系的其他离岗职工（2003 年 12 月 31 日以前离开岗位但没进中心，未获得正常劳动报酬的）、企业新裁减人员（2004 年 1 月 1 日以后离开岗位，应与企业解除劳动关系的）。针对不同人员的经济补偿金支付标准不同。

关于并轨人员补偿金的计算办法，一般按照其在岗工作年限，而不是通常所说的在本单位工作年限。由于本人原因（如由于个人要求停薪留职、协保等）离开工作岗位及在中心内领取基本生活费的时间，在支付经济补偿金或生活补助费时不计算为在岗工作年限。

并轨补偿金具有可靠的资金来源。对并轨工作中困难企业经济补偿金的资金来源，国家政策中有详细规定[1]。例如，辽宁省对并轨工作的相关政策规定：生产经营困难的国有企业，在与中心和出中心未解除劳动关系的职工解除劳动关系时，应支付的经济补偿金按国家财政、地方财政和企业自筹 5∶3∶2 的比例筹集；与应解除劳动关系的其他离岗人员解除劳动关系和企业新裁员，按国家财政、地方财政、企业自筹各 1/3 的比例筹集[2]。

笔者认为，并轨模式具有以下优点。

第一，降低了支付补偿的成本。以长春市已实现并轨的 13.74 万职工为例，如果走改制路子，人均经济补偿金按最低 1.5 万元计算，需要支付的经

---

[1]　《关于妥善处理国有企业下岗职工出中心再就业有关问题的通知》（劳社部发〔2003〕24 号）规定：2005 年底以前，各级财政原来安排用于下岗职工基本生活保障的资金规模不减……可以将下岗职工基本生活保障资金的结余部分，调整用于对国有困难企业与下岗职工解除劳动关系所需经济补偿金的补助，逐步实现下岗职工基本生活保障向失业保险并轨。

[2]　于立、孟韬、姜春海：《资源枯竭型国有企业退出问题研究》。北京：经济管理出版 2004 年版。

济补偿金为 20.61 亿元；而按照并轨的标准，全市统一按市区 468 元、县（市）390 元标准进行补偿（《长春市完善城镇社会保障体系试点工作实施方案》等 8 个指导性文件明确规定了该补偿标准，从而防止了企业间的相互攀比），企业和市财政实际支付经济补偿 8.1 亿元，仅此一项就为全市节省改制成本 12.51 亿元①。

第二，彻底清理了劳动关系。参加并轨的企业多数是长期停产或半停产的特困企业，有的企业无法按月发放下岗职工的最低生活费，职工意见很大。并轨政策的实施不仅为下岗职工发放了经济补偿金，而且督促企业清理了历史欠债，最终对国企大量下岗职工以及其他类型离岗职工的劳动关系问题做了一个彻底的了断，从而有效消除了不安定的隐患，维护了社会稳定。

可见，尽快实现并轨并支付职工经济补偿金已成为目前国企改制顺利进行的必然选择。当然，在这之中也要注意一些问题。例如，下岗职工在中心期间，国家为了支付其基本生活费和社保缴费已经付出了巨大的成本，而现在既要实行并轨，又要支付补偿金，相当于白白支付了职工在中心期间的费用，这无疑加大了改制成本。又如，并轨政策在实施中的连贯性较差，各地实施速度不一。一些下岗职工已经出中心实现就业并解除了与企业的劳动关系，但当时并没有得到经济补偿金，与原来下岗但没有解除劳动关系而现在又可以领到经济补偿金的人员相比，其必然产生心理失衡，也容易因此造成一定的负面社会效应。因此，妥善处理并轨遗留问题已成为各改制企业和相关政府的工作重点②，并应得到各方的高度关注。

综上，笔者根据政策依据、操作方法、适用人员等方面的不同，划分了国企改制经济补偿金的三种支付模式。这三种模式具有不同的政策依据，在适用人员、劳动关系的处理、社会保险关系的处理等方面也有其各自的特点。

（五）完善经济补偿金支付的建议

在国企改制过程中，经济补偿金支付方面出现诸多问题的原因是多方面的。要解决这些问题，理顺经济补偿金的支付思路，就要从不同方面着手加以完善，如拓宽经济补偿金的资金来源，选择合理的支付方式，完善经济补偿金的支付程序，建立经济补偿金指导线制度，加强不同支付模式之间的协

---

① 孟祥印、孙鹤：《超额完成并轨 促进国企改制》，《中国劳动保障》2005 年第 12 期。
② 参见：《2006 年劳动保障工作要点》（劳社部发〔2006〕1 号）第 1 条。

调性，等等。

1. 拓宽经济补偿金资金来源

经济补偿金的理论基础是劳动贡献积累论，而这也指明了经济补偿金的性质所在。所谓经济补偿金，是对改制职工在劳动关系续存期间为用人单位已作贡献的积累所给予的物质补偿和权益残缺补偿。因此，笔者认为可以通过明确经济补偿金的义务承担主体，承认职工劳动贡献即历史来源，开拓经济补偿金的现实资金来源等，来解决并拓宽经济补偿金的来源问题。

第一，明确义务承担主体。按法律规定，解除劳动合同时用人单位应当支付经济补偿金，这是一项法律义务[1]。在市场经济条件下，这一法律义务的承担主体毫无疑问应该是劳动用工主体即企业，但在我国计划经济体制时期，劳动的实际用工主体是国家。因此，在经济转轨时期的国企改制中，国家和改制企业应同时承担经济补偿金的支付义务。

第二，承认经济补偿金的历史来源。承认职工的劳动贡献是解决经济补偿问题的前提。经济补偿金的历史来源就是改制职工为企业所作出的贡献，包括国企的留存利润、上缴国家的利税、长期对国企的隐性贡献，具体如下：

国企职工的贡献＝企业留存利润＋上缴国家的利税＋隐性贡献－即期享受的集体福利

因此，政府和改制企业必须明确自身的支付义务，促进改制问题的解决，保障职工的权益，让职工分享企业的成果。

第三，拓宽经济补偿金的资金渠道。解决资金来源问题，有助于解决不同地区间、不同行业间和同行业不同企业间的补偿金差距过大等问题。国有资本积累的过程和特点决定了其过去的积累不是以单个企业的方式进行，而是以国家统一积累的方式。因此，对改制企业职工的安置与经济补偿金支付的资金来源，应当在全社会范围内通盘考虑并执行。同时，对亏损企业和停产、半停产企业的职工，要按照国家规定，由地方政府或中央给予资金支持。为保证资金到位，或可推广宁夏的做法（其改变过去沿用多年的将财政基本生活保障经费和经济补偿金直接拨付给企业的做法，而是将经济补偿资金直接拨付到各级劳动保障部门设置的专门账户上，由银行以存折方式直接支付给职工），此举可确保并轨补助资金的安全使用和经济补偿金的足额发放

---

① 董保华：《劳动关系调整的法律机制》。上海：上海交通大学出版社 2000 年版。

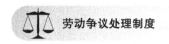

到位。

此外，应加强国家对地方的支持力度，降低地方的改制负担。以东北老工业基地为例，这里的国有企业曾经为国家的发展作出了巨大贡献。如今，老工业区里的很多企业已难以为继，甚至濒临破产边缘，由于缺乏资金，这些企业无法与职工解除劳动关系。针对这种情况，应加强国家对其的支持力度；同时中央应在全国各地区调配资金，解决地区差异问题。

还应建立政府补偿基金，达到行业间及行业内的统筹平衡。从那些受政策性支持较大的行业抽取资金，建立政府补偿基金，或者由政府给予资金补助，用于转移支付到那些由于结构性调整等原因而经营状况不好、补偿金支付困难的行业、企业。

2. 选择合理的支付方式

根据不同企业的现状、职工状况和经济补偿金支付模式等，可以采取多种经济补偿金支付方式。例如，对于改制企业中的职工身份置换模式，可以采取股权补偿为主、货币现金补偿为辅的方式。同时，在以资产折股的时候，可以考虑适当的折股优惠，以提高人们对股权补偿的积极性。当然，折价不能过多，否则会出现国有资产流失的问题，也会引起那些以买断工龄方式而离开企业职工的不满。总之，要提高资产评估的真实性，使现金安置职工和资产安置职工的利益分配相对合理，从而保证职工利益分配的公平性。

针对特困企业中多数职工不愿意用股权来折算经济补偿金的情况，也可以考虑与职工签订分期付款协议的方式。对于大多数买断工龄的人员，遵循职工自愿的原则，按照一定比例将部分经济补偿金或安置费打入职工个人的社会保障账户，作为其社会保障资金。此外，在实行并轨政策的过程中，对下岗职工及其他离岗人员由政府补贴续接各种社会保险，以现金（主要是实名制存折）形式向职工支付经济补偿金。这种方式将劳动关系的解除与社会保障体系的建立相结合，解决了职工的后顾之忧，从而满足了大多数职工的需求，应得到大力提倡。

3. 完善经济补偿金的支付程序

第一，严格履行集体决策程序和报批程序。根据相关政策规定，企业改制中有关人员分流、经济补偿金支付等方案须经职工代表大会审议通过；未经审议通过，不得实施企业改制分流工作。此外，还应建立稳定的职工安置机构，选择熟悉法律、政策，工作经验丰富的人员组成相对固定的职工安置机构，负责改制过程中的职工安置以及经济补偿金的发放等工作。同时，应赋予改制企业工会对改制职工情况进行全面调查的职权，以了解职工的实际情况与需求，并建立职工申诉渠道，从而真正确立工会作为职工利益代表的主体地位，强化集体协商或集体谈判制度，使工会对改制企业经济补偿金方案有更多的话语权。

第二，加大对改制企业的法律规范和监察力度。对此，应完善、统一改制中涉及职工利益尤其是经济补偿金支付问题的政策规范；加大劳动保障监察机构的监察力量，加强对重点地区、重点行业和重点企业的监控力度，防止改制中侵犯职工利益，减发、克扣经济补偿金或经济补偿金支付冷热不均等问题的出现。此外，应积极引导当事人通过劳动仲裁渠道解决争议，消除突发事件隐患，并加大对群体性突发事件的处理力度。

第三，建立沟通协调机制。涉及企业改制的相关部门，如国资办、体改办、劳动和社会保障局、总工会等，应组成沟通协调机构，加强对企业改制工作的指导和协调，有针对性地提出解决问题的措施。对有可能激化的矛盾应建立快速通道，以及时解决问题。同时，应坚持"无情改革，有情操作"的方针，相关政府部门可以通过召开不同形式的座谈会与职工对话，发放改制手册，设立改制咨询组织等形式，向职工讲解政策，指导职工维护自身的合法权益，并对改制后离岗职工进行就业指导，等等。通过与职工的广泛沟通，既可赢得职工对改制的理解与支持，又能维护好职工的合法权益。

4. 建立经济补偿金指导线制度

由于各地区经济发展与生活水平的不同，以及各行业发展阶段、盈利能力的不同等原因，国企改制中的经济补偿金支付标准在不同地区、不同行业间确实存在较大差距。但是，如果这些差距过于悬殊，则容易造成侵犯改制职工利益的问题。因此，国家应综合考虑生活水平、职工、企业、行业贡献，以及支付能力等各方面因素，设计地区和行业经济补偿金指导线制度。

具体而言，实施经济补偿金指导线制度时，可以设定不同地区、不同行业的补偿金标准参照值，适当规定最低值与最高值。例如，根据地区生活水平和平均工资标准的不同，东部地区的补偿金标准一般高于中西部地区；根据不同地区贡献的不同，如东北老工业基地几十年来为国家建设作出了巨大贡献，其经济补偿金标准也应适当提高一些。此外，考虑到不同行业的巨大差距，应该设定行业比较值，将支付差距限定在一定范围内。同时，应允许不同企业根据自身现状对补偿标准进行一定程度的上下浮动。总之，制定透明、公开的指导线制度，有利于降低改制企业在经济补偿金标准制定上的盲目性，也有利于改制职工正确评价个人的补偿标准，从而提高职工改制的积极性。

5. 加强不同支付模式之间的协调性

如前所述，经济补偿金的支付存在三种模式，即安置费与补偿金并行模式、身份置换补偿金模式和并轨补偿金模式。这三种支付模式在政策依据、适用对象、支付标准等方面各有不同，因此，如何协调这三种模式的差距，使之在改制过程中有机结合，避免冲突与争议，是非常重要的课题。

为此，一是应严格界定不同模式的适用对象，按照职工贡献、工作年限、劳动合同形式等严格区分职工身份。二是由于劳动关系的不同处理方式，改制职工的利益损失有所不同，对其补偿的构成也就不尽相同，因此要明确区分不同模式下经济补偿金的构成部分，使不同模式下的补偿标准显性化。明确不同模式下的补偿标准，有利于改制职工对留任、离岗并解除劳动关系以及下岗后解除劳动关系等三种情况进行理性比较，并有利于不同支付模式之间的协调与转化。

此外，应提高政府服务能力，将完善社会保障体系与建立劳动力市场结合起来，将支付经济补偿金与接续社会保险关系结合起来；应加强劳动合同管理，正确处理历史遗留问题；等等。这些措施都有助于国企改制过程中妥善处理经济补偿金的支付问题，有利于减少劳动争议，保证国企改制的顺利进行。

热点问题十四："零工资就业" 现象

【热点知识】近年来，大学生就业压力普遍比较大，大学生群体中甚至出现了"零工资就业"现象。所谓零工资，主要是指用人单位和已毕业大学生约定：在其入职后的一段工作期间（有时采用"试用期"或"实习期"等名义）内不支付工资，待双方约定的阶段经过后，再由用人单位决定是否正式聘用；在此期间，用人单位既不需要支付工资，也不需要承担其他义务和责任。对此有观点认为，即便用人单位最后没有同应聘者正式签约，应聘者也可以通过这种形式积攒自己的工作经验和业务经历。但是，"零工资就业"合法吗？

对此笔者的观点很明确："零工资就业"是违法行为。我国劳动合同法第7条明确规定："用人单位自用工之日起即与劳动者建立劳动关系。"可见，大学生毕业后进入用人单位工作，即成为一名法律意义上的劳动者，与其他劳动者一样，并没有什么特殊之处。即便用人单位和已毕业大学生约定采用"零工资就业"的方式，但实际上从其工作的第一天起，双方建立的就是劳动关系，不论有没有协议，也不论是什么样的协议。根据劳动合同法及有关规定，用人单位采用"零工资就业"的用工形式时要承担以下风险和责任。

（一）不签书面劳动合同的风险

现实中，用人单位在招聘"零工资就业"的劳动者时，一般不会与之签订书面的劳动合同，而只是进行口头约定。但是，用人单位不签书面合同的做法本身即存在很大的法律风险，主要表现在以下方面。

第一，支付双倍工资的风险。劳动合同法第82条规定，用人单位自用工之日起超过1个月但不满1年未与劳动者订立劳动合同的，应当向劳动者每月支付2倍工资。

第二，无固定期限劳动合同条件成立的风险。劳动合同法第14条第3款规定，用人单位自用工之日起满1年不与劳动者订立书面劳动合同的，视为用人单位与劳动者已订立无固定期限劳动合同。换言之，用人单位不与劳动者签订书面劳动合同超过一年的，就视为双方签订了无固定期限的劳动合同。

第三，支付经济补偿金的风险。我国法律规定，在一个月的劳动合同签订"宽限期"内，因劳动者不签订书面劳动合同而用人单位终止劳动合同的，用人单位可以不支付经济补偿；超过一个月的，因劳动者不签订书面劳动合同而用人单位终止劳动合同的，则用人单位须依法向劳动者支付经济补偿。

第四，在双方未签订书面劳动合同的情况下，劳动者可以随时离职，而这极易造成企业人员流动的随意性，不仅对企业管理不利，而且不利于构建团结、和谐的企业文化。

第五，不签订劳动合同，则无法对涉及商业秘密或竞业限制的劳动者进行有效约束。

第六，对于由企业出资培训的劳动者，只有在劳动合同中约定了服务期或签订了专项培训协议，才可以有效防止劳动者提前离职，以及由此给企业带来的损失。

有的企业把不签书面合同的责任推给劳动者，说劳动者不同意企业也不能强迫其签，这其实是用人单位逃避责任的一个托词。我国劳动合同法实施条例第 6 条规定：用人单位自用工之日起超过 1 个月不满 1 年未与劳动者订立书面劳动合同的，应当依照劳动合同法第 82 条的规定向劳动者每月支付 2 倍的工资，并与劳动者补订书面劳动合同；劳动者不与用人单位订立书面劳动合同的，用人单位应当书面通知劳动者终止劳动关系，并依照劳动合同法第 47 条的规定支付经济补偿。

（二）签订"零工资就业"劳动合同风险大

用人单位与大学生签订"零工资就业"书面合同也有风险。根据劳动合同法的规定，劳动报酬和社会保险是劳动合同的必备条款，如果合同中回避不写，则合同必备条款缺失，不符合法律要求；如果合同写明零工资、无社保，则明显违反法律规定，用人单位将被追究违法责任。劳动合同法第 26 条规定，用人单位免除自己的法定责任、排除劳动者权利的，违反法律、行政法规强制性规定的劳动合同无效或者部分无效。劳动合同法第 28 条规定，"劳动合同被确认无效，劳动者已付出劳动的，用人单位应当向劳动者支付劳动报酬"。总之，用人单位与大学生签订"零工资就业"劳动合同的，大学生可以随时与用人单位解除劳动合同，同时用人单位应当支付其工资和经济补偿金。

（三）用人单位不支付劳动报酬要承担相应责任

"零工资就业"意味着用人单位不用支付劳动报酬，而这是严重的违法行为。我国劳动法第 3 条规定，"劳动者享有平等就业和选择职业的权利、取得劳动报酬的权利、休息休假的权利、获得劳动安全卫生保护的权利、接受职业技能培训的权利、享受社会保险和福利的权利、提请劳动争议处理的权利以及法律规定的其他劳动权利"；第 48 条规定，"国家实行最低工资保障制度。用人单位支付劳动者的工资不得低于当地最低工资标准"。这就是说，劳动者付出了劳动，用人单位就有支付报酬的义务，且报酬不得低于当地最低工资标准。不支付工资或工资低于当地最低工资标准的，根据劳动合同法的规定，由劳动行政部门责令限期支付，逾期不支付的，责令用人单位按应付金额 50% 以上、100% 以下的标准向劳动者加付赔偿金。这就意味着用人单位如果在这方面违法，将付出更大的成本。

综上可知，我国各项劳动法律法规对"零工资就业"是持完全否定立场的。劳动者与用人单位只要建立了劳动关系，用人单位就要承担相应的法律义务，如果其不履行法定义务，就要受到法律的制裁，付出更大的代价。因此，用人单位在招聘时要依法依规操作，其中的关键是破除签订书面劳动合同就会影响用工自主性、灵活性，不签劳动合同就可免除责任的误解。事实上，对于具体薪酬的多少，只要劳资双方自愿协商且不低于当地最低工资标准即可。

【热点话题】"零工资"就业既不合理也不合法

【热点探讨】通过以下两个案例来进行讨论：

案例 1：王小红初中毕业后在家待了半年，春节过后来到城里找工作，去了几家单位都因身单力薄而未被录用。后来到了一家饭店，王小红说，"只要管吃管住，不给工资也行"。饭店张老板觉得很划算，就留下了王小红，并签了一份协议，其中约定：乙方（即王小红）在甲方某饭店从事服务员工作，甲方管乙方吃住，不发工资，试用期半年。

2008 年 4 月 20 日中午，王小红在给顾客上菜时，由于地面太滑，不慎重重地摔了一跤，造成锁骨骨折，住院治疗 21 天，医疗费花了 15 000 多元。但张老板只给交了 5 000 元，其余 1 万多元是王小红父母出的。出院后王小红找到饭店老板，要求报销医疗费并享受工伤待遇，但老板不答应。于是王小红到当地劳动争议仲裁委员会申请仲裁，要求确认劳动关系，发放 1 月份到 5 月份的工资，并享受工伤待遇。对此，张老板向劳动争议仲裁委员会辩称，"王小红根本不是我的员工，我们之间不存在劳动关系，因为我从未向她支付过工资"，并拿出了当初其与王小红签订的协议书。

案例 2：张燕燕是某大学会计专业的学生，已经毕业一个月了，但是一直没有找到合适的单位。为了能够先找到一份工作，积累工作经验，张燕燕就找到当地一家会计师事务所，说明自己可以不要工资来工作，也就是可以"零工资就业"。会计师事务所决定，张燕燕可以先到单位来工作，但不发给其任何工资；至于张燕燕最终是否能正式留下，要看其工作表现。在该事务所工作了一段时间后，张燕燕与其一位师姐聊起了就业中的种种困难，包括工资待遇问题。此时，张燕燕感到很不公平：自己每天辛辛苦苦，同那些正式员工干一样的工作，却连半分钱都拿不到。后来，张燕燕又同一位法律专业的同学谈起自己的这番感受，那位同学气愤地说："这是违法的！"并说，可以要求该事务所按当地最低工资标准支付报酬。于是，张燕燕要求该事务所向其支付最低工资。但该事务所认为，张燕燕在很多方面还达不到正式会计的要求，不能给工资，并且当初张燕燕也是同意不拿工资来此工作的。张燕燕为了维护自己的合法权益，在那位法律专业同学的帮助下申请了劳动仲裁。

上述两个案例的裁决结果是：

在案例 1 中，劳动争议仲裁委员会认为，王小红来到饭店为顾客服务的第一天起，双方就建立了劳动关系，饭店应当与其签订劳动合同，而劳动合同的必备条款就包括劳动报酬、社会保险等。因此，饭店与王小红签订的所谓"零工资就业"协议无效。于是，依法裁定饭店与王小红劳动关系成立，双方签订的协议无效，饭店向王小红支付 4 个月工资共 3 200 元（与其他服务员同工同酬，每月工资 800 元），并告知王小红向劳动保障部门申请工伤认定。劳动保障部门受理了王小红的工伤认定申请后，依法向饭店下达举证通知书。由于在通知规定的期限内，饭店未向劳动保障部门举证，劳动保障部门遂依法对王小红的事故伤害认定为工伤。王小红经工伤认定和劳动能力鉴定后，依法享受了工伤保险待遇。

在案例 2 中，劳动争议仲裁委员会认为，张燕燕与会计师事务所均符合我国劳动法关于劳动合同主体资格的规定，双方虽未签订书面劳动合同，但存在事实劳动关系，会计师事务所应当依法向张燕燕支付工资报酬。双方关于"零工资就业"的约定违反了《最低工资规定》的强制性规定，故裁决会计师事务所按照当地最低工资标准向张燕燕支付工资。

案例 1 的情形具有一定的典型性。在劳动力市场供大于求的情况下，不少劳动者（特别是一些缺乏就业经验者）因找工作困难，往往会主动提出"零工资就业"，但这种行为是违法的。我国劳动合同法第 17 条规定，劳动合同应当具备以下条款：①用人单位的名称、住所和法定代表人或者主要负责人；②劳动者的姓名、住址和居民身份证或者其他有效身份证件号码；③劳动合同期限；④工作内容和工作地点；⑤工作时间和休息休假；⑥劳动报酬；⑦社会保险；⑧劳动保护、劳动条件和职业危害防护；⑨法律、法规规定应当纳入劳动合同的其他事项。除上述必备条款外，用人单位与劳动者还可以在劳动合同中约定试用期、培训、保守秘密、补充保险和福利待遇等其他事项。需要再次强调的是，劳动报酬、社会保险等是劳动合同的必备条款，任何违背必备条款规定的劳动合同或协议都是无效的。因此，用人单位应当依法用工，决不能侵犯劳动者的合法权益；劳动者也要知法懂法，善于主张和维护自己的合法权益。

案例2是有关大学生"零工资就业"的一个典型问题。在本案中，张燕燕是已经毕业的大学生，具备劳动法、劳动合同法规定的劳动者主体资格，而这家会计师事务所同样具备用人单位的主体资格。并且，张燕燕在该事务所的管理之下提供劳动，所做的工作同其他工作人员一样，其主要工作属于该事务所业务的组成部分，故双方虽未订立书面劳动合同，但已经建立了事实劳动关系。因为事实劳动关系同样受到法律的保护，故会计师事务所应当向张燕燕支付工资，且该工资不得低于当地最低工资标准。

在这里还要区分的一种情况就是，大学生在未毕业之前到用人单位工作的，一般属于实习。目前，我国法律没有规定实习工资是否有最低工资的限制，即对实习工资没有作出明确规定。对此笔者认为，尚未毕业的大学生到用人单位去实习，目的是将理论与实践相结合，巩固专业知识，所以这种实习不能算是一种用工行为，而是一种培训性质的学习。实习大学生和用人单位既没有形成劳动关系，也没有形成劳务关系，因此用人单位确实没有给实习生发工资的义务。因此，如果尚未毕业的大学生与用人单位约定"零工资实习"，那么是被法律所允许的。但在现实中，考虑到实习大学生毕竟付出了劳动，不少用人单位还是会向其提供一定的补贴。

综上，对于"零工资就业"的问题，表面上看是一个愿打一个愿挨，但这是违反劳动法的，长远看对社会的发展也是起消极作用的。对此笔者认为，用人单位在这一问题上应当知法守法；择业者应当做好职业规划，提升个人的综合素质；政府应该拓宽就业渠道，减轻大学生的就业压力。

第三节集体劳动关系中的劳动争议案例

根据劳动关系专家常凯教授的观点，劳动关系可以分为个别劳动关系、集体劳动关系与社会劳动关系。个别劳动关系很重要，因其是劳动关系的基础；集体劳动关系亦很重要，甚至可以说它是劳动关系中的核心关系，集体劳动关系处理得当，在一定程度上可以确保个别劳动关系的稳定与和谐。

当前，我国劳动关系领域的许多热点问题都涉及集体劳动关系的内容，如国企改制中所引发的集体劳动关系问题。随着国有经济战略性调整力度不断加大，国有企业改制步伐也在提速。国有企业改制后，劳动关系的调整就成为必然。

首先，富余人员怎么安置？改制前，国有企业从维护社会秩序和社会稳定的前提出发，安排了一部分富余人员。企业改制后，新的股权拥有者从企业经济效益的角度出发，需要裁减富余人员。那么，裁减下来的富余人员应该向何处去就成为一个需要面对的问题。

其次，员工身份将发生何种变化？企业改制前，员工为全民所有制身份，是"企业人"，企业对员工承担无限责任；企业改制后，员工丧失了全民所有制身份，变成了"社会人"，企业对员工承担有限责任。

最后，如何评价员工的历史贡献并给予相应补偿？改制前，员工在国有企业工作期间，拿的是低工资，享受的是低福利，为企业的历史积累作出了贡献。那么在企业改制过程中，如何评价员工的历史贡献？对员工的历史贡献应该给予何种补偿？等等。劳动关系的调整是企业改制成功的关键。对此，《关于国有大中型企业主辅分离辅业改制分流安置富余人员的实施办法》（国经贸企改〔2002〕859 号）这一文件精神为回答这些问题指明了方向：对从原主体企业分流进入改制企业的富余人员，应由原主体企业与其变更或解除劳动合同，并由改制企业与其变更或重新签订三年以上期限的劳动合同；变更或签订新的劳动合同，应在改制企业工商登记后 30 天内完成；对分流进入改制为非国有法人控股企业的富余人员，原主体企业要依法与其解除劳动合同，并支付经济补偿金；职工个人所得经济补偿金，可在自愿的基础上转为改制企业的等价股权或债权；对分流进入改制为国有法人控股企业的富余人员，原主体企业和改制企业可按国家规定与其变更劳动合同，用工主体由原主体企业变更为改制企业，企业改制前后职工的工作年限合并计算；改制企业要及时为职工接续养老、失业、医疗等各项社会保险关系。

现实中，针对上述问题如果处理不当，容易造成集体事件，甚至引起激烈的集体事件。此类事件一旦发生，必然在一定程度上影响用人单位的正常经营行为与生产秩序，甚至影响社会的稳定与发展。因此，如何评价和处理职工的集体行动，也是集体劳动关系中一个突出而亟待解决的问题。

热点问题十五：国企改制过程中的职工利益保护机制

【热点知识】2010 年 5 月，河南平顶山棉纺织集团职工的罢工事件再次引起了人们对国企改制的关注。笔者通过调研认为，引起这次罢工的主要原因在于职工利益保护机制的缺失，这也是造成职工权益在国企改制过程中屡屡受到忽视、侵犯的重要因素。对一些效益不好的国有企业来说，改制似乎已是其唯一的出路，而一些改制后企业得到极大发展的事实也证明了改制的可行性和必要性，于是全国各地先后出现了"改制热"，各地政府部门对此也大力支持。但是，改制过程中也出现了一个不好的现象，那就是职工的利益不被重视甚至被侵犯，具体表现在以下几个方面。

（一）改制过程中职工的参与权和知情权被剥夺

根据我国相关法律、政策的要求和规定，国有企业改制是一项极其重大的事项，涉及职工的切身利益，职工享有参与权和知情权。这些参与权和知情权的内容包括以下几点。

第一，改制方案必须提交企业职工代表大会或职工大会审议，并按照有关规定和程序及时向广大职工群众公布。

第二，国有企业实施改制前，原企业应当与投资者就职工安置费用、劳动关系接续等问题明确相关责任，并制订职工安置方案。职工安置方案必须经职工代表大会或职工大会审议通过，企业方可实施改制。职工安置方案必须及时向广大职工群众公布，其主要内容包括：①企业的人员状况及分流安置意见；②职工劳动合同的变更、解除及重新签订办法；③解除劳动合同职工的经济补偿金支付办法；④社会保险关系接续；⑤拖欠职工的工资等债务和企业欠缴的社会保险费处理办法；等等。

第三，企业实施改制时必须向职工群众公布企业总资产、总负债、净资产、净利润等主要财务指标的财务审计、资产评估结果，接受职工群众的民主监督。

但是，现实中一些操作改制的有关部门以及改制企业的管理层往往剥夺了职工的这些权利，河南平顶山棉纺织集团（以下简称"平棉集团"）的改制中就出现了这样的问题。2005 年 4 月 21 日，河南天使集团股份有限公司（平棉集团的前身）开始启动改制进程。但是，其在制定改制方案、委托会计师事务所进行经济责任审计和清产核资、委托资产评估事务所进行评估、委托平顶山市拍卖行对部分资产进行公开拍卖、制定职工安置方案、进行新天使纺织有限责任公司的竞买以及河南天使集团股份有限公司的破产等各项改制的进程和环节中，都缺少职工的了解和参与。虽然其中的一些环节貌似也通过了职代会的讨论、审议，但那仅仅是走个过场，因为职代会的代表多数为企业管理层成员，来自一线工人的代表极少，而这显然违反了我国的相关法律规定。正是该企业在改制中的这些不透明操作引起了职工的不满，更令广大职工不能接受的是，他们发现不知不觉中自己所在的企业已由原来的国有企业变成了私营企业，他们的身份也由原来国有企业的主人翁一下子变成了私营企业的打工者。

（二）被解除劳动关系的职工获得的补偿不够合理

改制过程中一个正常的现象是部分职工会被解除劳动关系，当然需要给予其以相应的补偿。但是，实践中这种补偿往往不够合理，企业管理层常常以极低的补偿金就"买断"了与职工的劳动关系，而这也是平棉集团群体事件的肇因之一。事实上，最初采取行动的正是那些被"买断工龄"的职工，他们于 20 世纪 80 年代初平棉集团刚刚建厂时就进入这里工作，大多数人都有 20 多年的工龄。企业改制完成后，他们被动员离开平棉集团，有的职工甚至被强迫买断工作，但他们得到的补偿金却只有区区 6 000 元。可是，按照当时平顶山市的最低工资标准（550 元/月），即使是那些被"买断"前已经停工（息工）的职工所能获得的补偿金也应该有 1 万多元。此外，工人们还提出了发放身份转换金的要求。也就是说，他们不仅被"买断"了工龄，而且其原来国有企业职工的身份也就此没有了，因此他们认为应该获得一笔身份转换金。

对于上述职工的要求，笔者认为有其一定的合理性。根据现行劳动法和劳动合同法的规定，所谓的"买断工龄"，实际是由于用人单位的原因而与职工解除劳动关系。在这种情况下，职工当然享有依据其工龄和解除前的月平均工资获得经济补偿金的权利；如果解除之前已经停工（息工）一定时间而没有工资收入的职工，根据劳动合同法实施条例第 27 条的规定，则应该按照当地最低工资标准计算经济补偿金。至于身份转换金，这确实不是一个法定概念，缺乏相应的标准和依据。尽管如此，前述职工对支付身份转换金的要求仍有其一定的合理性。因为长期以来，国有企业职工为支持企业发展和国家建设而获得的工资是很低的，当他们被解除劳动关系，并将失去国有企业职工身份的时候，其所在企业以及当地政府应当给予他们相应的回报和补偿。

（三）职工对资产评估结论不服时缺乏相应的救济渠道

国有企业改制时要进行资产评估，尤其是改制为非国有企业的情况下，要对包括其土地使用权在内的所有资产进行评估。依据相关法规政策，必须聘请具备资格的资产评估事务所进行资产和土地使用权评估。尤其是涉及土地使用权的，必须经具备土地估价资格的中介机构进行评估并按国家有关规定备案；其中涉及国有划拨土地使用权的，还须按照国家土地管理有关规定办理土地使用权处置审批手续。

笔者认为，这些规定有其合理性和必要性，但也存在不少漏洞和缺陷。例如，规定中对于承担资产评估的事务所或土地估价中介机构的资质条件并没有特殊要求；如果职工对评估结论不服，也缺乏相应的救济渠道。因此，如果管理层和评估机构相互勾结，暗箱操作，从中渔利，职工对此也无可奈何。这样，就容易出现国有资产被严重低估的问题，不论是管理层收购还是其他企业进入时，往往就能以极低的代价获得对该企业的控制权。

在上述平棉集团的案例中，职工对经由平顶山市有关资产评估事务所作"河南天使集团股份有限公司的资产为 1.849 亿元"的评估结论也表示不服。他们认为，河南天使集团股份有限公司的资产应为 3.49 亿元，这次资产评估是严重的低估行为，是为其后管理层收购而进行的铺垫。事实也证明，后来该企业的管理层仅以 1 000 多万元的出资就获得了对企业的管控权，将这一有着几十年历史的国有企业转变为私营企业。之后，管理层又利用该企业地处平顶山市核心区域的优越位置条件，与别的企业合作进行各种名目的开发，从中获利则由管理层各出资人根据当初各自的出资比例进行分配，而这些收益与在职职工无关，与已经被"买断工龄"的职工更是无关。广大职工对此表示严重不满，并且因多次上访都没有结果，最后才决定采取罢工等行动来维护自己的权益。

【热点话题】 国企改制过程中职工利益屡受侵犯的原因及对策

【热点探讨】 2010 年 5 月 14 日下午，平棉集团大量职工因为不满现状而发动罢工。这起事件的爆发原因，是平棉集团的部分被"买断工龄"的职工认为没有拿到所应该享有的补偿金，此外还有一部分在职工人则对工作条件恶劣、工资过低、工作环境差等问题十分不满。同时，抗议的工人还指责厂方负责人私自出卖工厂土地，致使国有资产流失；几任领导数年来钻国家企改政策的空子，通过改制把国有资产变成私有资产，从中牟利。对此，职工们要求厂方提高工人工资和待遇，同时说明国有资产的去向。

事件持续了两个星期。2010 年 6 月 1 日，在警方的强力干预下，事件才得以停息。事发后，笔者曾到当地对该事件进行了认真调研，认为职工提出的问题基本属实，应该得到解决。这一事件反映了我国国有企业改制过程中普遍存在的一些问题，这些问题集中为一点就是职工利益保护机制的缺乏，也正是这一点导致了本就弱势的职工在改制过程中屡屡受到侵犯。笔者在认真研究本案例的基础上，结合我国关于改制的有关政策、法规，提出以下几点有关国企改制过程中构建职工利益保护机制的分析和建议。

（一）国企改制过程中职工利益屡受侵犯的原因

国企改制过程中职工利益屡受侵犯的原因有很多。这其中当然有一定的社会发展背景因素，毕竟我国尚处市场经济的转型和深化期，一些效益不好的国企面临向何处去的问题，尽管改制不失为一个较好的选择，但如何改、如何保护职工的利益确实是一个极难的课题。除此以外，法律制度的不健全、管理层的暗箱操作、职工维权手段的缺失等也都是重要的原因。

1. 关于国企改制的法律制度不健全

国企改制是我国当前经济发展中的一件大事，涉及全国为数不少的国企，影响千千万万个职工的切身利益，是一项规模浩大的工程。国家对此也十分重视，并出台了不少指导性文件。但是应当看到，许多指导国企改制的文件级别较低，所规定的内容弹性较大，惩罚的力度又较小，容易造成钻制度漏洞的问题和现象。例如，对于改制时的资产评估问题，不论是国务院办公厅转发国资委《关于进一步规范国有企业改制工作实施意见的通知》（国办发〔2005〕60号），还是国务院办公厅转发国务院国有资产监督管理委员会《关于规范国有企业改制工作意见的通知》（国办发〔2003〕96号），这些文件仅仅规定了必须委托相关资产评估机构进行评估。但是，如果评估有误如何纠错？如果评估机构故意低估资产又当如何救济？对这些问题则没有加以规定，而这也使相关规定往往只能"纸上谈兵"，实际上无法阻止企业管理层和评估机构的暗箱操作，其结果就是国有资产的流失和职工利益的受损。又如，这些文件都缺乏对国企职工身份转换金等的相关规定，致使职工在维权时常常处于无奈和困境之中。

2. 国企管理层利益至上的目标导向

通常对于一个效益不佳的国企来讲，管理层追求利益时主要着眼的是土地或者土地使用权。因为这些企业大都位于其所在地的核心地段，随着房地产市场的发展，城市中心地段的土地也越来越值钱，只要控制这块土地就能获得源源不断的利益，于是一些国企管理层就利用改制的机会通过一系列手段实现这一目标。仍以平棉集团为例，其做法是先由资产评估机构对河南天使集团股份有限公司作出低价评估——由于资不抵债，该企业申请破产；同时由管理层集资入股成立一新公司——平顶山新纺织有限公司；再由这家新公司参与破产拍卖，并竞买获得成功；最终随着河南天使集团股份有限公司的破产，其原有的一些债务也随之剥离出去。与此同时，为了避免老职工"搅和"，企业管理层又动员他们以极低的代价"买断工龄"，直到老职工全部离开。这样，管理层就"成功"完成了改制，"圆满"实现了对该企业土地的控制。

3. 职工的维权渠道不畅通

那么，为什么在国企改制过程中会屡次出现职工利益受侵犯的现象呢？一个重要原因就是职工的维权渠道不畅通。例如，职工代表的选举、职代会的参与都是职工尤其是一线职工无法左右的，即便职工对此不满也不能有所改变。又如，职工们即便对资产评估的结论不服，也缺乏相应的救济渠道和程序。再如，工会组织没有发挥应有作用，不能有效反映职工诉求等。

（二）构建国企改制过程中职工利益保护机制的建议

现实中，当职工面对国企改制过程中自身利益屡遭侵犯的现状时，其在维权渠道不畅的情况下往往会采取一些过激的行动。这种矛盾极易演变为群体性社会事件，对社会稳定造成不利的影响，最后往往不得不由政府出面加以调停，甚至要动用警力强制处置。对此笔者认为，"解铃还须系铃人"，解决此类矛盾的关键是保护职工利益。具体而言，面对国企改制中出现的种种问题，构建一个职工利益保护机制就显得尤为及时而必要，为此提出以下几点建议。

1. 制定改制方案要遵照民主程序

国企改制事关全体职工的切身利益，广大职工对国企向何处去的问题极为关注；哪怕只站在情感的角度，他们也对企业改制充满着参与热情。因此，不论从哪个角度出发，都应当在完善相关法律制度时强调职工的参与，并为职工参与提供有效的参与渠道，在制定改制方案时要让职工充分讨论。如前所述，2009 年 8 月发生的"林钢事件"也是改制引起的。事件发生后，河南省委、省政府提出了尊重广大职工意愿、暂停改制工作等六条意见。对此，时任河南省委书记徐光春提出，从现在开始，凡企业改制重组必须经职代会讨论通过和社会稳定风险评估，否则无效。全国总工会也发文指出，企业改制重组未经职代会通过的视为无效。笔者认为，这些意见应转变为法律制度，在国企改制中要求必须落实职代会的作用，如果现有职代会的组成不合法，

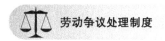
应承认职工有权重新选举新的职代会。

2. 应赋予职工对资产评估结论表达异议的救济渠道

在改制过程中，引起职工不满的焦点问题之一是职工对企业管理层或有关地方国资委委托的资产评估机构所作出的评估结论表示怀疑和无法接受，许多职工认为这是将国企资产低估的结果。对此，现有法律制度尚缺乏相应的救济渠道。笔者认为，应赋予职工对资产评估结论表达异议的救济渠道。资产评估是改制过程中一个极其重要的环节，为此应规定：如果职工对资产评估结论表示异议，可以要求在上一级国资委的主持下在全省（自治区、直辖市）范围内另选一家资产评估事务所重新进行评估。

3. 改制国企与当地政府应支付国企职工的身份转换金

国企职工为其企业的发展和国家建设作出了巨大贡献，自然应按一定的标准给其相应的回报。笔者认为，身份转换金与经济补偿金二者性质不同，应将其区分开来。其中，身份转换金的支付标准应以企业所在城市上一年的职工平均工资为基数，乘以具体职工工作年限的1/2。此外，身份转换金的支付应由改制企业与当地政府各自承担一半。

第三节　特殊劳动关系中的劳动争议案例

所谓特殊劳动关系，是指其在用工时间、用工形式、劳动关系的多重性等方面有别于传统、单一的正常劳动关系。以灵活就业的形式为例，通常我国劳动关系领域将在非正规部门就业称为灵活就业，也就是在正规就业形式之外的其他就业形式，即在劳动时间、收入报酬、工作场地、保险福利、劳动关系等方面不同于建立在工业化和现代工厂制度基础上的、传统的主流就业方式的各种就业形式的总称。灵活就业主要包括以下三种类型。

第一，边缘状态的就业形式。其从业人员主要是指在小型企业、微型企业和家庭作坊式单位的就业者，以及虽为大中型企业所雇用，但在劳动条件、工资和保险福利待遇以及就业稳定性等方面有别于固定职工的、就业形式灵活多样的人员，包括临时工、季节工、承包工、小时工、派遣工等。

第二，现代灵活就业形式。这主要是指由科技和新兴产业的发展以及现代企业组织管理和经营方式的进一步变革引起的就业方式的变革，由此产生的灵活多样的就业形式。例如，目前发达国家广泛流行的非全日制就业、阶段性就业、远程就业、兼职就业、产品直销、保险推销等。

第三，独立于单位就业之外的就业形式。这种就业形式主要包括自雇型就业、自主就业和临时就业。其中，自雇型就业又分为个体经营和合伙经营两种类型；自主就业即自由职业，如律师、作家、自由撰稿、翻译、中介服务等；临时就业包括家庭小时工、街头小贩、打零工者等。

20 世纪 70 年代末至 80 年代初，灵活就业在我国兴起的原因主要有两个：一是政府无力单纯依靠国有和集体部门，按照传统的就业模式来解决数以千万计的城市新成长劳动力和返城知青的就业问题；二是农村剩余劳动力大量转移到城市寻找就业机会。

为了解决下岗失业人员和日益扩大的农民工进城就业问题，灵活就业受到国家有关部门以及社会各界的高度关注。2002 年，中共中央和国务院下文指出：鼓励下岗失业人员通过非全日制、临时性、季节性、弹性工作等灵活多样形式实现就业。2003 年，劳动和社会保障部颁布文件，对灵活就业的劳动关系、工资支付、社会保险、劳动争议处理及管理与服务等作了明确规定，这也是我国当前维护灵活就业劳动者劳动权益之最高级别的行政规章。

灵活就业形式的出现与发展是对传统就业模式的一次深层变革，它作为一种社会经济现象，也已越来越为社会所接受。这一就业形式不仅为广大用人单位所欢迎，而且具有岗位多、门槛低、机制活的特点，使劳动者在灵活就业的形式中受益。灵活就业形式在时间上的灵活性，为人们提供了多种选择形式；灵活就业形式在工作地点和工作单位上的流动性，为人们提供了较大的选择空间；灵活就业形式中岗位的多层次性，适应了各类人员的多样化选择，为具有多项技能的劳动者施展才能提供了广阔的舞台。可以预见，随着社会经济的发展，灵活就业形式将在劳动力市场中将发挥越来越重要的作用。

除了灵活就业形式外，特殊劳动关系还包括大学生实习期间的劳动关系、双重劳动关系、劳务派遣用工等形式。这些特殊劳动关系的不仅内容特殊，而且极其复杂，极易产生劳动争议，甚至爆发劳资冲突。

热点问题十六：大学生实习期间劳动权益保护

【热点知识】通常来说，所谓大学生实习，是指大学生在符合本学校专业培养目标要求和遵守教学计划的前提下，由学校组织或通过自己联系到实习单位进行实际锻炼。目前，大学生实习大致有两种类型：一是教学实习，指在学校的正常教学活动中，在校内实训室或校外机构（如企业）进行较短时间（通常为一到两周）的教学实习；二是大学生的毕业实习或顶岗实习，指学生在毕业前到实习单位，在实际工作者的指导下从事具体的工作，从而获得实际经验和技能，锻炼工作能力。笔者接下来将要谈到的即毕业实习又可分为两种形式：一是学校组织学生到实习单位实习，这主要在学校和企业合作共建的实习基地里完成；二是学生自己联系实习单位进行实习。厘清大学生实习的含义，有助于明确大学生实习中各个法律主体的权利、义务和责任，从而建立起保障大学生实习权益的法律机制。

上海交通大学关于大学生实习状况的调查显示：将近40%的大学生在实习过程中曾受到不同程度的伤害，其自身合法权益难以得到保障；即使在自身合法权益受到侵害时，大学生选择各种途径维权的比例也仅占13.9%，选择忍气吞声者的比例则高达86.1%。这项调查说明，随着就业压力和社会竞争的不断加剧，大学生的权益受损问题也呈现上升趋势。这种情况下，国家亟待建立健全大学生实习期间的权益保障体系①。

然而，目前我国尚没有完善的大学生实习期间的劳动权益保护制度。在立法方面，2010年1月22日，广东省第十一届人民代表大会常务委员会第十六次会议在全国率先通过了《广东省高等学校学生实习与毕业生就业见习条例》。该条例自2010年3月1日起施行，是我国首个针对大学生实习期的立法。该法参照劳动法、劳动合同法，对大学生实习协议、实习活动的监管主体、意外伤害保险制度、实习补助、实习报酬支付、学生和毕业生的休息权、安全生产环境与条件等权利都有明确的规定，为今后国家制定相关立法奠定了一定的基础。

从以往司法实践中的判例来看，实习学生一旦遭受人身伤害，各级人民法院在处理此类事件时所适用的法律法规主要来自民法法规以及最高人民法院《关于审理人身伤害赔偿案件适用法律若干问题的解释》等。学校、实习单位对学生在实习中遭受工伤时所承担的责任性质是民法中的侵权责任，归责原则是过错责任。然而，对于大学生实习期间的人身伤害问题，相关劳动法规尚没有明确规定，从而造成实践中各界对这一问题的不同理解，出现了各地规定不一、解决方式各异的局面。

---

① 陈秋菊：《对实习大学生劳动权益保护的思考》。见：https://www.docin.com/p-1484622818.html。

【**热点话题**】大学生在实习期间能否被视为劳动者？

【**热点探讨**】探讨大学生实习期间的劳动权益问题，应着眼以下几个方面：

（一）大学生实习期间权益受侵害的具体表现

1. 大学生实习期间因工作受伤难以得到赔付

目前，不论是国家还是各个高校，关于大学生实习期间的相关配套措施和法规政策等尚不健全，致使大学生在实习期间一旦出现工伤、医疗等事故时"无法可依"，其合法权益无法得到有效保障。大学生实习期间的劳动风险（如理工科学生进行生化化验、车间操作时的风险）使之遭受伤害的事件时有发生，保障制度的不健全则令其维权艰难。例如，2000 年 9 月，浙江某信息工程学校学生金某在湖州大厦点心房实习时因操作不慎，其右前臂被机器缠咬轧伤，法医鉴定为 5 级伤残；2006 年 5 月，黑龙江某职业技术学院学生邵某某在实习工地不幸被重型卡车倒车时撞倒，司法鉴定为二级伤残。又如，开封某科技中等职业技术学校 07 级电子班学生刘某某经老师介绍在开封市劳动路某电器回收商店实习，当其为一客户拆装空调时不慎从三楼连人带空调一起坠下，医生诊断为全身多处骨折，高位截瘫，或将终身失去劳动能力。但是，由于刘某某不具备劳动法规定的独立劳动者身份（学生实习、打工与用人单位不构成劳动关系，双方仅为劳务关系），而劳务关系中的自然人一般除获得劳动报酬的权利外，没有其他的法定权利，加之双方只有口头约定而没有书面合同，因此在这起人身损害赔偿中，刘某某也要对自己的行为承担责任，并只能得到部分赔偿。

2. 大学生实习期间遭受侵权时难以得到保障

现实中，实习期间的大学生里只有极少数人和用人单位签订了劳动保障协议，而某些实习单位对实习学生随意"盘剥"，无故辞退或延长试用期以及故意延长工作时间的现象也长期存在。不仅如此，诸如任意指派实习大学生从事各种杂务而不给其足够的技能训练，不为提供其必要的工作安全和职业卫生条件，甚至对其进行人格侮辱，蒙骗其参加非法传销活动，非法限制其人身自由等不合理乃至违法犯罪现象事实上也都是存在的。

此外，实习期间大学生的付出与回报之比悬殊，且没有相应的劳动保障协议，其合法权益无法得到保障。作为市场主体的用人单位一方往往处于强势地位，其许多行为也得不到有效的规范和约束；大学生则因种种原因而处于相对弱势地位。尽管国家曾提出有关保护大学生实习期间合法权益的要求，如在企业的实习生应该享受基本工资和工作时间的保护等，但面对严峻的就业形势，加之自身社会经验的不足，当前他们在职场中的弱势地位仍很明显。例如，部分用人单位仅考虑自身利益最大化，为了降低用工成本，利用实习大学生求职急切的心理，在试用期内不与其签订劳动合同，不为其办理社会保险，并在试用期结束时以各种各样的借口甚至无端将实习生辞退，或者故意延长试用期，逼迫实习生自己辞职。更有甚者，或者以招工名义或骗取应聘学生的押金，巧立所谓培训费、保证金等名目诈骗钱财；或者克扣、拖欠、拒付实习报酬；或者拒签书面实习协议或劳动保障协议书；等等。

（二）大学生实习期间权益受侵害的原因分析

1. 大学生实习期间身份定位不明确

《关于贯彻执行〈中华人民共和国劳动法〉若干问题的意见》第12条明确提出："在校生利用业余时间勤工助学，不视为就业，未建立劳动关系，可以不签订劳动合同。"现实中，一些用人单位将实习大学生提供的劳动服务视为本条中的"在校生利用业余时间勤工助学"，据此认为可以不签劳动合同，甚至否定已签劳动合同的效力。对此有观点也认为，学生以学为主，而不是以打工获取劳动报酬为生，因而不具备劳动法规定的独立劳动者身份，学生实习打工期间与用人单位不构成劳动关系而仅构成劳务关系。

现实中，学生和"打工人"的双重身份使大学生在实习期间的劳动权益保护成为一个难点。由于实习不属于劳动法调整的范围，实习生不享有劳动报酬权、休息休假权、接受职业技能培训权、享受社会保险和福利权等劳动权利，因此即便出现劳动纠纷，其也无法申请劳动仲裁。反之，用人单位却可以随时结束与大学生的实习关系且不用承担任何责任。

事实上，关于大学生与用人单位的实习关系是否属于劳动关系，目前是存在争议的。有一种观点认为，实习关系不属于劳动关系，不受《工伤保险条例》的调整。因为无论是以书面合同方式建立的劳动关系还是事实劳动关系，都具有劳动关系的基本特征。劳动者与用人单位建立劳动关系，从事事实劳动，既是劳动者行使劳动权的具体表现，也是劳动者及其家人赖以生存的保障。然而，在校生参加实习则是为了积累实践经验，而不是为了谋生；对于用人单位而言，也只是为大学生提供一个参加实践的机会。可见，尽管在校大学生在实习期间需要服从实习单位的实习管理，但是对实习单位并不具有依附性，其身份归属仍然在学校。因此，在校生实习期间与用人单位建立的不是劳动关系，其在身份上也不能被认定为劳动者。

对此笔者认为，按照《工伤保险条例》第 61 条规定："本条例所称职工，是指与用人单位存在劳动关系（包括事实劳动关系）的各种用工形式、各种用工期限的劳动者。"尽管实习生不属于用人单位的合同工、固定工、临时工等，但这种边劳动、边学习的用工形式也应当被纳入不同用工期限的劳动者范畴。因此，实习生可以属于《工伤保险条例》调整的工伤主体，实习生在工作中遭到伤害时，如果符合工伤认定条件，同样应当认定为工伤，应获得赔偿并享受工伤待遇。

2. 与大学生实习相关的法律、法规不健全

当前法律法规的不健全甚至缺失，是大学生实习期间的权益得不到进一步保障的重要原因。对此笔者认为，随着大学生实习期间的事故频发，国家应设立专门的法律法规来保障大学生实习期间的合法权益，并增加相关规定的可操作性。

针对实习学生的受伤问题是否属于工伤范围而言，劳动部于 1996 年 8 月颁布的《企业职工工伤保险试行办法》第 61 条规定："到参加工伤保险的企业实习的大中专院校、技工学校、职业高中学生发生伤亡事故的，可以参照本办法的有关待遇标准，由当地工伤保险经办机构发给一次性待遇。工伤保险经办机构不向有关学校和企业收取保险费用。"但国务院 2003 年 4 月 27 日颁布的《工伤保险条例》将此项规定删除，并且没有作另外规定。

与此同时，各地在实施《工伤保险条例》时有其不同的规定。例如，北京市对此持明显否定态度：到参加工伤保险的企业实习的大中专院校、技工学校、职业高中学生发生工伤事故的，劳动保障行政部门不再进行工伤认定。持类似观点的还有重庆市和青岛市等。重庆市规定，用人单位聘用的离退休人员，实习的大中专院校、技工学校、职业高中学生不适用《工伤保险条例》；这部分人员发生人身伤害的，可按照双方的约定进行赔偿；双方对赔偿有争议的，可依法寻求救济。青岛市则在《关于实习生工伤认定有关问题的批复》中就劳动保障行政部门能否受理其工伤认定申请问题作出了规定：技术学校学生在实习期间，其个人身份为学生，与所在实习企业不形成劳动关系，根据劳动法第 2 条、《工伤保险条例》第 2 条的规定，劳动保障行政部门对实习生在实习期间所受伤害提起的工伤认定申请不予受理。

与之相反，江西省则主张进行工伤认定：童工、实习学生在用工单位因工作受到伤害的，应按《工伤保险条例》规定，符合工伤或视同工伤条件的，在进行劳动能力鉴定后，按照《非法用工单位伤亡人员一次性赔偿办法》规定，由用人单位支付相应待遇。与之相似，《河南省工伤保险条例》第46条规定：大中专院校、技工学校、职业高中等学校的学生在实习单位由于工作遭受事故伤害或者患职业病的，参照本条例规定的标准，一次性发给相关费用，由实习单位和学校按照双方约定承担；没有约定的，由双方平均分担。此外，郑州市也在《实施〈工伤保险条例〉暂行办法》中规定：实习的大中专院校、技工学校、职业高中学生在实习单位由于工伤发生人身伤害的，可由实习单位和学校按照双方约定，参照《工伤保险条例》和本办法规定的标准，一次性发给相关费用。

就人身损害赔偿诉讼而言，其一般依据的是过错责任原则，即根据当事各方的过错程度来确定赔偿责任。《最高人民法院关于审理人身损害赔偿案件适用法律若干问题的解释》第3条规定，2人以上没有共同故意或者共同过失，但其分别实施的数个行为间接结合发生同一损害后果的，应当根据过失大小或者原因比例各自承担相应的赔偿责任。据此笔者认为，如果学生是经学校组织而在实习单位受到伤害的，则应依据学校、实习单位和学生三方在人身损害事故中的过错大小或原因比例确定各自承担的赔偿数额；如果学生未经学校组织，而是自己联系单位进行实习、打工的，则双方形成雇佣关系，根据司法解释，雇员在从事雇佣活动中遭受人身损害的，雇主应当承担赔偿责任，学校对此无过错，不应承担责任。此外，实习单位对带薪实习大学生在本单位实习期间所遭受的伤害事故也只承担过错责任。就赔偿项目而言，根据最高人民法院的司法解释，除误工费外，医疗费、残疾赔偿金、后续治疗费等均属赔偿范围。

3. 大学生实习市场不规范

现实中，一些用人单位一味地追求自身利益，为节省成本而把实习大学生作为廉价劳动力来使用。其只需向实习生支付实习补贴，而这不属于工资范畴，因此不受最低工资标准限制，用人单位往往以此节省工资并规避社会保险费用。根据目前的社会保险费征缴政策，实习单位支付的实习生补贴可从工资总额中扣除，并且因实习生不是正式员工，不列入年度职工数的统计。这样一来，实习单位可通过减少年度工资总额的方式来降低社会保险的缴费基数。

4. 大学生缺乏自我维权意识和自我保护能力

由于缺乏相关法律法规的保障，实习大学生在与用人单位的交涉中往往处于劣势，一部分大学生在受到侵害后无法通过合法途径维护自己的权益，有的大学生甚至根本就没有意识到自己的合法权益受到了侵害。问卷调查显示，仅有不到30%的兼职大学生与实习单位签订了劳动合同。还有的大学生在实习期间权益受到侵害后曾选择诉诸法律，但往往因没有足够的经济实力而最终作罢，有的甚至连诉讼费都拿不出。此外，尽管多数大学生在法律意义上已经是成年人，但在心理上却依旧不那么成熟，缺乏必要的社会经验和心理素质去应对各种突发事件，自我维权意识比较缺乏，自我保护能力比较弱，这些也都是造成大学生实习期间合法权益受损的主观原因。

如前所述，对于大学生实习期间的人身伤害问题，目前相关劳动法规尚无明确规定，实践中各方对此问题存在不同理解甚至争议，各地规定也不一致，由此造成解决方式各异的局面。对此笔者认为，从长远看，把实习大学生纳入工伤保险覆盖范围将成为趋势。

（三）尽快完善大学生实习期间的劳动权益保障体系

1. 国家应尽快建立完善大学生实习制度

笔者认为，国家应尽快出台相应的法律规定或司法解释，明确学生在实习、打工中的身份以及学生、学校、用人单位三方之间的权利义务关系，实际上这对上述三方都是一种保护。

大学生实习制度可以借鉴劳动法中的某些规定和条款，进行参照性立法。例如，可在劳动法、高等教育法或职教法中增加有关学生实习的规定，确定实习原则、方式、实习生待遇、劳动保护等内容，从而完善法律、政策，为推进工学结合、校企合作提供制度和政策保障。

实习制度的建设要遵循国家分担的原则。实习制度的建立对提高全社会的就业能力和保证我国经济体制转型有巨大的促进作用，因此国家应当相应承担一部分实习过程中产生的成本，这对高校和企业实习积极性的提高也都有一定的促进作用。总之，强化大学生实习制度建设的必要性、完善大学生实习制度的相关法律体系亟待提上议事日程。

在高校学生实习制度制定的过程中，应始终兼顾、平衡实习单位、高校、实习学生三者的利益，同时法律应对实习学生予以倾向性保护。如果现阶段制定全国统一法律制度的条件还不成熟，则可以由各省级人大、政府制定适用于本行政区域的相关规定。根据各地方的实施情况，总结经验，待条件成熟后再制定全国统一的有关大学生实习的规定。具体而言，以下几方面需要明确加以规范。

（1）将大学生实习纳入工伤保险范围。针对大学生实习期间受伤这一权益受损现状，笔者建议建立专门针对大学生实习保障的强制性社会保险与商业保险互补的保险体制。参照"高校大学生加入城镇居民基本医疗保险"的模式，制定强制性的实习生工伤保险制度，并将其纳入省、市级工伤保险统筹范围。对学生实习期间的工伤事故等重大风险应采取社会化分散的方式，所有开设实习课程的学校和参加实习的学生都必须依法参加保险。

将高校实习生的实习风险纳入强制保险范围时，校方责任应适用无责赔付和分项责任限额原则，以弥补现行商业校方责任险中混合过错责任界定不明的缺陷，从而明确高校无过错也须承担实习风险的责任。为此，一方面，建议由政府专项投资一笔资金，发起建立实习生工伤保险基金，视同现有工伤保险基金进行管理，并由企业、学校共同负担一定比例的保险费；学生一旦出现工伤，即由实习生工伤保险基金进行支付。如果实习生工伤保险基金不够支付，还可以从工伤保险基金中加以补齐。数据显示，近几年来我国工伤保险基金结余逐年增加，可以有计划地组织一部分财力来支持如实习生工伤保险等工伤保险的扩面。当然，实习生在实习期间的伤害事故必须符合《工伤保险条例》规定的工伤或视同工伤条件，待劳动部门作出实习生工伤认定后，才能参照《工伤保险条例》规定的待遇享受实习生工伤补偿。另一方面，学生个人也可以购买意外伤害保险，用于补充工伤保险待遇，增加赔偿金。当然其赔偿限额往往很有限，不能满足重大伤亡事故中大学生的赔偿目的。

总之，通过建立强制性的社会保险，可以更好地维护大学生实习期间的权益，分散实习制度运行中相关主体的风险，提高各方参与实习的积极性，以更好地实现实习制度的应有目标。

（2）加强行政执法、处罚力度。2004年出台的《北京地区普通高等高校学生勤工助学活动的规定》就学生实习及实习报酬指出：用人单位招录学生参加勤工助学活动前，须与高校和学生三方签订《北京高校学生勤工助学活动协议书》，校外用人单位须加盖单位或人事部门公章，并按协议书规定支付学生的劳动报酬，且报酬标准不低于北京市规定的最低工资标准，不得克扣学生的合法报酬；用人单位如果违反协议，给高校或学生造成损失，按规定应予以相应的赔偿；对在勤工助学劳动过程中发生工伤的学生，由用人单位按照工伤保险有关规定给付一次性费用。对此笔者认为，行政执法机关、高校及实习单位都应该严格执法，确保有法可依，以此保障带薪实习大学生的合法权益。

此外笔者认为，在上述基础之上还要完善实习侵权违法犯罪的刑事处罚机制，加大刑事责任追究力度，将一些严重侵权行为犯罪化，如虐待用工罪、欺诈招工罪、恶意拖欠克扣工资罪、隐瞒重大事故隐患罪、职业病扩散罪等。还要形成实习权益保障法律法规衔接机制，使实习侵权违法犯罪的行为人除了承担刑事责任之外，还应当承担民事或行政赔偿责任。因此，应当注重教育法、劳动法和刑法等方面不同层次、效力的法律、法规、司法解释的适用和衔接，以达到惩治和预防实习侵权违法犯罪的效果。同时，还应建立实习侵权司法协调救济机制，尽快制定与之相关的劳动争议调解仲裁制度，并通过刑事和解程序使实习双方自愿达成和解，由侵权一方给予受侵权一方刑事附带民事赔偿，及时恢复被害方的合法权益，从而从根本上预防实习侵权违法犯罪的发生。

（3）构建并规范企业实习生管理制度。可通过税收减免政策鼓励企业接纳大学生实习，并使之成为一种常规行为。此外，一方面，可以构建企业接纳大学生实习的有效激励和约束机制，将接纳大学生实习和实践纳入企业及有关部门社会责任并提供相关政策和经费支持，同时逐渐制定、完善大学生实习期间人身及相关权益保护制度；另一方面，通过相关立法明确约定实习单位与实习生的关系、意外事故的处理、实习工资等问题。

（4）建立健全大学生就业市场。对此，日本在保障大学生就业权益方面做得非常细致，也富于创新（主要是在强化就业指导，促进就业匹配等方面），可借鉴其做法。我们的劳动部门和教育部门应当联合规范大学生劳动市场，努力健全人才市场制度建设，拓宽就业途径，缓解就业压力，加大对用人单位的监督。同时，应当采取鼓励高校毕业生到城乡基层就业，鼓励高校毕业生到中小企业和非公有制企业就业，鼓励骨干企业和科研项目单位积极吸纳高校毕业生，鼓励和支持高校毕业生自主创业等措施，把解决高校毕业生实习、就业等工作做好。事实上，只要为大学生提供的是切实可行的实习机会，就会大大减少其权益受损的可能性。

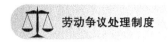

2. 高校应积极介入对实习学生人身伤害事故的处理指导

高校作为管理者，在大学生实习期间应该有以下权利和义务：按照教学大纲要求安排学生实习的权利，对学生进行教育管理的权利；提供实习单位的义务，指派指导教师对学生进行指导的义务，维护学生权益的义务。其中，指导教师作为学校代表，负有执行学校对学生教育管理的权利和义务，并应对学生在实习期间遇到的有关问题进行及时协调解决，由此产生的法律后果由高校承担。

在大学生实习期间权益受损的情况下，要明确学校第一责任人的属性。学生到企业进行实习是其学业的一部分，也是学校教育教学的一部分，学生实习不会改变学校与其之间教育管理与被管理的关系。因此，在目前没有国家政策对实习作进一步规定的情况下，学生在实习中的权益受损应被视为学校在教育管理中侵犯了学生的合法利益，学校应承担主要责任。也正因为如此，高校应增加在学生实习期间的管理措施，做好各项管理工作。

（1）积极探索新型实习模式。现实中，一些学校与企业共建二级学院的做法可使学生有稳定的实习基地，使之在校内就读的不同时期前往实习。还有一些高校尝试与企业合作进行订单式教学，这种模式在国外已非常普遍，在我国有很好的发展前景。在英国、德国、日本等国家和地区，许多企业很重视与高等学校开展产学研合作。高校的知识优势、科研优势与企业的技术力量优势、资金优势有机结合于大学生的培养过程之中，通过重点培养大学生的创新精神、实践能力和科研水平，增强其就业竞争力，并为企业培养技术骨干力量，从而实现高校与企业的双赢。实践证明，稳定的实习模式有助于实习学生的权益维护。

此外，也要注重建立高质量的实习基地。高校可根据实习要求，选择管理规范、社会信誉度高、劳动保障完善、守法经营的用人单位建立实习基地，签订保证学生、实习单位、学校三方合法权益的协议，以保障学生的实习质量，减少侵害的发生。

（2）签订书面实习协议，加强实习安全管理。学校在组织学生实习时，除积极向社会推荐学生外，还应尽力与实习单位签订长期协议，以规范双方的权利和义务，争取为学生创造一个良好的实习环境。按照《高等学校学生勤工助学管理办法》的规定，高校应与实习单位签订书面协议（如由校团委出面与用人单位签订劳动合同或是用工协议），通过法律手段来规避风险。此外，高校应实地考察实习单位所提供的具体岗位，并为学生提供必要的岗前培训，实践证明这是非常有必要的。同时，学校教师还应经常到实习单位考察学生的实习状况，同时起到对学生加强管理的作用，而不能把所有的管理义务和责任推到实习单位头上。在学生自行联系实习单位时，学校应当指导其认真审查雇主资质、资信情况，并帮助其尽量签订书面劳动、实习合同等。如果不能签订书面合同，在签订口头协议时也应有第三人作证或有其他相关证据证明，并应注意留存能证明与用人单位发生劳务关系的凭据，如工资条、工作服、报销单据等。

此外，学校还应健全预警通报、应急预案管理机制和善后处理机制。安全事故总是带有突发性、偶然性，因此学校必须会同实习单位、相关赔偿单位（如保险公司）建立健全预警通报、联动应急预案管理等机制；同时保持紧密联系，保证信息畅通，以便在突发事件发生时相关负责人可以第一时间获取信息并赶赴现场进行处理。

通常而言，安全事故会对当事人造成心理、身体、财物等各个方面的很大伤害，有时甚至会伤及生命，因此善后处理也非常重要。为此，必须建立健全合理合适的善后处理机制，如学生心理安抚、总结经验教训、追究责任人等，以尽量减轻事故发生后对当事人、学校、实习单位的负面影响，同时起到预防的作用。

（3）加强对学生实习期间的法治教育和劳动安全教育。学校应尽可能对学生进行实习前的强化培训，加强对大学生的法治教育，提高其法律素养，增强其维权意识。同时，应尽可能制订详尽的实习计划和安排，对于学生实习期间受到伤害该怎样来承担责任等问题，应同实习单位进行协商并提前告知学生，以充分发挥学校在学生和实习单位之间的纽带作用，使学生在实习中免除后顾之忧。

关于高校加强对大学生法律法规教育这一问题，笔者认为应进行劳动法、合同法等相关法律教育，明晰相关法律条文的规定，开设诸如劳动者权益保护法、职业指导与规划等与劳动、实习、就业有关的选修课或开展专题讲座，组织案例选讲，请权益受损大学生现身说法等，从而使学生尽可能了解就业、实习市场的运行规律，增强其在实习期间依法维护自身权益的意识，懂得自我保护，避免掉入陷阱。据笔者所知，浙江大学已成立了学生会权益服务中心，这是一个值得借鉴和推广的做法。

对学校来说，应根据不同专业的特点，在日常教学过程中给学生讲解本专业在实践操作中可能出现的安全隐患，从学生最初接触专业课开始就培养其安全生产意识。对即将进入实习单位的学生，要加强对其的实习指导、技能培训和劳动安全教育，以提高其自我保护的能力。

此外，学校还应设置专门的实习管理机构，加强对实习指导教师的业务培训，建立实习管理档案，定期检查实习情况，及时处理实习中出现的问题，以确保学生的正常实习秩序。如前所述，教师应当在学生实习中起到很好的管理和监督作用，尤其是在学分实习中更因如此。同时，学校应深入了解大学生实习权益维护的实际情况，真正发挥为学生权益而服务的作用；应建立健全与学生权益有关的规章制度，并对大学生实习期间合法权益受侵害的问题予以尽快解决。

对实习单位来说，应指定专人负责管理学生的实习事务。在学生进入实习单位后，实习单位应安排经验丰富的技术人员为每一位学生详细讲解劳动纪律、安全操作要领和劳动规范要求，从而杜绝各类不安全因素。

3. 企业应完善和落实实习保护措施

2010 年 3 月 1 日起施行的《广东省高等学校学生实习与毕业生就业见习条例》规定：实习协议确定的投保人应当及时为学生办理意外伤害保险等相关保险。从已实施的效果来看，该条例中提出的"大学生实习期间的工伤保险由实习单位购买，将实习生视同企业新招收的农民工"这一目标未能达成。尽管用人单位接收实习大学生后安排了指导人员对其进行指导、培训等，但如果把实习生的工伤赔偿强加在用人单位单位的头上，无疑会增加其负担，也将打击其参与大学生实习的积极性。当然，企业应尽最大努力为实习生提供安全的实习场所，进行到位的岗前培训，加强对学生实习中的劳动安全教育。笔者相信，随着大学生实习保障体制的不断完善，大学生权益的维护也会得到更进一步的发展。

4. 大学生应积极维护自身的权利

在实习期间，大学生作为法律关系中的主体一方，也有其自身的权利和义务。大学生实习期间的权利主要包括获得人身安全、休息、报酬、社会保险、实习指导等权利，以及获得实习期间产生的知识产权等相关权利。大学生实习期间的义务主要包括遵守学校及实习单位规章制度的义务，对实习中所接触到的商业机密和秘密文件的保密义务，接受学校及实习单位相关人员教育管理的义务等。此外，我国宪法所规定的受教育权也是大学生实习期间的一项主要权利。

就学生自身而言，应在实际开展工作之前自主学习相应的劳动法律法规，提高自我维权意识。实习前应主动提出与实习单位签订实习协议，明确双方的权利和义务、实习条件、工资待遇、意外伤害的责任承担等问题，以使自身的合法权益得到保障。现实中，签订实习协议是避免出现纠纷而导致有关各方合法权益受损的有效途径。此外，大学生应明确实习的目的与意义，在充分了解实习单位及将要从事工作的情况下安全上岗，在工作岗位上提高安全警惕性，遵守单位规章制度，加强自我防范意识。这样就会尽量避免因盲目而带来的相关问题。

笔者认为，大学生应该随着时代的发展而改变实习观念和就业观念。一是实习应该是双方进行理性比较和友好选择的过程；二是大学生在实习中应注意不要越轨，包括违反实习协议损害实习单位利益，违反实习工作纪律泄露企业商业秘密，出于泄愤报复的目的而故意破坏实习单位的生产经营活动，等等。

总之，实习是大学生从学校过渡到社会的关键经历，也是其身心全面发展的内在需要，这一过程对他们各方面的完善起着至关重要的作用。实习大学生是否受到公平的对待，是否接受诚信的熏陶，事关其健康成长，事关高校教育的改革发展，事关社会的和谐稳定。因此，各级教育行政部门、高等院校和企业都要本着对学生高度负责的精神，充分认识到做好学生实习期间权益保障工作的重要性，建立健全学生实习权益保障体系，化解学生实习意外伤害风险，完善高等院校学生的实习实训工作，使大学生的实习活动步入正常、有序的轨道，推动包括高等职业教育在内的各项高等教育事业又好又快发展。

热点问题十七：双重劳动关系

【热点知识】所谓双重劳动关系，是指一个劳动者具有双重身份并参与了两个劳动关系。双重劳动关系或表现为两个劳动关系都是法定的，或表现为一个是法定的劳动关系，另一个则是事实上的劳动关系。简单理解，双重劳动关系通常是指劳动者在没有与原用人单位解除劳动合同、终止劳动法律关系的情况下又在其他单位参加工作、获取劳动报酬而形成的劳动关系①。

---

① 徐志良：《论事实劳动关系》。广东青年干部学院学报 2005 年第 3 期。

1998 年 6 月中共中央、国务院发布的《关于切实做好下岗职工基本生活和再就业工作的通知》和 1998 年 8 月劳动和社会保障部等四部门联合发布的《加强国有企业下岗职工管理和再就业服务中心建设有关问题的通知》，以及 1999 年 2 月国务院办公厅发布的《关于进一步做好下岗职工基本生活保障和企业离退休人员养老金发放工作有关问题的通知》，将可以进入再就业服务中心的下岗职工界定为：实行劳动合同制以前参加工作的国有企业的正式职工（不含从农村招收的临时合同工），以及实行劳动合同制以后参加工作且合同期未满的合同制职工中，因企业生产经营等原因而下岗，但尚未与企业解除劳动关系，没有在社会上找到其他工作的人员。

由此可见，国家确认的下岗职工指的都是国有企业的职工，非国有企业的"下岗职工"是无权进入再就业服务中心和享受下岗职工的待遇的。换言之，在当时只有国有企业的下岗职工才构成双重劳动关系者中的主体。这些下岗职工仍然与原单位存在劳动关系，领取基本生活费，享受养老、医疗等保险待遇；但同时这部分劳动者在原单位已没有实质上的劳动内容，其所从事的劳动是脱离于原单位之外的。这部分劳动者往往在其他用人单位从事有报酬的劳动，多数没有签订劳动合同，而是建立了一种事实上的劳动关系。可见，此类双重劳动关系是我国特殊历史时期的产物，随着我国企业改制工作的完成，此类劳动关系事实上已经不复存在。

与此同时，国家为了改变传统就业模式，出台了"三结合"的就业方针，劳动者自谋职业和组织起来就业于是成为一种合法的就业形式，企业的用工形式因此被激活，一种新型的双重劳动关系也由此悄然兴起，其主要表现如下。

第一，一部分退休人员被原用人单位返聘或被聘用到其他用人单位。

第二，一部分职工在当时国家政策的允许和鼓励下成为"停薪留职者"和"第二职业者"。"停薪留职者"和"第二职业者"的劳动关系都合法地保留在了其所在企业，同时允许其到社会上另谋其他职业，这也成为我国最典型的双重劳动关系的形式之一。

第三，科技人员及新兴技术行业人员的工作时间比较灵活，属于非全日制，有充分的时间兼职。科技人员利用其掌握的技术，同时服务于多个用人单位，如网络设计员、网络维护员同时为多个网站设计、维护等，他们也因此与多个单位形成了事实劳动关系。

可见，双重劳动关系是伴随我国经济社会发展的需要而产生的，是体制转轨时期不可避免的社会现象。

【热点话题】双重劳动关系的存在是否具有合理性？

【热点探讨】随着改革开放的发展和市场经济体制的逐步建立，劳动力逐渐走向市场，由市场来调节劳动力的分配。伴随工时制度的改革及用工制度的多样化、灵活化，双重劳动关系应运而生，并有多种形式，如较早时期的停薪留职、下岗、挂名、外借、两不找、外出劳务、放长假、请长病假等，以及兼职、钟点工或小时工等多种方式。对于双重劳动关系在一定范围内的存在这一现象，不少学者和社会有关部门认为，这种劳动关系是对传统单一劳动关系的冲击，并带来了一系列问题，如工伤、社会保险等问题不能得到合理、正确的解决，因此应当对其加以禁止。但笔者认为，这样的处理方式并不利于问题的解决，因为双重劳动关系的出现有其一定的历史背景；更重要的是，它的存在和发展具有一定的合理性。

（一）双重劳动关系所带来的社会问题

和传统的单一劳动关系相比，双重劳动关系确实带来了一些社会问题，具体如下。

1. 劳动者利益受损的问题

在双重劳动关系下，劳动者一般都有一个正式挂靠单位，哪怕其并不提供什么劳动，但至少可以领取最低工资、享受社保待遇；其在另一个单位里则无法充分享受一个劳动者所应当享受的各项法定权利，所得到的工资待遇有时也只是其创造价值中的很少一部分。但由于"双重待遇"的存在，因此即使其劳动权益受损，也不敢或不可能依法申请仲裁。此外，当劳动者在工作中遭遇伤害（如工伤事故等）的时候，两家用人单位有可能互相推诿，致使无人对其所受伤害负责。

2. 影响用人单位利益的问题

国企改革在遵循并实施"鼓励兼并、规范破产、下岗分流、减员增效"等方针的过程中，由于旧体制没有彻底打破等原因，有相当一部分职工把劳动关系挂在企业，而人却以停薪留职、挂名、外借等形式离开企业。劳动合同制度实施以来，一些职工又以两不找、外出劳务、放长假、请长病假等多种方式离开企业，到社会上去从事有经济收入的生产经营劳动，而把关系留在企业，让企业为他们承担社会义务，给付相应成本，从而给企业利益造成损失。此外，双重劳动关系中还经常出现后一用人单位以"挖人"等方式侵犯前一用人单位商业秘密的侵权行为，从而造成前一用人单位的损失。

3. 干扰国家对劳动关系正常管理的问题

劳动关系与一般民事关系之最大的不同在于国家干预的程度不同。劳动关系往往更多地体现了国家的干预，如国家通过制定劳动法规和政策加强对劳动关系的管理等。双重劳动关系的存在将大大影响国家在这方面的管理活动。例如，8小时工作制这一劳动基准的规定很可能被突破。现实中，如果劳动者只在一个用人单位就业，其劳动时间很容易得到有效调控。然而，当其分别在两个或两个以上用人单位进行劳动时，则管理者很难在其中加以调控。劳动基准不仅是社会道德的基准，也是基于职业安全和劳动者人身健康的综合标准，双重劳动关系的复杂性则很容易使这种平衡和限制被打破。

又如，工资收入无法得到有效监控的问题。最低工资保障是国家规定的强制性劳动保障条件之一。劳动者如果建立的是双重劳动关系，那么，其最低工资的衡量标准是以单一用人单位和工资标准为准，还是以多个用人单位各自支付的报酬之总和为准？这是很难监控的。如果这样，是否意味着单个用人单位可以在最低工资标准之下支付劳动报酬呢？同时，工资收入的失控也会产生税收监管失控等综合性法律问题。

再有，据劳动保险部门反映，双重劳动关系中的劳动保险费收缴难。例如，挂名企业认为，挂名职工不为企业尽义务，企业也没有义务为其缴纳养老保险。劳动者现所在企业则认为，发给这些职工的工资中已包括保险费，企业不可能再为他们投保。现实中，这部分职工中有许多人的劳动保险尚无着落，因此潜藏着大量的劳动争议问题，同时这也使社会保险制度得不到完全落实。社会保险待遇实行社会化管理后，劳动者的社保问题由统一的社会保险机构进行管理，用人单位和劳动者应根据劳动报酬的比例依法缴纳社会保险费用。在这种情况下，为劳动者办理保险登记的只能是用人单位，保险待遇享受者身份的唯一性和社会保障号码的唯一性（国外亦同）必然限制多个用人单位同时为一个劳动者办理保险手续，当然也可能出现这些单位都不为劳动者办理社保手续的情况。如果出现这样的情况，劳动者的权益势必受到很大影响。

此外，还有观点认为双重劳动关系的存在不利于再就业工程的实施，并严重影响劳动力市场的正常发展，等等。

（二）双重劳动关系存在的合理性

诚然，双重劳动关系确实存在前述所及的种种问题。但同时也应当看到，这些问题的存在是与我们对双重劳动关系的认识以及相应的法律制度设计有一定关系的。

长期以来，不论理论界还是实务界，对双重劳动关系仍存在片面认识。如前所述，有人认为双重劳动关系的存在对劳动者、用人单位、国家的正常管理活动等造成了一系列问题，于是强烈主张限制甚至禁止这种所谓"畸形"的劳动关系。也正是在这样的观念主导下，我国的有关法律和政策对此作出了相应的规定。例如，现行劳动法虽然没有具体规定一个劳动者只能与一个用人单位建立劳动关系，但通过该法的调整范围、建立劳动关系的形式要件、订立劳动合同的必备条款、法律责任等相关要求可知，它是主张一个劳动者只能与一个用人单位建立劳动关系的。于是，有关部门规章也作出了类似的配套规定，根据原劳动部颁布的《关于实行劳动合同制度若干问题的通知》第 17 条规定："用人单位招用职工时应查验终止、解除劳动合同证明，以及其他能够证明该职工与任何用人单位不存在劳动关系的凭证，方可与其签订劳动合同。"劳动合同法中也有类似的条文，明确限制双重劳动关系的存在。例如，该法第 39 条规定："劳动者同时与其他用人单位建立劳动关系，对完成本单位工作任务造成严重影响，或者经用人单位提出但不改正的，用人单位可以解除劳动合同。"该法第 91 条规定："用人单位招用与其他用人单位尚未解除或者终止劳动合同的劳动者，给其他用人单位造成损失的，应当承担连带赔偿责任。"

此外，我国现行的社保缴纳体系、住房公积金缴纳体系等均与居民身份存在唯一对应关系，即每一个劳动者只能有一个社会保障号和公积金卡号，实际上表明劳动者只能与一个用人单位存在合法劳动关系。加之前述当出现双重劳动关系时对后一用人单位的惩罚性规定，可见我国现行劳动法规及政策实际上并不认可双重劳动关系的存在。

笔者认为，应当改变这种对双重劳动关系的片面认识，承认双重劳动关系存在的合理性，并在此基础上调整法律、政策等的规定，原因如下。

第一，从其产生的背景来看，双重劳动关系具有合理性。改革开放之初，传统计划经济体制下的固定工制度正逐步向劳动合同制度转变，而适应劳动力市场化的各种观念环境、政策环境尚未成熟，相应的配套法律制度也不健全。在此背景下，国家制定政策，允许国有企业以下岗、停薪留职、挂名、请长病假等方式和劳动者签订协议，即劳动者可以在保留原有劳动关系的前提下寻找新的工作，建立新的劳动关系，从而形成大量事实上的双重劳动关系。从历史的角度看，这一做法是非常合理的。随着市场经济的发展、劳动力市场的逐步完善，此类双重劳动关系将伴随其使命的完成而逐步退出市场。事实也的确如此。目前，除部分国有企业中的个别劳动者外，大多数改制后的职工已经与其所在企业建立起了单一劳动合同关系。

第二，从社会需要以及双重劳动关系性质的角度来看，其也有存在的合理性。例如，以"钟点工""小时工"名义存在的非全日制用工形式由于社会的需要而得到极大的发展，国家对其态度也发生了变化。1995 年起实施的劳动法中对这类用工形式尚无规定，但随着它的快速发展，迫切需要对其加以规范。于是，为了弥补劳动法在这一方面的空白，劳动和社会保障部于 2003 年颁布了《关于非全日制用工若干问题的意见》，明确指出："从事非全日制工作的劳动者，可以与一个或一个以上用人单位建立劳动关系。"同时，该意见还对非全日制用工的工资支付、社会保险以及劳动争议处理等问题作出了具体规定。此外，2008 年起实施的劳动合同法更设专章对此类劳动关系加以规范，首次以法律的形式承认了非全日制用工的合法性，并对该类用工方式的相关内容作出了明确的规范。

第三，即使是在全日制劳动关系中，由于某些工作的性质以及计算机和网络技术的发展，一些行有余力的劳动者完全可以在完成本职工作的基础上从事第二职业。笔者认为，对此国家不必加以过多限制甚至禁止，因为这样的双重劳动关系有三大好处。一是有利于劳动者增加收入。二是有利于促进其本职工作：现实中，各种工作的性质不尽相同，有属于理论研究的，有属于实务操作的；有的工作需要每日处理，有的工作可以集中在一段时间内完成；有的工作有淡旺季之分，在淡季时劳动者完全可以从事第二职业而不会对其本职工作构成影响；等等。事实上，各种类型的工作是可以相互促进、相互补充的，并且有利于劳动者提高本职工作的效率和技能。三是有利于社会经济的发展。当前我国的就业结构存在着一定的矛盾，其中最突出问题之一的是某些岗位的人才极度缺乏，如一些地方曾开出几十万元的高额年薪来招聘高级技工。但是，当企业、岗位迫切需要某些有技能、有经验的劳动者时，这些劳动者却往往已经有了一个劳动关系，并且由于双重劳动关系的限制而不能在更广阔的领域内充分发挥其才能。显然，这种情况下是无法做到人尽其才的，也不利于社会经济的发展。因此，笔者认为解决这一问题的根本之策是承认双重劳动关系的存在，并从立法上解决双重劳动关系中的各种问题。

（三）解决双重劳动关系中存在问题的对策

对于双重劳动关系所产生的种种问题，应从政策、法律层面加以解决，笔者认为应采取以下对策。

第一，清理那些历史原因造成的双重劳动关系。例如，对因政策原因而形成的下岗、停薪留职、请长病假、两不找等形式的双重劳动关系，应及时加以清理，因为这些双重劳动关系已经完成了其历史使命。随着我国劳动力市场的基本形成，这些劳动者所在的国有企业也已完成了转制，任由这些双重劳动关系继续存在下去是不合理的，甚至会影响劳动力市场的正常秩序。

第二，制定颁布"劳动关系调整法"。笔者认为，"劳动关系调整法"的制定和颁布已经可以提上议事日程了，此举可使双重劳动关系的调整有法可依。因此，应通过立法的形式明确双重劳动关系的法律地位、前后两个劳动关系的性质、强制性国家标准在双重劳动关系中的适用，以及劳动争议的处理程序等内容。

现实中，如果因第一个劳动关系发生纠纷而诉至法院，一般而言对其进行劳动关系的认定是不会有太多争议的。但是，如果因其他形式的劳动关系发生纠纷而诉至法院，一是现行立法对此则尚未作出明确认定，二是如何认定其性质也是司法实践中比较有争议的一个问题。

一种意见认为，对于双重劳动关系中第一个劳动关系以外的关系，应认定为劳务关系，而不能作为劳动关系来处理，即劳动者只能要求劳动报酬的给付而不能要求其他依照劳动法所能享有的权益，相应地法律也应当禁止劳动者与多个用人单位建立劳动关系。另一种意见则认为，此类关系不能简单地认定为劳务关系，而应认定为劳动关系，因为如果将此作为劳务关系来处理，显然对劳动者的保护而言是不利的，尤其是当出现工伤事故时，受伤害的劳动者就不能获得劳动法或社会保险法的保护。因此，应将其视为劳动关系来处理，而不应视为劳务关系①。

---

① 朱军：《剖析兼职引发的劳动争议处理》，《山东劳动保障》2004 年第 9 期。

笔者也认为，不能简单地将第二种劳动关系归为劳务关系，而应通过"劳动关系调整法"将其认定为劳动关系。一是此类关系符合劳动关系的主体要件要求，即一方是劳动者，另一方是用人单位。二是此类关系都具有从属性，即在每个关系中，劳动者都是各个用人单位的成员，都受用人单位的指挥与管理，也都要遵守用人单位的规章制度。三是在上述两个或多个劳动关系中，劳动者的劳动都是为用人单位之目的，并不是为自己营业而劳动；在劳动过程中都使用用人单位的工具及原材料，其劳动也都是每个用人单位经营事业整体中不可分割的一部分。总之，双重劳动关系中的任何一个关系都绝对是不同于劳务关系的。

第三，建立健全适合双重劳动关系的社会保险制度。前述认为双重劳动关系会引起社会保险关系混乱等问题，实际上涉及社会保险费的缴纳问题。对于这一问题，完全可通过缴纳中的技术手段来加以解决。并且，如果由几个用人单位共同支付劳动者的社会保险费，则既减轻了用人单位的负担，又有利于保护劳动者。对于工伤问题，则应本着"谁受益，谁负责"的原则来处理，即发生工伤时的用人单位应当负责处理劳动者的有关事宜，并承担相应责任。

总之，双重劳动关系不仅应成为国家鼓励、支持和积极引导的一种就业方式，而且事实上它在今天也已经成为社会向前发展中的一种重要用工形式。如果说双重劳动关系的产生和发展是中国社会发展到一定历史阶段的必然产物的话，那么对双重劳动关系的整理和规范也是中国社会向前发展的迫切需要。

热点问题十八：劳动关系、劳务关系和雇佣关系的区别

【**热点知识**】所谓雇佣关系，是指受雇人在一定或不特定的期间内接受雇用人的指挥与安排，为其提供特定或不特定的劳务，雇用人接受受雇人提供的劳务并依约给付其报酬的权利义务关系。所谓劳务关系，是指两个或两个以上的平等主体之间在就劳务事项进行等价交换的过程中形成的权利义务关系，是劳动者与用工者根据口头或书面约定，由劳动者向用工者提供一次性或特定的劳动服务，由用工者依约向劳动者支付劳务报酬的一种有偿服务的法律关系。劳动关系是指机关、企事业单位、社会团体和个体经济组织（以下统称"用人单位"）与劳动者个人之间依法签订劳动合同，劳动者接受用

人单位的管理，从事用人单位安排的工作，成为用人单位的成员，从用人单位领取报酬并受劳动保护而产生的法律关系。尽管从上述定义中可以明显看出三者的区别，但是现实中往往难以将其区分清楚。

理论上而言，雇佣关系和劳务关系的区别在于，雇佣关系强调"受雇"，而劳务关系强调"只提供劳动力"，但实践中常将二者视为同一概念。例如，雇保姆、雇人进行家庭装修等情况，既可能是雇佣关系，也可能是劳务关系。立法中对这二者也并没有加以区分，只是笼统地作出规定。

此外，现实中用人单位没有与劳动者签订劳动合同的现象相当普遍，但只要双方实际履行了上述权利义务，即形成了事实上的劳动关系。事实上的劳动关系仅欠缺了书面合同这一形式要件，但并不影响其作为法定劳动关系的成立。

【热点话题】现在越来越多的社区提供物业管理、维修、家政等服务，很多下岗职工在社区服务社里就业。那么，社区服务社是什么组织，是否属于劳动法规定的用人单位？社区服务是雇佣关系还是劳务关系？事实劳动关系受法律保护吗？因事实劳动关系而产生纠纷时，劳动者应如何寻求法律救济？

【热点探讨】我们先讨论以下案例与劳动关系、雇佣关系以及劳务关系相关的几个。

案例1：A公司主要从事床上用品的生产、销售，生产季节性较强，每年7月至9月是生产旺季。朱×自2001年以来，每逢生产旺季，自带其本人的小货车至该公司从事运输等工作。双方约定A公司每月支付朱×报酬2 000元，油费、过路费、违章罚款等费用均由A公司支付。其间，朱×的日常生活起居均在公司内。某日，朱×受A公司指派购买发动机，在途中发生交通事故死亡。朱×之妻向当地劳动保障部门申请工伤认定。劳动部门审查后认为朱×自备劳动工具为A公司提供劳动服务，具有临时性、短期性的特点，且双方不存在管理与被管理的社会关系，遂作出工伤调查结论，认定朱×与A公司之间是劳务关系而非劳动关系，不属于劳动部门的管辖范围。朱×之妻不服，起诉至法院，请求依法撤销劳动部门作出的工伤调查结论。法院受理后，因A公司于该案有利害关系，依法追加A公司为第三人参加诉讼。

案例2：小罗在某网络公司工作。两个月前，他发现自己的劳动合同即将到期，于是要求公司人事部与自己续签劳动合同。"公司正准备换首席执行官（CEO），等新任CEO来了再说吧。"人事经理给了他这样一个答复。半个月过去了，小罗的合同已经过期，公司还没有同他续订合同。又过了一个多月，新CEO终于上任了。俗话说，新官上任三把火，这位"新官"的第一把火就烧在了员工的身上——决定大幅裁员。小罗同其他一些员工一样，收到了公司发出的终止劳动合同通知书。小罗办完离职手续后，找到人事部，要求公司向自己支付经济补偿金，没想到却遭到了人事经理的拒绝。"你的劳动合同是到期终止，不是中途解除，所以，没有经济补偿金。"人事经理这样解释道。"可是，我的合同是一个月前到期的，你们当时没有终止呀。"小罗觉得有点儿委屈。"不管怎么说，合同到期后，公司没再跟你续，就可以随时跟你终止劳动关系。"人事经理态度很强硬。小罗走在回家的路上，脑子还是转不过弯来：难道劳动合同过期后，公司不立即终止也不续订，以后就可以想让我什么时候走，就让我什么时候走了？甚至连补偿金也可以不给？

案例3：原告朱×诉被告某服务社劳务（雇佣）合同纠纷一案。原告朱×诉称，其于2008年11月与被告签订合同，约定期限至2009年10月31日止，任某大楼保安，月薪为人民币（以下币种均为人民币）1 050元。合同到期后，双方未续约，但其依然在职。2009年12月3日，被告以合同到期为由强行解约。原告要求：被告支付解约补偿金1 050元，支付2009年10月份加班工资差额28元，并要求被告交付退工证明。

法院查明如下法律事实：原告于2008年11月与被告签署合同，约定合同期限自2008年11月1日至2009年10月31日止，乙方（指原告）任某大楼内门岗，月薪为1 050元。合同第7条约定了合同期满即行终止、合同期满协商一致可续约及合同解除等情形。原告的工作时间为做二休二制：第一天的工作时间为7：00—19：00，第二天为19：00—次日7：00，第三、第四天休息。2009年10月31日，原被告合同期限届满，双方未续约，原告依然担任大楼门岗工作。12月3日，原告到岗上晚班，被告向原告提出合同期限已届满，不必再工作。12月4日，被告向原告出具手书的退工单，其中载明：合同到期（到期日为10月31日），不再续签，提前通知，工资支付至12月31日止。原告遂签领12月份工资1 150元（含夏季高温补贴）。2009年10月1日原告当班，被告未足额支付原告加班工资。于是，朱×（申请人）于2010年1月27日向上海市卢湾区劳动争议仲裁委申请仲裁，要求某服务社（被申请人）支付赔偿金一个月工资1 050元，支付加班工资差额28元，办理退工。该委以被申请人主体不适格为由，出具不予受理决定书。原告不服，遂诉至本院。

案例4：2009年4月，王×与本村村委会达成协议，约定由王×负责清理村内公共设施垃圾，每天36元，年底结算。其间，王×经人介绍，临时用自己的马车为同村的李×清运猪场垃圾，双方口头约定以每车15元支付报酬。不料，2009年4月29日下午，王×在清运猪场垃圾的过程中被自己驾驶的马车碾轧，当场死亡。事故发生后，王×的子女分别以王×从事村里的劳动以及受李×雇佣干活为由将二者告上法院，诉求各项损失21.5万余元。

上述几个案例的分析结果如下。

案例1：法院审理后认为，本案诉争的是被告工伤调查结论的具体行政行为。被告作为劳动保障行政管理部门，在其职权范围内根据原告的申请对原告之夫朱×的死亡是否属于工伤作出认定，是其法定职责。工伤认定的前提是劳动者与用人单位成立具有管理性质的劳动关系。本案中，第三人A公司主要从事床上用品的生产、销售，生产季节性较强，主要集中在每年7月至9月，其特殊性使劳动者不可能长期不间断地为其提供劳动力。且劳动者提供劳动的形式也具有多样性。朱×自备生产工具在该公司从事运输等工作期间，有固定的月收入，车辆的相关费用也由公司承担，显然双方具有一定的管理与被管理关系。朱×工作之余较为自由，也未与公司签订书面的劳动合同，这是该公司自身尚未健全内部管理及劳动保障制度的结果，不影响双方事实劳动关系的成立。被告认定朱×与A公司不存在劳动关系、朱×死亡不属于其管辖范围的证据尚不能达到清楚而有说服力的证明标准，其作出的工伤调查结论属认定事实错误。遂作出判决，撤销劳动部门作出的工伤调查结论，并责令其在判决生效后一个月内重新作出具体行政行为。

案例2：根据最高人民法院《关于审理劳动争议案件适用法律若干问题的解释》第16条规定："劳动合同期满后，劳动者仍在原用人单位工作，原用人单位未表示异议的，视为双方同意以原条件继续履行劳动合同。"本案中，小罗在与网络公司的原劳动合同到期后主动联系人事部要求续签劳动合同，但因公司内部人事变动搁置，因此，自原劳动合同到期之日起，小罗与公司之间已形成了事实劳动关系。根据我国相关劳动法律法规，事实劳动关系受法律保护，产生纠纷时适用我国劳动法的相关规定。因此，网络公司不能因为与小罗的原劳动合同已到期就任意结束双方之间的劳动关系。对于本案中的情况，小罗可以依据劳动法的相关规定寻求法律救济，并有权要求经济补偿。

案例 3：法院认为，非正规就业劳动组织，是召集失业、下岗、协保等人员，通过从事社区服务业，为单位提供社会化服务的公益性劳动形式，以获得基本收入和社会保障的社会劳动组织，是政府为解决部分人员就业困难而采取的特殊用工政策，而非劳动法律所确定的用人单位。因此，该组织与从业人员之间的雇佣纠纷不受劳动法律调整，而应遵循双方的合同约定。被告系非正规就业劳动组织，其本身并非一个企业，因此，原被告间形成的不是劳动关系，而是劳务雇佣关系，双方的雇佣纠纷不按劳动法律的规定进行处理。

案例 4：该案审理中涉及的主要问题是王×与李×之间构成承揽关系还是雇佣关系，这直接关系到李×应否承担赔偿责任的问题。王×清运垃圾的工作与养猪场主李×之间自始至终不存在控制、监督、指挥等隶属关系，而是王×自备马车、技术等独立完成工作，故二者之间应认定为承揽关系而不是雇佣关系。

所谓劳动关系，是指劳动者与用人单位之间存在的，以劳动给付为目的的劳动权利义务关系。所谓劳务关系，是指劳动者为被服务方提供特定的劳动服务，被服务方依照约定支付报酬所产生的法律关系。二者的区别在于：一是劳动关系除了当事人之间债的要素之外，还含有身份的、社会的要素，而劳务关系则是一种单纯的债的关系；二是劳动关系当事人之间的关系一般较为稳定，劳务关系当事人之间的关系则往往具有临时性、短期性、一次性等特点；三是劳动关系中，当事人之间存在管理与被管理、支配与被支配的社会关系，劳务关系的当事人之间则不存在上述关系，而是平等主体之间的合同关系。

在案例 3 中，劳动关系以用人单位主体适格为前提，法院认定社区服务为"非正规就业劳动组织，是召集失业、下岗、协保等人员，通过从事社区服务业，为单位提供社会化服务的公益性劳动形式"，当然不属于以营利为目的的经济组织，也不是劳动法规定的"用人单位"。原告与该组织之间系雇佣关系，其权利义务依照合同约定，而合同中并没有约定解约补偿金。

在雇佣关系中，雇员没有自主工作的权利，雇主随时可以改变雇员的工作内容，修改工作计划；雇员的工作均处于雇主的监督之下，当雇员工作失误或违反雇主的工作纪律时，雇主还可以对雇员进行处分，雇员在如何工作的问题上没有自主权；在雇佣关系中，由雇主向雇员提供各种劳动条件，主要有劳动场所、劳动工具和相关劳动资料等；在雇佣关系中，报酬支付有一个比较长的工资支付周期，如按星期、按月支付工资，工资支付有相当于该行业的比较固定的标准，报酬体现的是劳动力的价格；雇佣关系中，由于双方存在一定程度的人身依附关系，因此未经雇主同意，雇员不得将自己应承担的劳动义务转移给他人承担，必须亲自履行。

与此相关的一个概念是事实劳动关系，它是指用人单位招用劳动者后不按规定签订劳动合同，或者双方签订劳动合同到期后，用人单位同意劳动者继续在本单位工作但没有与其及时续签劳动合同。

我国法律保护事实劳动关系，原劳动部《关于贯彻执行〈中华人民共和国劳动法〉若干问题的意见》中规定："中国境内的企业、个体经济组织与劳动者之间，只要形成劳动关系，即劳动者事实上已成为企业、个体经济组织的成员，并且为其提供有偿劳动，适用劳动法。"

因事实劳动关系产生纠纷时可采取以下解决方式。

首先，劳动者可与用人单位自行协商，达成新的协议或者有过错的一方改正错误，消除争议。

其次，发生劳动争议后，劳动者可以向本单位的劳动争议调解委员会提出申请，请求调解。调解申请应当自知道或应当知道权利被侵害之日起30日内提出。经调解达成协议的，制作调解协议书，双方当事人应当自觉遵守。

除此之外，劳动者还可以申请劳动争议仲裁。劳动者应自劳动争议发生之日起60日内向劳动争议仲裁委员会提出书面申请。书面申请书应当着重阐明仲裁请求和所根据的事实及理由，并且提供相应的证据材料。对仲裁裁决无异议的，当事人必须履行。

热点问题十九：非法用工单位工伤责任的承担模式问题

【热点知识】所谓非法用工单位，是指没有用工权而非法用工的用工主体。在我国，非法用工单位的劳动者依法享有劳动法第3条及《劳动部关于〈劳动法〉若干条文的说明》第3条规定的权利。当非法用工单位的劳动者受到事故伤害或者患职业病时，其依法享有工伤保险待遇。

何谓非法用工？依据我国《工伤保险条例》第63条及《非法用工单位伤亡人员一次性赔偿办法》第2条之规定，所谓非法用工，是指"无营业执照或者未经依法登记、备案的单位以及被依法吊销营业执照或者撤销登记、备案的单位或者用人单位使用童工违法用工的情形"。

那么，非法用工单位的劳动者是否享有工伤保险待遇的权利呢？依据《工伤保险条例》第63条以及《非法用工单位伤亡人员一次性赔偿办法》第2条第2款之规定，非法用工单位必须按照《非法用工单位伤亡人员一次性赔偿办法》的规定向伤残职工或死亡职工的直系亲属、伤残童工或者死亡童工的直系亲属给予"一次性赔偿"，并且赔偿标准不得低于《工伤保险条例》所规定的工伤保险待遇。

所谓"一次性赔偿"，包括受到事故伤害或患职业病的职工或童工在治疗期间的费用和一次性赔偿金，一次性赔偿金数额应当在受到事故伤害或患职业病的职工或童工死亡或者经劳动能力鉴定后确定。职工或童工受到事故伤害或患职业病的，在其接受劳动能力鉴定之前进行治疗期间的生活费、医疗费、护理费、住院期间的伙食补助费及所需的交通费等，应按照《工伤保险条例》规定的标准和范围，全部由伤残职工或童工所在单位支付。

【热点话题】如何认定非法用工？

【热点探讨】我们先看下列几个相关案例。

案例1：张×于2008年4月开办了兴盛家具厂，未去工商部门办理工商登记和其他相关手续。李×于2008年9月起到该厂上班。2009年6月15日下午2时左右，李×与工友抬一套沙发上车时，李×不慎从车上跌下。李×受伤后被送至当地医院，住院49天后康复出院。张×支付了李×住院期间的医疗费，但其他相关费用未予给付。经协商未果，故李×向当地劳动争议仲裁委提起申请，请求对其伤残进行劳动能力鉴定，并由张×给付住院护理费、伙食补助费、停工留薪工资、一次性伤残赔偿金、鉴定费等。

案例2：2005年2月，私营企业主李××欲成立一家专营轮胎的公司，公司暂定名为：深圳宝安腾跃实业有限公司（以下简称"腾跃公司"），其经营范围为从事轮胎的技术开发和销售等。随后，在办理工商注册登记手续时，李××招用了唐×等几名员工，专门从事轮胎翻新工作。在办理工商注册登记时，李××又认为"腾跃"这个名字不够响亮，于是最终决定用"浩大"作为其开设公司的名称。2005年9月，深圳市浩大轮胎有限公司（以下简称"浩大公司"）正式注册成立，李××为其法定代表人，浩大公司注册地址仍在原址。唐×等也在浩大公司继续从事轮胎翻新工作。但是，浩大公司并未与唐×

签订劳动合同，也未为其购买工伤保险、养老保险；并且因为李××与唐×是老乡关系，公司在支付其工资时，根本没有让其签收。

2005年12月，唐×在工作中因轮胎爆炸左下肢受伤。事故发生后，李××积极为唐×治疗，亲自联系医院，并为唐×支付医疗费、护理费等。2006年3月，在唐×第一个医疗期结束后，双方在宝安某区人民调解委员会的主持下达成了调解协议，按照双方调解协议的约定，由被告支付全部医疗费以及2005年12月到2006年7月期间的工资共计5 299元。其中，医疗期间工资按照法定标准，被告少支付6 419元；护理费按照双方约定和法律规定，被告少支付1 800元，住院伙食费少支付950元。

2006年10月，唐×第二个医疗期结束后，李××以腾跃公司的名义向深圳市劳动能力鉴定委员会申请鉴定，唐×被评定为九级伤残。随后，唐×要求李××按非法用工九级伤残标准给予其工伤赔偿64 792元。对此李××非常气愤，认为自己的公司明明是合法注册的公司，怎么一下就成了非法用工呢？为此，双方在宝安某区人民调解委员会的主持下进行了第二次调解，但未达成任何协议。

之后，唐×以李××为被告向深圳市宝安区法院提起诉讼，请求法院判令：①被告支付原告医疗期间工资、护理费、住院伙食补偿费、交通费和鉴定费共计8 549元；②被告支付原告一次性伤残赔偿金64 792元。此外，唐×要求李××按《非法用工单位伤亡人员一次性赔偿方法》支付其一次性工伤赔偿金。唐×在起诉时，提交了印有腾跃轮胎公司的名片一张及工商查档证明一份，以证明工商机构中并没有腾跃公司的登记记录。

案例3：2007年4月，重庆市宇超机电有限责任公司（以下简称"宇超公司"）安排不满16岁的郎×（1991年8月27日生）从事压机操作等工作①。2007年4月29日中午，郎×在工作中被机器压伤右手，当日送往医院治疗。2007年4月29日至6月20日，郎×在重庆市九龙坡区第二人民医院住院治疗52天。出院诊断为右手严重碾压损毁伤，右拇食指全部挫灭、右中指部分挫灭，右手严重皮肤软组织缺损，右中指桡侧固有动脉、神经离断。经重庆市九龙坡区劳动能力鉴定委员会鉴定，原告为6级伤残，无护理依赖。由郎×支出鉴定费200元。2007年10月22日，郎×向重庆市九龙坡区劳动争

---

① 重庆市宇超机电有限责任公司与郎×劳动争议纠纷上诉案。见：http://vip.chinalawinfo.com/NewLaw2002/SLC/SLC.asp？Db=fnl&Gid=117619811。

议仲裁委员会（以下简称"仲裁委"）申诉，请求对其伤情进行鉴定。

上述几个案例的裁决结果如下。

案例1：仲裁委经受理后，委托当地劳动鉴定委员会对李×的伤残程度予以鉴定。经鉴定，李×的伤残等级为九级。后仲裁委审理支持了李×的申请请求。

案例2：法院经审理，认定李××构成非法用工，判令其按《非法用工单位伤亡人员一次性赔偿方法》，支付原告唐×相当于深圳市2004年度职工年平均工资的2倍即63 856元。

案例3：仲裁委裁定由宇超公司支付郎×一次性赔偿金115 290元（19 215元×6倍）、停工留薪期工资1 600元（800元×2个月）、垫付的医疗费76.30元、交通费45.50元；仲裁受理费20元由郎×承担，处理费500元由宇超公司承担。

非法用工一般具有以下特征。

第一，非法用工的主体是无营业执照或者未经依法登记、备案的单位，以及被依法吊销营业执照或者撤销登记、备案后没有再领取营业执照、再行登记、备案或者用人单位使用童工的用人单位。

第二，用人单位有非法从事生产经营活动的行为（包括过去、现在两个时间段）。

第三，用人单位有非法用工的事实。

案例1中，兴盛家具厂的业主张×在未办理工商登记和其他相关手续的情况下用工，应属非法用工。李×在家具厂上班期间受伤，张×应当承担其伤残待遇的赔偿责任。

案例2中，李××构成非法用工行为的理由是：其一，李××在招用唐某时是以腾跃公司的名义招用的，唐×提交的名片充分证明了这一点；其二，李××是以腾跃公司的名义申请的伤残鉴定；其三，腾跃公司并没有经工商部门合法注册登记。因此，李××行为符合《非法用工单位伤亡人员一次性赔偿办法》确定的非法用工单位的特征，是典型的非法用工行为。

案例3中，宇超公司雇请不满16周岁的郎×从事工作，属于非法用工行为。郎×在工作期间受到伤害，作为用人单位的宇超公司应当向郎×支付一次性赔偿。

热点问题二十：劳务派遣工的劳动关系问题

【热点知识】 一般而言，劳务派遣又称人才派遣、劳动力租赁，是指由劳务派遣机构与派遣劳工订立劳动合同，由派遣劳工向要派企业（实际用工单位）给付劳务，劳动合同关系存在于劳务派遣机构与派遣劳工之间，但劳动力给付的事实发生于派遣劳工与要派企业之间。劳动派遣的最显著特征就是劳动力的雇用和使用分离。劳动派遣机构已经不同于职业介绍机构，它成为与劳动者签订劳动合同的一方当事人。简单地讲，劳动者与其工作的单位并没有劳动关系，而是与另一人才派遣等专门单位形成了劳动关系，再由该人才派遣机构派至用工单位劳动，用工单位与人才机构签订派遣协议。

【热点话题】 劳务派遣人员发生工伤后承担责任的主体是谁？劳务派遣工能否由用工单位直接辞退？

【热点探讨】 当劳动者发生工伤时，根据我国劳动合同法第 92 条规定，给被派遣劳动者造成损害的，劳务派遣单位与用工单位承担连带赔偿责任。但是，什么是连带责任？劳动者发生工伤后又应该让哪方承担责任呢？连带责任是我国民事立法中的一项重要责任制度，指当事人按照法律的规定或者合同的约定，连带地向权利人承担责任。连带责任实际上是一种对外责任，而派遣单位与实际用工单位可以约定各自承担多少比例的内部按份责任，但是内部按份责任不能对抗对外的连带责任。

此外，劳动合同法明确了用工单位和派遣单位在劳动者出现过错或者违反劳动合同，以及违反单位（包括用工单位和派遣单位）的规章制度时的权责范围。根据劳动合同法第 65 条规定：被派遣劳动者有本法第 39 条和第 40 条第 1 项、第 2 项规定情形的，用工单位可以将劳动者退回劳务派遣单位，劳务派遣单位依照本法有关规定，可以与劳动者解除劳动合同。

以下为几个相关案例。

案例 1：2006 年 4 月 4 日，范×与具有劳务派遣资质的江苏省苏州市鼎诚人力资源有限公司（以下简称"鼎诚公司"）签订了一份劳动合同。双方约定，由鼎诚公司派遣范×到巴拉斯塑胶（苏州）有限公司（以下简称"巴拉斯公司"）工作，工资为每月 690 元。合同签订后，范×即按约定被派遣至巴拉斯公司工作。同年 4 月 28 日，巴拉斯公司作为甲方、鼎诚公司作为乙方签订了劳务派遣协议一份，双方约定："乙方根据甲方要求和条件，向甲方提供合格的劳务人员；乙方委托甲方向劳务人员代为发放工资，并按照国家规定为劳务人员缴纳当地的农村基本养老保险；甲方向乙方支付劳务人员的工资、意外伤害保险费、农保费用和管理费；乙方劳务人员在甲方工作期间因工伤事故受伤时，甲方应及时采取救助措施并通知乙方，由乙方按国家、当地劳动部门的政策规定，办理申报工伤、劳动鉴定申报以及办理工伤待遇的申请手续，甲方提供协助，超出保险理赔范围的经济补偿，甲方应予相应适当补偿。"

2006 年 8 月 24 日，范×在工作中发生机械伤害事故，其左手受伤，巴拉斯公司为范×支付了医疗费 15 000 元。后范×被认定为工伤，且其劳动能力鉴定为七级。

由于三方未能就工伤赔偿达成一致，范×于 2007 年 5 月 14 日向劳动争议仲裁委员会提出仲裁申请，要求鼎诚公司和巴拉斯公司赔偿其住院伙食补助费、护理费、一次性伤残补助金、一次性工伤医疗补助金等，共计 183 933.42 元。

2007 年 7 月，劳动争议仲裁委员会裁决鼎诚公司支付范×住院伙食补助费、停工期间工资、一次性伤残就业补助金等共计 65 794 元，巴拉斯公司支付范×一次性工伤医疗补助金 12 0419 元。巴拉斯公司对此不服，遂将范×与鼎诚公司一同告上法庭。

上述案例的裁决结果是：苏州市虎丘区法院经过审理认为，范×与鼎诚公司之间签订的劳动合同合法有效。鼎诚公司作为劳务派遣公司，将范×派遣至巴拉斯公司工作，现范×在工作中受伤，并已由劳动部门确认为工伤及七级伤残，鼎诚公司应当按照相关规定给予范×工伤待遇。巴拉斯公司作为实际用工单位，应当为劳动者提供足以保障其人身安全的工作环境和条件，为此巴拉斯公司应对范×所受到的损害承担连带赔偿责任。巴拉斯公司与鼎诚公司之间签订的劳务派遣协议中，关于工伤事故处理的约定不得对抗第三人。

最终法院的判决如下：鼎诚公司支付范×住院伙食补助费、停工期间工资、一次性伤残就业补助金等共计 61 500 元。巴拉斯公司支付范×一次性工伤医疗补助金 98 500 元，合计 16 万元。

由此可以看出：由于劳务派遣的雇佣和使用分离，在实践中，雇主责任就会由于派遣机构和要派单位之间的相互推诿而难以落实，被派遣劳动者权益受到侵害的现象十分严重。根据我国劳动合同法第 92 条之规定，给被派遣劳动者造成损害的，劳务派遣单位与用工单位承担连带赔偿责任。

连带责任是我国民事立法中的一项重要责任制度，指当事人按照法律的规定或者合同的约定，连带地向权利人承担责任。在此种责任中，权利人有权要求责任人中的任何一方承担全部的或者部分的责任，责任人也有义务承担部分的或者全部的责任。也就是说，在劳务派遣用工中，如果派遣单位与实际用工单位中的任意一方侵害了被派遣劳动者的合法权益，被派遣劳动者可以向两方中的任何一方主张权利并要求其承担责任，对此派遣单位与实际用工单位必须承担，不得借故推诿。

因此在本案中，鼎诚公司与巴拉斯公司需要向范×承担连带赔偿责任，范×可以要求鼎诚公司与巴拉斯公司中的任意一方承担全部或者部分责任。此外，派遣单位或实际用工单位如果约定了内部按份责任，当其中一方向劳动者承担责任之后，可以向对方当事人追偿对方需要承担的部分。

案例2：魏×与某劳务派遣公司于2009年1月签订了为期2年的劳动合同，并于同年1月16日被派遣到蒙阴县某物业公司工作。2010年2月，该物业公司以魏×当班期间长时间脱岗并遭到客户投诉，严重违反公司规章制度为由，向魏×发出了书面解除劳动合同通知书，并让魏×当天办理工作交接手续离开公司。魏×接到解除劳动合同通知书后，认为即使自己违反劳动纪律属实，公司也不能直接与其解除劳动合同，因此要求公司与其恢复劳动关系。于是该物业公司到当地劳动争议仲裁委员会咨询是否可以直接与魏×解除劳动合同。

案例3：某外资企业是生产性企业，生产车间的操作工全部是劳务派遣工。其中，员工张×是某外企服务公司（劳务派遣公司）于2008年3月份派遣到此单位的，张×同该外企服务公司签订了自2008年3月1日至2010年2月29日为期两年的劳动合同。2009年11月，张×由于发生家庭矛盾，擅自不到岗工作，造成其岗位空缺。该外资企业以张×连续旷工10天，严重违反本单位规章制度为由向张×发出了解除劳动合同的通知，并要求张×当天办理工作交接并离开。张×接到解除劳动合同通知书后，认为自己旷工是事实，但是该外资企业不能直接同其解除劳动合同，因此要求该外资企业与其恢复劳动关系，否则将申诉到劳动争议仲裁委员会。那么，该企业是否可以直接与张×解除劳动合同呢？

上述案例2和案例3的裁决结果如下。

在案例 2 中，物业公司不能直接与魏×解除劳动合同关系。该物业公司作为用工单位，与魏×只有实际用工关系而没有形式劳动合同关系。因此，如果因魏×严重违反物业公司的规章制度，物业公司为此要与其解除劳动合同的话，只能将其退回至与其有形式劳动合同关系的劳务派遣公司，并提供相关违纪事实资料。再由劳务派遣公司依据物业公司提供的证据资料，依据法律规定与魏×解除劳动合同，并办理相关手续。可见，该物业公司是不能直接与魏×解除劳动合同的。

同理，在案例 3 中，实际用人单位在张×严重违反单位规章制度后，可以将其退回外企服务公司，并将其相关违纪事实资料提供给外企服务公司，再由外企服务公司根据实际用人单位提供的资料，依照法律规定与张×解除劳动合同。

案例 3 中的三个主体分别是劳务派遣单位、用工单位、被派遣劳动者（即张×）。三种关系分别是：劳务派遣单位和被派遣劳动者是形式劳动关系，有劳动合同但没有实际用工；用工单位和被派遣劳动者是实际劳动关系，有实际用工但没有劳动合同；劳务派遣单位和用工单位是民事法律关系，双方以劳务派遣协议为依托。基于这三种关系，三方应享受不同权利，承担不同义务。我国劳动合同法明确了用工单位和派遣单位在劳动者出现过错，或其违反劳动合同、违反单位（包括用工单位和派遣单位）规章制度时的权责范围。用工单位与被派遣劳动者只有实际用工关系但没有形式劳动合同关系，因此如果要解除与被派遣劳动者的劳动关系，只能将其退回与之有形式劳动合同关系的派遣单位，再由派遣单位依据用工单位提供的证据资料，依据法律规定与被派遣劳动者解除劳动合同并办理相关手续。

参考文献

［1］常凯，乔健．中国劳动关系报告［M］．北京：中国劳动社会保障出版社，2009.

［2］王健君．通钢悲剧的逻辑［EB/OL］．［2022-09-10］．http：//news. xinhuanet. com/legal/2009-08/10/content_11857156_5. htm.

［3］杨琳．通钢事件是我国劳资关系发展的标志性事件［EB/OL］．［2022-09-10］．http：//news. xinhuanet. com/legal/2009-08/10/content_11857134_1. htm.

［4］刘俊，叶静漪，林嘉．劳动与社会保障法学［M］．2版．北京：高等教育出版社，2021.

［5］王少波，霍再强．社会转型期的劳动争议问题研究［M］．北京：首都经济贸易大学出版社，2020.

［6］史尚宽．劳动法原论［M］．台北：正大印书馆，1978.

［7］姚先国．工资欠款转为政府债权［N］．南方周末，2007-01-11（19）．

［8］李旭旦，吴文艳．员工招聘与甄选［M］．上海：华东理工大学出版社，2009.

［9］魏浩征．劳动合同下的离职员工管理［M］．北京：中国法制出版社，2007.

［10］朱金辉．员工入职需要怎样的员工背景调查［J］．人力资源，2008

（1）．

［11］黄海莹．员工背景调查：招聘经理的新法宝［J］.新资本，2008（4）．

［12］参议："要不要在刑法中增设恶意欠薪罪"［N］.检察日报，2005-12-05（6）．

［13］周贤日：恶意欠薪入罪的冷思考［EB/OL］.［2022-10-09］. http：//www.chinalawedu.com/new/16900 _ 173/2009 _ 10 _ 9 _ ma7479617531901900 28512.shtml.

［14］郭庆松．企业劳动关系［M］.北京：经济管理出版社，1999.

［15］常凯．罢工权立法问题的若干思考［J］.学海，2005（4）．

［16］程延园．劳动法与劳动争议处理［M］.北京：中国人民大学出版社，2013.

［17］曹可安，孙瑜香．劳动争议案件一裁终局制度实施效果评估［J］.中国劳动，2014（5）．

［18］曹燕．我国劳动争议处理制度的困境与突破［J］.河北法学，2012（30）．

［19］龚和艳．对"一裁终局"制度的再思考［J］.中国劳动，2012（1）．

［20］姜颖．劳动争议处理［M］.北京：中国劳动社会保障出版社，2009.

［21］侯玲玲．劳动争议一裁终局制度的反思与改革［J］.法商研究，2017（3）．

［22］高嵩．简析劳动争议解决机制中的一裁终局制［J］.金融经济，2016（2）．

［23］王轩，李红实，王琦．劳动争议"一裁终局"的法律适用分析［J］.河北工业大学学报，2012（1）．

［24］杨柏达．劳动争议一裁终局制度适用问题探究［J］.中国劳动关系学院学报，2016（1）．

［25］施丹薇．劳动争议一裁终局适用范围问题探析［J］.品牌研究，2015（1）．

附　录

中华人民共和国劳动争议调解仲裁法

中华人民共和国主席令（十届第 80 号）

　　《中华人民共和国劳动争议调解仲裁法》已由中华人民共和国第十届全国人民代表大会常务委员会第三十一次会议于 2007 年 12 月 29 日通过，现予公布，自 2008 年 5 月 1 日起施行。

中华人民共和国主席　胡锦涛
2007 年 12 月 29 日

目　录

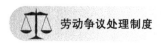

第一章 总 则

第一条 为了公正及时解决劳动争议，保护当事人合法权益，促进劳动关系和谐稳定，制定本法。

第二条 中华人民共和国境内的用人单位与劳动者发生的下列劳动争议，适用本法：

（一）因确认劳动关系发生的争议；

（二）因订立、履行、变更、解除和终止劳动合同发生的争议；

（三）因除名、辞退和辞职、离职发生的争议；

（四）因工作时间、休息休假、社会保险、福利、培训以及劳动保护发生的争议；

（五）因劳动报酬、工伤医疗费、经济补偿或者赔偿金等发生的争议；

（六）法律、法规规定的其他劳动争议。

第三条 解决劳动争议，应当根据事实，遵循合法、公正、及时、着重调解的原则，依法保护当事人的合法权益。

第四条 发生劳动争议，劳动者可以与用人单位协商，也可以请工会或者第三方共同与用人单位协商，达成和解协议。

第五条 发生劳动争议，当事人不愿协商、协商不成或者达成和解协议后不履行的，可以向调解组织申请调解；不愿调解、调解不成或者达成调解协议后不履行的，可以向劳动争议仲裁委员会申请仲裁；对仲裁裁决不服的，除本法另有规定的外，可以向人民法院提起诉讼。

第六条 发生劳动争议，当事人对自己提出的主张，有责任提供证据。与争议事项有关的证据属于用人单位掌握管理的，用人单位应当提供；用人单位不提供的，应当承担不利后果。

第七条 发生劳动争议的劳动者一方在十人以上，并有共同请求的，可以推举代表参加调解、仲裁或者诉讼活动。

第八条 县级以上人民政府劳动行政部门会同工会和企业方面代表建立协调劳动关系三方机制，共同研究解决劳动争议的重大问题。

第九条 用人单位违反国家规定，拖欠或者未足额支付劳动报酬，或者拖欠工伤医疗费、经济补偿或者赔偿金的，劳动者可以向劳动行政部门投诉，劳动行政部门应当依法处理。

第二章　调　解

第十条　发生劳动争议，当事人可以到下列调解组织申请调解：

（一）企业劳动争议调解委员会；

（二）依法设立的基层人民调解组织；

（三）在乡镇、街道设立的具有劳动争议调解职能的组织。

企业劳动争议调解委员会由职工代表和企业代表组成。职工代表由工会成员担任或者由全体职工推举产生，企业代表由企业负责人指定。企业劳动争议调解委员会主任由工会成员或者双方推举的人员担任。

第十一条　劳动争议调解组织的调解员应当由公道正派、联系群众、热心调解工作，并具有一定法律知识、政策水平和文化水平的成年公民担任。

第十二条　当事人申请劳动争议调解可以书面申请，也可以口头申请。口头申请的，调解组织应当当场记录申请人基本情况、申请调解的争议事项、理由和时间。

第十三条　调解劳动争议，应当充分听取双方当事人对事实和理由的陈述，耐心疏导，帮助其达成协议。

第十四条　经调解达成协议的，应当制作调解协议书。

调解协议书由双方当事人签名或者盖章，经调解员签名并加盖调解组织印章后生效，对双方当事人具有约束力，当事人应当履行。

自劳动争议调解组织收到调解申请之日起十五日内未达成调解协议的，当事人可以依法申请仲裁。

第十五条　达成调解协议后，一方当事人在协议约定期限内不履行调解协议的，另一方当事人可以依法申请仲裁。

第十六条　因支付拖欠劳动报酬、工伤医疗费、经济补偿或者赔偿金事项达成调解协议，用人单位在协议约定期限内不履行的，劳动者可以持调解协议书依法向人民法院申请支付令。人民法院应当依法发出支付令。

第三章 仲 裁

第一节 一般规定

第十七条 劳动争议仲裁委员会按照统筹规划、合理布局和适应实际需要的原则设立。省、自治区人民政府可以决定在市、县设立；直辖市人民政府可以决定在区、县设立。直辖市、设区的市也可以设立一个或者若干个劳动争议仲裁委员会。劳动争议仲裁委员会不按行政区划层层设立。

第十八条 国务院劳动行政部门依照本法有关规定制定仲裁规则。省、自治区、直辖市人民政府劳动行政部门对本行政区域的劳动争议仲裁工作进行指导。

第十九条 劳动争议仲裁委员会由劳动行政部门代表、工会代表和企业方面代表组成。劳动争议仲裁委员会组成人员应当是单数。

劳动争议仲裁委员会依法履行下列职责：

（一）聘任、解聘专职或者兼职仲裁员；

（二）受理劳动争议案件；

（三）讨论重大或者疑难的劳动争议案件；

（四）对仲裁活动进行监督。

劳动争议仲裁委员会下设办事机构，负责办理劳动争议仲裁委员会的日常工作。

第二十条 劳动争议仲裁委员会应当设仲裁员名册。

仲裁员应当公道正派并符合下列条件之一：

（一）曾任审判员的；

（二）从事法律研究、教学工作并具有中级以上职称的；

（三）具有法律知识、从事人力资源管理或者工会等专业工作满五年的；

（四）律师执业满三年的。

第二十一条 劳动争议仲裁委员会负责管辖本区域内发生的劳动争议。

劳动争议由劳动合同履行地或者用人单位所在地的劳动争议仲裁委员会管辖。双方当事人分别向劳动合同履行地和用人单位所在地的劳动争议仲裁委员会申请仲裁的，由劳动合同履行地的劳动争议仲裁委员会管辖。

第二十二条　发生劳动争议的劳动者和用人单位为劳动争议仲裁案件的双方当事人。

劳务派遣单位或者用工单位与劳动者发生劳动争议的，劳务派遣单位和用工单位为共同当事人。

第二十三条　与劳动争议案件的处理结果有利害关系的第三人，可以申请参加仲裁活动或者由劳动争议仲裁委员会通知其参加仲裁活动。

第二十四条　当事人可以委托代理人参加仲裁活动。委托他人参加仲裁活动，应当向劳动争议仲裁委员会提交有委托人签名或者盖章的委托书，委托书应当载明委托事项和权限。

第二十五条　丧失或者部分丧失民事行为能力的劳动者，由其法定代理人代为参加仲裁活动；无法定代理人的，由劳动争议仲裁委员会为其指定代理人。劳动者死亡的，由其近亲属或者代理人参加仲裁活动。

第二十六条　劳动争议仲裁公开进行，但当事人协议不公开进行或者涉及国家秘密、商业秘密和个人隐私的除外。

第二节　申请和受理

第二十七条　劳动争议申请仲裁的时效期间为一年。仲裁时效期间从当事人知道或者应当知道其权利被侵害之日起计算。

前款规定的仲裁时效，因当事人一方向对方当事人主张权利，或者向有关部门请求权利救济，或者对方当事人同意履行义务而中断。从中断时起，仲裁时效期间重新计算。

因不可抗力或者有其他正当理由，当事人不能在本条第一款规定的仲裁时效期间申请仲裁的，仲裁时效中止。从中止时效的原因消除之日起，仲裁时效期间继续计算。

劳动关系存续期间因拖欠劳动报酬发生争议的，劳动者申请仲裁不受本条第一款规定的仲裁时效期间的限制；但是，劳动关系终止的，应当自劳动关系终止之日起一年内提出。

第二十八条　申请人申请仲裁应当提交书面仲裁申请，并按照被申请人人数提交副本。

仲裁申请书应当载明下列事项：

（一）劳动者的姓名、性别、年龄、职业、工作单位和住所，用人单位的名称、住所和法定代表人或者主要负责人的姓名、职务；

（二）仲裁请求和所根据的事实、理由；

（三）证据和证据来源、证人姓名和住所。

书写仲裁申请确有困难的，可以口头申请，由劳动争议仲裁委员会记入笔录，并告知对方当事人。

第二十九条　劳动争议仲裁委员会收到仲裁申请之日起五日内，认为符合受理条件的，应当受理，并通知申请人；认为不符合受理条件的，应当书面通知申请人不予受理，并说明理由。对劳动争议仲裁委员会不予受理或者逾期未作出决定的，申请人可以就该劳动争议事项向人民法院提起诉讼。

第三十条　劳动争议仲裁委员会受理仲裁申请后，应当在五日内将仲裁申请书副本送达被申请人。

被申请人收到仲裁申请书副本后，应当在十日内向劳动争议仲裁委员会提交答辩书。劳动争议仲裁委员会收到答辩书后，应当在五日内将答辩书副本送达申请人。被申请人未提交答辩书的，不影响仲裁程序的进行。

第三节　开庭和裁决

第三十一条　劳动争议仲裁委员会裁决劳动争议案件实行仲裁庭制。仲裁庭由三名仲裁员组成，设首席仲裁员。简单劳动争议案件可以由一名仲裁员独任仲裁。

第三十二条　劳动争议仲裁委员会应当在受理仲裁申请之日起五日内将仲裁庭的组成情况书面通知当事人。

第三十三条　仲裁员有下列情形之一，应当回避，当事人也有权以口头或者书面方式提出回避申请：

（一）是本案当事人或者当事人、代理人的近亲属的；

（二）与本案有利害关系的；

（三）与本案当事人、代理人有其他关系，可能影响公正裁决的；

（四）私自会见当事人、代理人，或者接受当事人、代理人的请客送礼的。

劳动争议仲裁委员会对回避申请应当及时作出决定，并以口头或者书面方式通知当事人。

第三十四条　仲裁员有本法第三十三条第四项规定情形，或者有索贿受贿、徇私舞弊、枉法裁决行为的，应当依法承担法律责任。劳动争议仲裁委员会应当将其解聘。

第三十五条　仲裁庭应当在开庭五日前，将开庭日期、地点书面通知双方当事人。当事人有正当理由的，可以在开庭三日前请求延期开庭。是否延期，由劳动争议仲裁委员会决定。

第三十六条　申请人收到书面通知，无正当理由拒不到庭或者未经仲裁庭同意中途退庭的，可以视为撤回仲裁申请。

被申请人收到书面通知，无正当理由拒不到庭或者未经仲裁庭同意中途退庭的，可以缺席裁决。

第三十七条　仲裁庭对专门性问题认为需要鉴定的，可以交由当事人约定的鉴定机构鉴定；当事人没有约定或者无法达成约定的，由仲裁庭指定的鉴定机构鉴定。

根据当事人的请求或者仲裁庭的要求，鉴定机构应当派鉴定人参加开庭。当事人经仲裁庭许可，可以向鉴定人提问。

第三十八条　当事人在仲裁过程中有权进行质证和辩论。质证和辩论终结时，首席仲裁员或者独任仲裁员应当征询当事人的最后意见。

第三十九条　当事人提供的证据经查证属实的，仲裁庭应当将其作为认定事实的根据。

劳动者无法提供由用人单位掌握管理的与仲裁请求有关的证据，仲裁庭可以要求用人单位在指定期限内提供。用人单位在指定期限内不提供的，应当承担不利后果。

第四十条　仲裁庭应当将开庭情况记入笔录。当事人和其他仲裁参加人认为对自己陈述的记录有遗漏或者差错的，有权申请补正。如果不予补正，应当记录该申请。

笔录由仲裁员、记录人员、当事人和其他仲裁参加人签名或者盖章。

第四十一条　当事人申请劳动争议仲裁后，可以自行和解。达成和解协议的，可以撤回仲裁申请。

第四十二条　仲裁庭在作出裁决前，应当先行调解。

调解达成协议的，仲裁庭应当制作调解书。

调解书应当写明仲裁请求和当事人协议的结果。调解书由仲裁员签名，加盖劳动争议仲裁委员会印章，送达双方当事人。调解书经双方当事人签收

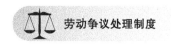

后，发生法律效力。

调解不成或者调解书送达前，一方当事人反悔的，仲裁庭应当及时作出裁决。

第四十三条　仲裁庭裁决劳动争议案件，应当自劳动争议仲裁委员会受理仲裁申请之日起四十五日内结束。案情复杂需要延期的，经劳动争议仲裁委员会主任批准，可以延期并书面通知当事人，但是延长期限不得超过十五日。逾期未作出仲裁裁决的，当事人可以就该劳动争议事项向人民法院提起诉讼。

仲裁庭裁决劳动争议案件时，其中一部分事实已经清楚，可以就该部分先行裁决。

第四十四条　仲裁庭对追索劳动报酬、工伤医疗费、经济补偿或者赔偿金的案件，根据当事人的申请，可以裁决先予执行，移送人民法院执行。

仲裁庭裁决先予执行的，应当符合下列条件：

（一）当事人之间权利义务关系明确；

（二）不先予执行将严重影响申请人的生活。

劳动者申请先予执行的，可以不提供担保。

第四十五条　裁决应当按照多数仲裁员的意见作出，少数仲裁员的不同意见应当记入笔录。仲裁庭不能形成多数意见时，裁决应当按照首席仲裁员的意见作出。

第四十六条　裁决书应当载明仲裁请求、争议事实、裁决理由、裁决结果和裁决日期。裁决书由仲裁员签名，加盖劳动争议仲裁委员会印章。对裁决持不同意见的仲裁员，可以签名，也可以不签名。

第四十七条　下列劳动争议，除本法另有规定的外，仲裁裁决为终局裁决，裁决书自作出之日起发生法律效力：

（一）追索劳动报酬、工伤医疗费、经济补偿或者赔偿金，不超过当地月最低工资标准十二个月金额的争议；

（二）因执行国家的劳动标准在工作时间、休息休假、社会保险等方面发生的争议。

第四十八条　劳动者对本法第四十七条规定的仲裁裁决不服的，可以自收到仲裁裁决书之日起十五日内向人民法院提起诉讼。

第四十九条　用人单位有证据证明本法第四十七条规定的仲裁裁决有下

列情形之一，可以自收到仲裁裁决书之日起三十日内向劳动争议仲裁委员会所在地的中级人民法院申请撤销裁决：

（一）适用法律、法规确有错误的；

（二）劳动争议仲裁委员会无管辖权的；

（三）违反法定程序的；

（四）裁决所根据的证据是伪造的；

（五）对方当事人隐瞒了足以影响公正裁决的证据的；

（六）仲裁员在仲裁该案时有索贿受贿、徇私舞弊、枉法裁决行为的。

人民法院经组成合议庭审查核实裁决有前款规定情形之一的，应当裁定撤销。

仲裁裁决被人民法院裁定撤销的，当事人可以自收到裁定书之日起十五日内就该劳动争议事项向人民法院提起诉讼。

第五十条　当事人对本法第四十七条规定以外的其他劳动争议案件的仲裁裁决不服的，可以自收到仲裁裁决书之日起十五日内向人民法院提起诉讼；期满不起诉的，裁决书发生法律效力。

第五十一条　当事人对发生法律效力的调解书、裁决书，应当依照规定的期限履行。一方当事人逾期不履行的，另一方当事人可以依照民事诉讼法的有关规定向人民法院申请执行。受理申请的人民法院应当依法执行。

第四章　附　则

第五十二条　事业单位实行聘用制的工作人员与本单位发生劳动争议的，依照本法执行；法律、行政法规或者国务院另有规定的，依照其规定。

第五十三条　劳动争议仲裁不收费。劳动争议仲裁委员会的经费由财政予以保障。

第五十四条　本法自 2008 年 5 月 1 日起施行。